國家社科基金重大項目（10&ZD104）

上海師範大學古籍整理研究所編
項目首席專家、主編　戴建國
主編　朱易安　傅璇琮　周常林

全宋筆記

第十編 九

国家出版基金项目
NATIONAL PUBLICATION FOUNDATION

大象出版社

顧　　問　王水照　朱瑞熙　徐　規　李裕民

項目首席專家、主編　戴建國

主　　編　朱易安　傅璇琮　周常林

編纂委員會（以姓氏筆畫爲序）

王劉純　朱易安　李亞娜　周常林　俞　鋼　查清華

徐時儀　陳　新　張劍光　傅璇琮　虞雲國　戴建國

目録

黄氏日抄（四）

黄震撰

⊙黄　震　撰

黄氏日抄（四）

徐時儀　邢怒海　整理

校勘記

目録

【一】上延平　按此小目原與下條目録互顛，據正文乙正。

校勘記

卷三十三

讀本朝諸儒理學書一

周子太極通書

《太極圖説》「無極而太極」以下詳太極之理，此圖之訓釋也。「惟人也得其秀」以下言人極之所以立，此所以畫圖之本意也。蓋周子之圖太極，本以推人極之原，而周子之言無極，又以指太極之理。辯析其精微，正將以歸宿於其人，而豈談空之謂哉。象山陸氏嘗以「無極」二字大《易》所未有，而《老》、《莊》嘗有之，遂疑其非周子之真。今觀圖之第二圈，陰陽互根之中有圈而虛者，即《易》有太極之體也。其上之一圈即挈取第二圈中之圓而虛者，表而出之，以明太極之不雜乎陰陽，單言太極之本體也。單出本體於其上，初無形質，故曰「無極而太極」。所謂「無極」者，實即陰陽互根中之太極，未嘗於太極之上別爲一圖，名「無極」也。恐不必以他書偶有「無極」二字而疑之。惟洞見太極之理以自求無愧於人極之立，此則周子所望於學者耳。

晦庵講明「無極」此二字，雖老子之所有，而人皆知非老子之學。象山辯駁「無極」，雖斥其爲莊、老，而人反譏其穎悟類禪學，而禪學即源流於老、莊，此固非晚學敢議。其實老子之言「無極」，指茫無際極而言；周子之言「無極」，指理無形體而言。象山高明，豈不曉此？一時氣不相下，姑爲此言【一】，異時祭東萊，自悔鵝湖之會輒復妄發，則象山之本心爲可知。

太極之理至精，而太極之圖難狀，得晦翁剖析分明，今三尺童子皆可曉，遂獲聞性命之源，以爲脱去凡近之基本。即盍反而實修其在我者矣。或乃因其餘説或演或辯，浸成風俗，不事躬行，惟言「太極」。嗚呼！周子亦不得已言之，孔子惟教人躬行耳。

《通書·誠》上章主天而言，故曰：「誠者，聖人之本。」言天之誠，即人之所得以爲聖者也。《誠》下章主人而言，故曰「聖誠」而已矣，言人之聖即所得於天之誠也。《誠幾德》章居第三者，言誠之得於天者皆自然，而幾有善惡，要當察其幾之動，以全其誠爲我之德也。《聖》章居第四者，言由誠而達於幾爲聖人，其妙用尤在於感而遂通之神。蓋誠者不動，幾者動之初，神以感而遂通，則幾之動也純於善，此其爲聖也，誠，一而已。人之不能皆聖者，係於幾之動，故《慎動》爲第五。動而得其正爲道，故《道》爲第六。得正爲道，不淪於性質之偏者能之，而主之者師也【二】，故《師》爲第七。人必有耻則可教，而以聞過爲幸，故《幸》次之。聞於人必思於己，故《思》又次之。師以問之矣，思以思之矣，在

【一】姑爲此言　「姑」明本、文淵閣本作「始」。

【二】而主之者　「主」原作「王」，據文淵閣本改。

力行而已，故《志學》又次之。凡此十章，上窮性命之源，必以體天爲學問之本，所以修己之功既廣大而詳密矣。推以治人，則順化爲上，與天同功也。治爲次，純心用賢也。禮樂又其次，治定而後禮樂可興也。繼此爲《務實章》、《愛敬章》，又所以斟酌人品而休休然與之爲善，蓋聖賢繼天立極之道備矣。餘章皆反覆此意以丁戒人心，使自知道德性命之貴，而毋陷辭章利禄之習。開示聖藴，終以主静，庶幾復其不善之動以歸於誠，而人皆可爲聖賢焉。嗚呼！周子之爲人心計也至矣。

諸子之書與凡文集之行於世者，或累千百言而僅一二合於理，或一意而敷繹至千百言。獨周子文約理精，言有盡而理無窮，蓋《易》、《詩》、《書》、《語》、《孟》之流，孔、孟以來一人而已。若其闡性命之根源，多聖賢之未發，尤有功於孔、孟，較之聖帝明王之事業，所謂揭中天之日月者哉！

本朝理學闡幽於周子，集成於晦翁。《太極》之圖、《易通》之書，微晦翁萬世莫之能明也。肅襟莊誦之爲快，何啻蟬脱塵涴而鵬運青冥哉！謹按《通書·慎動》一章，周子曰：「動而正曰道。」晦翁釋之曰：「動之所以正，以其合乎衆所共由之道也。」愚竊意慎動，常有謹審之意，動而合乎正，是即爲道，周子本意恐亦止此。若謂合乎道，此動之所以正，是乃動而合乎道曰「正」，與動而正曰「道」，又成一意，恐因此而發明者耳。又《務實》一章，周子曰：「君子日休，小人日憂。」晦翁釋之曰：「實修而無名勝之耻故休，名勝而無實勝之善故憂。」愚竊恐小人未必知以無實爲憂，果能憂其無實，是即君子之用心矣，何名小人。或者小人飾僞無實之心，自宜崎嶇而多憂。《書》曰：「作德心逸日休，作僞心勞日拙。」周子之所謂「憂」，恐類《書》之所謂「勞」者耳。姑併誌之，以俟知者云。

《通書》稱禮先而樂後，又云：古者聖王制禮法，修教化，三綱正，九疇叙，百姓太和，萬物咸若，乃作樂以宣八風之氣，以平天下之情。愚謂此與虞廷命官終以典樂之意合。自魯生有積德百年，然後禮樂可興之説。儒家者流，遂挾禮樂之文物制度爲希世盛事，以傲一世，謂非我莫能致，如王通氏是也。至柳子厚又矯其弊，稱樂不能移風易俗。較之周子之書，彼皆所謂「野人議璧」者哉！

周子後録

《遺事》十五條，濂溪爲南安獄掾，程太中一見知非常人。二子年方十五六，聞其論道即厭科舉業，此元氣胥會之一機。譬之世道，則風雲際會之象也。天實爲之，豈伊人力也哉？其相與授受之要，在尋顔子樂處與所樂何事。顔子之樂則周子於《通書》固嘗言之，曰：「見其大而忘其小焉爾。」大者性命之源，道德之至尊至貴。小則所謂芥視軒冕，塵視金玉者也。夫然，故唫風弄月，自然不勝其樂。如「吾與點也」之意，亦正由浴沂舞雩，脱然自有真樂。不見大國足民、小國爲相，區區必於有行之爲滯累耳。周、程之相與領會，其大若此，而其剖示於《通書》者又顯著若此。後世有能篤信而自得之，其樂豈有異乎哉！若其極論天地所安之處，以至於六合之外，則周子高明而博學，窮極造化，自然超詣，學者未宜過而問也。顔子所樂之處，實吾心固有；天地所安之處，於人事無關。

《遺文》拙賦有再使風俗淳之意，《大林寺》詩云：「天風拂巾袂，縹緲覺身輕。」有蕭然出塵之意。《養心亭説》，充廣孟子之説，以極於聖。《釋菜》祝祠，推明聖德之久以同乎天。《愛蓮説》，又所以使人知天下至富至貴可愛可求者無加於道德，而芥視軒冕、塵視珠玉者也。

《事實》一編晦翁蓋集潘誌、蒲碣爲之，其間取舍皆有意，而復取黄太史之説終之，以其最善形容有道者氣象也。義理雖備於《太極》、《通書》，而世或莫之能曉。二程雖因之以發明道學，而未嘗表章其書。晦翁於堙墜混淆之餘，極討論決擇之力，故其於事實不過兼取二氏以存證，而辯正尤詳於跋語，然皆爲《周子後録》設也。已復更端録二程之語四章，而後提《通書》以終其説，或者晦翁衛道之意於斯乎在矣。大抵二程本學乎周子，而當世猶未皆知周子之道。《通書》本發明太極，而或者反又誤攻太極之非，故録程語者所以證《通書》，證《通書》者所以證《太極圖》，晦翁拳拳衛道之意儻在於斯乎。若曰推一理二氣，五行之分合，以紀綱道體之精微，決道義文辭禄利之取舍，以振起俗學之卑陋。竊意該括《通書》，莫此爲要，而所以警悟人心者，至是益簡切著明矣。

《後録》補遺，《遺文》凡二十二，皆蜀人度正徧求於故家遺俗之傳，梯訪於高崖危蹬之刻，亦可謂忠厚之至者矣。公之文不特詩文書帖見録，而賀傅者之名刺亦見録。公之文所及，不特親黨交游見録，而守墳之周興全家姓第皆見録。然則片言隻字、餘音遺跡，使後世皆寶愛之而不忘。此其所本固自有在，而世之富貴人借儒求名，自爲巨編以供人醬瓿之用者，亦何愚哉！

《濂溪年表》先生生於真宗天禧元年丁巳，終於神宗熙寧六年癸丑，年五十七。幼孤，依舅氏鄭向奏補，歷官分寧簿，南安軍司理，郴令，桂陽令，知南昌縣，合州判官，通判虔州、永州，攝邵州事，廣東運判，擢提點刑獄。以病乞知南康，改葬其母乃上印，分司南京。二子壽、燾，後皆登第。壽官至司封，燾至待制。先生之學傳二程，四傳而至晦庵、南軒，始注釋《太極圖》《通書》以推大先生之學。晦庵之門人度正，又訪舊聞，以爲此表，附載孔文仲、蘇文忠、黄太史之稱詠，而辯或者謂圖出於陳摶，説本於老子，學傳於鶴林壽涯者皆非。且備録魏了翁請謚、臧格定謚、樓觀復覆謚之「文」，所以發明先生丕闡理學【三】，有功萬世者甚悉，謚之曰「元」，蓋嘉定十三年六月云。魏鶴山請謚，二書可以成誦，臧格發明謚「元」之意，其用工於先生之學甚深，非世俗文人可及。特恐末後稱潘興嗣何人，敢誌其墓？頗覺抑揚之過耳。昔孔子歷聘天下，從游三千，然非後世子思、孟子則不能發明其盛。蓋陽之暢也暮春，日之顯也中天，天下事未有不待乎久者。周子之學

【三】所以發明先生丕闡理學　「丕」文淵閣本作「推」。

雖傳於二程，實顯於晦翁。凡今世之能言周子者，皆晦翁緒餘也，而可責潘興嗣之知周子不能如今日乎【四】？且潘不特誌先生之墓也，先生母夫人之墓實先生請其誌。竊計先生平日之所敬，實無以加於潘。如蒲宗孟雖一時聞人，而其爲先生之墓碣，晦翁不之取而取此。竊計晦庵所取以證先生之圖説者，亦無以加於潘。自古有道之士堙没無聞於世者多矣，豈可以潘之功業不見於世而輕加詆訾？且不特《圖》也，濂溪在當時亦何嘗如今日之顯，其曰「善談名理」，此亦正言先生之實。太極二氣五行之説，此正名理之深者，亦不可以「名理」二字，晉人嘗有之而例以爲非，且其言曰：「作《太極圖》、《易説》、《易通》數十篇。」「作」之一字鑿鑿然，可知此圖之創出於先生。潘乃先生平日交游之舊，所載無非實録。近世誤攻《太極圖》者，惡潘誌之害己也，故鄙潘，今尊信《太極圖》者亦從而鄙潘耶。藉曰以誌屬潘，爲出於先生子弟，以母夫人誌屬潘者實出於先生，又果何説耶？定謚之文知先生者也，惟斥潘一語乃與晦翁相反。愚故不容不言之。若覆議援王通太極合德爲言，且曰：「夫子生於晚周，果何與乎太極。」此與周子之説不同，則不必言可也。

附録

潘誌語平意密，蒲碣若視先生爲物外人，所載稱美熙寧新政之家書，當是先生望治之實意，蒲非敢誣也。前輩疑之，蓋見新法既壞，爲賢者諱耳。

【四】而可責潘興嗣之知周子不能如今日乎　「責」原作「貴」，據文淵閣本改。

邵州復學，靜江祠堂、廣東憲司祠堂，皆南軒爲記。晦翁記先生江州書堂，以天所畀爲説，曰：「不繇師傳，默契道體，建圖屬書，根極要領。嗚呼！大哉言乎！」其記韶州祠堂之説曰：「有以闡夫太極陰陽五行之奥，而天下之爲中正仁義者，得以知其所自來。」其記隆興祠堂之説曰：「所謂太極云者，合天地萬物之理而一名之耳。以其無器與形天地萬物之理無不在是，故曰無極而太極。以其具天地萬物之理，而無器與形，故曰太極本無極。」其記邵州祠堂，則舊以張九成侑祠而更闢以特祀。其記袁州祠堂，則以胡文定、魏掞嘗請祀二程而未及先生。其記婺源祠堂則欲人讀其書求其指，以反諸身而力行之。南軒之爲記，多言其發端之功。西山真氏之爲記，多言其講明性道教之功。鶴山魏公之爲記，多考訂古義，以詆其師爲非古【五】，且痛惜學者徒尚虚文而不能行。若夫先生之譜系，鄉井祠堂本末，則龔維藩之記爲詳。凡集此者皆度正云。

程氏遺書

卷一，蓋李籲字端伯所録，而伊川嘗謂得其意者。二，初吕與叔從張横渠，張死而入洛，所謂《東見録》也。附《東見録》，亦與叔所記。三，謝顯道記憶平日語。四，游定夫所録。五、六、七、八、九皆不知姓氏。十，洛陽議論，蘇昞録。十一，劉絢質夫録明道語。十

【五】以詆其師　「詆」原作「祠」，據文淵閣本改。

二，劉質夫録明道語。十三、十四皆劉質夫録明道語。十五，關中學者録伊川語。十六，己巳冬所聞，不知何人所記。十七，亦不知何人所記。或云周行己，或劉安節，皆永嘉人。

程氏發明孔、孟正學於千四百年無傳之後，微言奥旨，特散見於門人之集録，賴朱子起而搜逸訪遺，始克成編，其尤切於日用者，已類而爲《近思録》矣。然朱子之録《近思》，必丁寧學者更求之《全書》，及考其所編《全書》，乃稱伊川自謂惟李籲得其意，故以爲首篇，且反覆詳論，謂「失之毫釐，則其繆將有不可勝言者」。然則學者之讀《遺書》全編，其又可不謹乎？自今觀之，孔子夢周公，一也。張繹所録則謂晚年不遇，不復夢見；鮑若雨所録則謂若曾夢見，大段害事。夢周公何害事之有？殆惑於異端真人無夢之説耳。是鮑之録不若張之近人情。賜不受命，一也。游定夫所録則謂「不受天命」；不知姓氏所録則謂「不受爵命」。子貢蓋嘗結駟鄰國矣，何嘗不受人之爵命？是或者之録不如游之得事實。乾坤六子之説，一以爲乾坤退處而用六子，一以爲六子之用即乾坤，是甲之録不若乙之通。養生延年之説，一以爲人力可勝造化，一以爲天命不可損益，是前之録不若後之確。善惡之判曉然也，録者謂惡亦不可不謂性，又謂天下善惡皆天理。此雖窮極底藴之辭，然恐不若直言擇善之爲徑。鬼神之事難明也，録者謂風肅然起於人心之怖畏，又謂雷擊人起於惡氣之相觸。此雖曉諭世俗之辭，然恐不若泯於忘言之爲得。謂以心知天爲未然，而謂心即是天，固於知天之上加通徹矣。若夫謂道不可離爲未然，而謂道豈有可離不可離，何其蕩無繩墨也！此暢潛夫之録，朱子注其多非先生語歟！以至誠贊天地爲未足，而云同此一誠，何助之有？固於天地、聖人之誠加混合矣。若夫謂謹禮者不透，可讀《莊子》，何其矯枉過正也！此劉元承之録，朱子又注其爲别本所增歟？洒掃應對與佛家默然處合，此殆言工夫之始耳。程子平日之言，本斥佛學之無用，而謂吾儒自洒掃以上便是聖人事也。敬其心不接視聽，此殆指收斂之極耳。程子平日之言，本主視聽之以禮，而斥禪學之絶耳聞目見爲喪天真也。大抵孔、孟之學，大中至正之極，而二程之學，正以發明孔、孟之言。不幸世之黠者借佛氏之名售莊、列之説，蕩以高虚，舉世生長習熟於其間而不自知。聞程子之説，稍不加審則動必陷入於彼。今欲辨程録之真僞，無他，亦觀其於孔、孟之説相合，或於莊、列之言相似與否耳。程門高第，才莫過於謝顯道，何其所録程説之可疑，亦莫多於謝顯道耶？第一條所録，以鳶飛魚躍爲活潑潑。「活潑潑」，何等語？求之孔門，惟見其云君子之道，造端夫婦耳。第二條言切脉，第三條言觀雞雛，而皆指以爲仁。切脉，觀雞殆於機觸神悟。求之孔子，唯曰「居處恭，執事敬」，而孟子亦以惻隱爲仁之端耳。謂堯、舜之事，如太虚中一點浮雲過目，何其與「四海困窮，天禄永終」之戒異也？謂與「善人處，壞了人」，何其與「毋友不如己者」之意殊也？謂莊生形容道體之語爲儘好，謂老氏「谷神不死」一章爲最佳，此殆其本心之形見，而記憶其師平日之言，亦粉澤於其所學自成一家之後矣。揚子雲有言，適堯、舜、文王爲正道，非堯、舜、文王爲他道。愚亦謂合於孔、孟者，程録之真；異於孔、孟者，程録之誤。

道與德爲虚位

老子貴道德而賤仁義，吾儒即仁義而爲道德。此毫芒疑似之間，韓子將辭而闢之，亦難乎其言矣。故曰道有君子有小人，德有凶有吉，而道德爲虚位。若曰道德之名一也，而實不同。儒者以仁義而居之，則道爲君子之道，而德爲吉德。老子舍仁義而欲居之，則道乃小人之道，而德乃凶德耳。其立辭之精，措意之工，剖析是非之要切，似未有過於虚位之説也。程録非之，豈亦門人之誤歟？合俟知者而請焉。

周亞夫軍夜驚

軍夜驚，而亞夫不動，善矣！程先生以爲軍猶驚，何耶？亦未得爲盡善。愚謂小人群睡，偶有驚魘而衆隨之，此類多有，乃出不測。亞夫能使身之不動，安能使人之不驚？若行軍而有驚擾，則可責主帥之未善耳。古人倉卒處變難能之事，後世平居暇日加求全之毁，若此類甚衆。如程先生特借此以明事理之極耳，後學未易輕言也。

遺書附録

明道先生行狀

高祖羽，少師。曾祖希振，虞部。祖遹，贈開府。父珦，太中。先生生而秀異，未能言，能指金釵墜處。十歲能詩賦。彭思永許妻以女。中進士第，主鄠縣簿。南山石佛，歲傳其首放光，先生戒其僧，俟復現當取其首就觀之，自是不復有光。再調上元，均田税，塞潰堤，云：「一命之士，苟存心愛物，於人必有所濟。」見人黏飛鳥，取其竿折之。移普城令，教以孝弟忠信。爲監察御史裏行，與荆公議不合，求補外。差京西提刑，辭，改鎮寧軍判官，屢平反重獄，塞曹村河決。監京西竹木務。知扶溝事，除焚舟之賊。朝廷除田税，獲除者皆頑民。先生爲約，前料獲免者今必如期而足，於是惠澤始均。爭王中括牧地，曰：「民徒知今日不加賦，不知後日增租，奪田則失業矣。」監汝州酒税。哲宗嗣位，召爲宗正丞，未行，以疾終。先生少從周茂叔，辨異端似是之非，開百代未明之惑，謂孟子没而聖學不傳，以興起斯文爲己任。子端慤、端本。

明道之殁，伊川狀其行，求銘於韓持國，而文潞公題其墓。伊川殁，洛人畏黨禍，送喪惟四人，曰張繹、范域、孟厚、尹焞。又薄暮出城，乙夜方至者爲邵溥。迨晦庵朱先生始訪其事，爲年譜云。

程氏外書

朱公掞録《拾遺》大率言《詩》多於字上求意，物上求義。其於一之日、二之日，不謂變月言日，云猶今之道如何，又如何。此説亦異於衆。

陳氏本《拾遺》多説《論語》，其合録者已見晦翁《集注》。

李參録《拾遺》，以望道未見爲望治道太平，恐於本文有增。

馮本《拾遺》云王輔嗣、韓康伯只以莊、老解《易》。又云《論》、《孟》只熟讀【六】，便自意足。愚謂此皆切當之語，與他録有疑似者不同。

羅氏本《拾遺》云文意雖解錯，而通理者不害。

胡氏本《拾遺》，温公欲盡去元豐間人。程子謂侯仲良曰：「若宰相用之爲君子，孰不爲君子？此等事教他門自做，未必不勝如吾曹。」尹子親注云：「此段可疑。」蓋意其非程子語也，然《邵氏聞見録》亦載伯淳與韓宗師語，云：「當與元豐大臣同，若先分黨與，他日可憂。」則胡氏本所載未可以爲疑也。豈程氏自有此論，尹子鑒後來調停之禍而疑之耶？然自古亦未有君子小人共事而可成功者，第惟伯淳自足以服熙寧諸人之心，必又有所以處之之道耳。侯師聖以明道先太中而卒，故立廟自伊川始，以伊川子端參主祭。

游氏本《拾遺》，王者，天下之義主也，孟子所以勸齊之可以王。

《春秋録拾遺》謂書母弟爲害義，禽獸則知母而不知父，人豈論同母與不同母乎？謂蒯聵委於所可立，使不失先君之社稷而身從父，則義矣。

《大全集拾遺》謂《周禮》不全是周公之禮法。天下寧無魏公之忠亮，而不可無君臣之義。余謂此極論也，然「忠」字合作「鯁」字。先生未嘗乘轎，云「分明以人代畜」。愚謂

【六】又云論孟只熟讀　「熟」原作「剩」，據文淵閣本改。

此佛氏之戒，爲佛者皆犯之。吾國之貴者老者，恐不可免，餘當以先生爲法。謂釋氏之説，其歸欺詐。始以世界爲幻妄而謂有天宫，後亦以天爲幻而卒歸之無。佛有髮而僧復毁形，佛有妻子舍之而僧絶其類。至如夜食後睡，要敗陽氣，其意尤不美，直如此奈何不下。愚謂以此責異端皆事實，彼亦心服。

時氏本《拾遺》，或問劉蕡曰：「尺蠖之屈，以求伸也。疏遠小臣一旦欲以新聞舊【七】，難矣。」教人者，養其善心而惡自消；治民者，導之敬讓而爭自息。

按：此卷可疑者在首章，謂老子言「天地不仁，以萬物爲芻狗」之説爲是。

傳聞雜記

明道嘗曰：「天理二字却是自家體貼出來。」愚按：《樂記》已有「滅天理而窮人欲」之語，至明道先生始發越大明於天下。

伊川謂鑄銅錢寧虧本則盜鑄息，賣官鹽寧減價則鹽課增。又謂温公變法，未可動役法，動即三五年不定。其後無一不驗。

伊川歸自涪，見學者多從佛學，嘆曰：「惟有楊、謝二君長進。」嗚呼！亦豈料其他學者之從佛，未足以惑世，而他日之從佛能動人者，正今日之楊、謝耶！

伊川嘗言今日之禍，亦是元祐做成。愚謂理亦有此，但諸賢一時爲天下救急，有不奈

【七】疏遠小臣一旦欲以新聞舊　「遠」原作「逖」，據明本改。

何，恐不可赦小人而反責君子耳。豈責備果《春秋》意耶？然無元祐諸賢，恐不待靖康而後南渡，雖南渡又未必人心戴宋如此。

伊川與韓持國友善，見即久留。因子弟進以黄金楪二十兩，詰朝遂歸。謂孟厚不治一室，學不在此，洒掃潔淨，莫更快人。

仁宗以折米六分太甚，止令折五分。及供進偶臟腑曰：「習使然也。」仍令如舊。又進飯有砂石，含以示嬪御，令勿語人，此死罪也。生荔枝供盡，近侍欲買之，云：「買之，來歲必增上供之數，流禍百姓無窮。」又一日夜飢，思燒羊頭，近侍乞宣取，曰：「取之，後必常備。日殺三羊，暴殄無窮。」竟夕不食。凡皆明道云然。嗚呼！仁哉。

伊川云：「若熟看《語録》亦自得。」愚謂此當與伊川稱「某在，安用《語録》」之説參考。

伊川與堯夫同里巷三十年，世間事無所不論，未嘗一字及數學。愚謂卓哉，人豪乎！爲士大夫而欲攻伎術者可以觀矣。

程氏經説

《書解》使所謂大道説【八】有羲黄之書，乃許行謂神農之言。陰陽醫方謂黄帝之説，此聖人所以去之。常道亦去其三，蓋爲治有迹，有史官以志，自堯始耳。

【八】使所謂大道説　「使」文淵閣本作「史」。

事之最大,在推測天道以授人時。既已迎日推策之【九】,復考中星以正四時。其法明而易準,其它庶事總云「允釐百工」。

謂鯀之惡,公議隔而人心離。

納大麓爲總録庶政。愚意恐合依文公説。

《詩解》摘篇全解發明義理爲多,惟託興上求義處恐太實耳。

赤芾三百,言其多爾。曹國之小,安得有三百之多?《左傳》乘軒者三百人,因此詩也。

朋酒,朋聚以饗。

鉦人,擊鉦者。伐鼓,擊鼓者。

箴,如鍼砭之刺病。

文王侵廣土疆自阮始,至于岐、隴高山皆有之。愚謂《皇矣》詩人紀實之言,伊川平心之説也。近世形容文王無此事,是待之過高而曲爲之辭,其源發於歐公之《泰誓論》。

《春秋》《傳》序原鴻荒至漢、唐世變,詞約義精,善言《春秋》者,孟子之後唯先生一人而已。《傳》止桓公九年,餘以先生平日議論嘗及者附足之。

謂周正月非春也,建子言春者,假天時以立義耳。愚按此亦舊説,必程先生不欲輕改,然有可疑者。蓋若謂冬爲春,則人事與天時皆不合。或者建寅爲正,正月爲春,古今

【九】推策之「策」文淵閣本作「測」。

所不可易。所謂改正朔云者，不過各於其所稱歲首月朝聘、祭饗，以示更新。如商之建丑十二月也，《書》稱惟元祀十有二月，未嘗改十二月爲正月。漢初，建亥十月也，《漢史》亦書冬十月，未嘗改十月爲正月。以此而推《春秋》之「春正月」，恐即自古及今之春正月，安得以十一月爲正月而又就以十一月爲春耶？且《詩》作於周，如四月維夏，六月徂暑。七月流火，九月授衣，無非夏正。《月令》一書作於周末，十二月之間，中星候蟲，亦無一不用夏正。惟孟子稱七八月之間旱，世指爲夏正之五六月，然禾稼早晚所至不同，今江浙間十月穫稻，而七八月間苦旱者甚多。如十一月徒杠成，十二月輿梁成，殆亦冬寒而濟涉耳。惟小戴《禮》之《雜記》有曰「正月日至，可以有事於上帝」，若可疑者，然此書出於漢儒，恐因周以建子爲歲首，遂追稱正月未可知。漢改正朔，兒寬等議曰：「帝王必改正朔，制不相復，推《傳》序文則今夏時也。」此其證矣。姑舍是而就《春秋》言之，《春秋》書秋八月大閱，時也。今因以八月爲六月，遂曰盛夏大閱，妨農害人。書冬十月雨雪，亦時也。今因以十月爲八月，遂曰建酉之月，未霜而雪。此類安知非經文本用夏正，不過據實而書耶！至若當時書法，亦豈後世之所能盡知？先生亦因自昔凡例之説而載之耳。若書王於桓之元年，曰以其弑立，故正以王法；於二年曰以宋督弑立，故正以王法；於三年不書王，則曰以桓無君，故不書。恐亦隨事意之耳。夫弑立，尤無君之大者也。向使元年、二年不書王，則併爲其無君而不書，亦豈不可乎？如書即位，於隱、莊曰不正其始，不書；於閔、僖亦曰不正其始，不書；於桓、宣、定之書即位，則以爲弑君而自立，故書。恐亦隨事意之耳。若以不正其始者不書即位，則三君尤爲不正始之大者，又反可書乎？桓之有年、宣之大有年，恐皆慶事之不容不書爾。若曰桓、宣不應有而有之，故書其異。將治世永無水旱而亂世常必飢歉乎？有年既以異而書，則水螟無禾麥之類當爲春秋之常，何爲而亦書之？他若侵伐，必曰責常在被侵伐者，書入亦曰責在受其入者。其説以爲上不能告之天子，下不能告之方伯，而私與之戰也。然古之天下，難以後世兼制天下之事逆之也。彼諸侯者，非郡縣比，各土其土，各民其民。有王者作，不過以禮相與，王室一衰，即勢不行。周既東遷，自保不暇，豈能復命方伯以討不軌？使小國見侵於鄰，不與之戰，而待上告天子，下告方伯，則茫如訴之鬼神，國已奄忽爲墟，宗社之祀絶矣！且世有倉卒被寇者，救禦惟恐不亟，乃責其不以聞官府而私自逐寇？揆之人情，恐亦未必然。嘗謂《春秋》大義，如尊王賤霸，崇仁義而賤功利，尊中國而外夷狄。此先生所謂炳如日星者，蓋天下萬世綱常之所賴，其餘微辭奥義，豈易推測？自昔《春秋》家凡例之説，豈易一一爲之辭？惟平心易氣，隨其事而讀之，善惡自見而勸戒存矣。

《論語》自《學而》止《子罕》麻冕章，皆先生所作《論語説》，辭約義精，多晦翁《集注》所取爲據者，自後乃其平日議論所及。《孟子》止《盡信書》一章，亦議論云。

《禮記》明道改正《大學》，以《康誥》曰以後釋明字、新字、止字者，聯首章明德新民止至善之下，然後及古之欲明明德一章，以所謂誠意以後，節節釋之。伊川改正《大學》，則移古之欲明明德一章於《康誥》曰之前。

程氏文集

明道表疏。明道事神宗初，疏乞定君志，用正人；次乞修學校，尊師儒；次論王霸。皆根本之論，其要尤纖悉。於養士養賢之節目，意者亦念人情之不古。伊欲變化士習，非徒法之所能行，故先以君志而後及之歟！有曰：「禁衛之外，不漸歸之於農則將貽深慮。」竊謂譬之於疾，此尤劇證，人主所宜力救者也。其乞留張載免往明州推勘苗振公事云：「朝廷以儒術進人，而以獄吏之事試之，則抱道修業之士益難自進矣。」其諫新法二疏云：「與其遂一失而廢百爲，孰若沛大恩而新衆志？」又云：「設令僥倖小成，而興利之臣日進，尤非朝廷之福。」其議論得大體如此。

《答横渠定性書》略云所謂定者，動亦定，靜亦定。天地之常，以其心普萬物而無心。聖人之常，以其情順萬事而無情。故君子之學莫若擴然而大公，事至而順應。夫人之情，易發而難制者，惟怒爲甚。第能於怒時遽忘其怒，而觀理之是非，亦足見外誘之不足惡，而於道亦思過半矣。

試策問《春秋》專主唐陸淳得啖氏之説，曰：「紀師無曲直之辭一之也，不一則禍亂之門闢矣。」謂禘爲王者之祭，非周公之志。餘若書鄭伯之「克」，謂克下之辭，明君臣之義。書「次於郎」，言非有俟而次，則已將爲賊爾。

明道詩皆造化生意之妙，較之堯夫《擊壤集》，則堯夫爲自私其樂者矣。

户部侍郎彭公思永行狀。先生外舅也。公八九歲得金釵，伺訪者還之。海水敗台州，公以睦州倅往撫之，築城爲永利。爲湖北漕，黜守、令各一人，而八州知畏。至蜀，治二盜而人畏法。初爲御史，論濫恩。後拜中丞，助蔣之奇言大臣陰私罷。

程郎中璠通判和州，刑蔡之妖尼惠普。移温州，置神怪李洞元者於法。

幼女澶娘病豆瘡，以藥利之死。

邵堯夫先生墓誌銘。先生始學於百源【一〇】，堅苦刻厲，冬不爐，夏不扇，夜不就席者數年。復走吴適楚，過齊、魯，客梁、晉，久之而歸，曰：「道其在是矣。」及其益老，玩心高明，觀於天地之運化，陰陽之消長，達乎萬物之變，然後頹然其順，浩然其歸。其與人言，必依於孝弟忠信，樂道人之善而未嘗及其惡。

華陰侯先生誌銘。先生名可，以氣節自喜。從孫威敏公征儂智高【一一】，得官。熙河未開，爲韓魏公馳諭渭源酋豪，開地八千頃。秦州舊苦蕃酋反覆，縶其親愛，先生謀釋而歸之，戎人感服。二程其甥云。

伊川十八上仁宗書，謂應時而出，自比諸葛。及後應聘爲哲宗講官，則自講讀之外無

【一〇】先生始學於百源 「源」原作「原」，據文淵閣本改，下同。百源即百源山，在今河南輝縣。

【一一】從孫威敏公征儂智高 「儂」原作「農」，據文淵閣本改。

他説。不特其時至慮易而然，蓋時與位既不同，而哲宗尚幼，惟以培養爲急耳。其他《論濮議》、《論薄葬》、《代呂公著上神宗書》，無不深切著明。然則天下事，非得其位當其可，則固未易輕言也。若《三學看詳》反爲禮部所駁，則本朝文密之弊，固難與俗吏言久矣。

顔子所好何學論，謂其學以至聖人之道。《養魚記》蓋因物感人。《飲禊詩序》謂以好賢方逐樂之心，禮義爲疏曠之比，道藝當筆札之工，誠不愧矣！

論賑濟，令宿戒晨入，午與食，申出之。日得一食則不死，力能自營一食者不來，當活數倍。羸弱者稀粥兩給，氣定然後一給。飯粥須親嘗，恐入石灰。

蔣堂守蜀，衆所不樂者三事：減遨樂、毁淫祠、伐江瀆廟木修府。所謂衆不善者，乃可謂最善者也。

視聽言動箴在「由中應外」、「制外養中」兩語。

伊川爲家君請宇文中允典漢州學書【一二】，謂講明聖人之學，開道後進，使其教益廣，其傳益廣，故雖身隱而道光，跡雖處而教行。出處雖異，推己及人之心則一也。

答横渠書，有苦心極力之象，無寛裕温厚之氣，更願完養思慮，涵泳義理，他日自當條暢。

代富公奏謂昭陵壙中爲鐵罩，重且萬斤，以木爲骨，大止數寸，不過二三十年決須摧毁。願奉太后合祔，因得撤去鐵罩。

【一二】家君　「君」原作「尹」，據文淵閣本改。

答朱長文書，勸勿多作詩文。

上韓持國求爲明道誌述，云相知者雖多，能知其道則鮮；有文者亦衆，文足以發則鮮；能言者非少，足以取信則鮮。

答楊時書，朝廷設教官，蓋欲教人修身、齊家、治國、平天下之道。

昏禮六，納采者，謂壻爲女氏所采；問名者，問所娶女子之名；納吉者，謂卜得吉兆以告；納徵者，用皮帛以證成娶婦之禮；請期者，實告婚期；成婚者，告迎於廟。

葬法決疑，《堪輿經》黄帝對天老，乃有五姓之言，且黄帝時只有姬、姜二三姓。所謂五姓者，宫、商、角、徵、羽。以同韻相求，至以柳姓爲宫，趙姓爲角，又非四聲相管。亦有一姓分屬宫、商，複姓數字徵、角不辨。夫姓之於人，因邑因官，若用祖姓，則數經更易。若用今姓，則皆後代所受，是吉凶隨時變易也。葬者逢日食，則舍於道左，而葬書用乾、艮二時皆是夜半，又曰：「己亥日葬，凶。」今按《春秋》，此日葬者二十餘人，皆無其應。

先太中嘗知龔、鳳、磁、漢四州，歷官十二任，享禄六十年。廉謹寬和，孜孜夙夜。年七十致仕，自爲墓誌，壽八十五。子孫就其缺處加所遷官爵、晚生諸孫及終葬月日云。

太中家傳，太中弱冠寓黄陂，奉養諸母，教撫弟妹，以口衆不能偕行，不赴調。文簡公爲請於朝，就注黄陂尉。至長弟與從弟皆得官娶婦，二妹既嫁，乃赴調。後知龔州，投歐希范之神於河。知沛縣，遇水，募布豆水中，水未盡涸而甲已露，遂不艱食。有自稱僧伽弟者，杖而出諸境。知磁州，冰澌成花卉之狀，郡官請以上聞，公曰：「石晉之末，嘗有此。」知漢州，吏白殺青而文見，公不應。衆呼佛光見，公不動。新法行，抗議，移疾。五得任子，以均諸父子孫。

上谷郡君家傳，好讀書史，博知古今。不喜笞扑奴婢，視小臧獲如兒女。諸子或加呵責，必戒之曰：「貴賤雖殊，人則一也。汝如此大時，能爲此事否？」聚族甚衆，人皆有不欲之色，乃別糴以食之。嘗大寒，有負炭而撤者，家人欲呼之，夫人曰：「慎勿爲此，勝則貧者困矣。」先公有所怒，必爲之寬解，唯諸兒有過則不掩，常曰：「子之所以不肖者，由母蔽其過而父不知也。」行而或踣，曰：「汝若徐行，寧至踣乎？」嘗絮羹曰：「幼求稱欲，長當如何？」與人爭忿，雖直不右，曰：「患其不能屈，不患其不能伸。」在廬陵，公宇多怪，家人告，曰：「物弄扇。」夫人曰：「熱爾。」又曰：「物擊鼓。」夫人曰：「有椎乎？可與之。」後家人不復言，怪亦不復有。頤兄弟幼時，夫人勉之讀書，並書一行，前曰：「殿前及第程延壽」，次曰「處士知之童稺中」矣。

自孔、孟歿，異端紛擾者千四百年，中間惟董仲舒「正誼」、「明道」二語與韓文公《原道》一篇，爲得議論之正。迨二程得周子之傳，然後有以窮極性命之根柢，發揮義理之精微。議者謂比漢、唐諸儒説得向上一層。愚謂豈特視漢、唐爲然？風氣日開，議論日精，濂、洛之言，雖孔、孟亦所未發，特推其旨，要不越於孔、孟云耳。然孔子於性理，舉其端而不盡言，或言之必要之踐履之實，固可垂萬世而無弊。自心、性、天等説一詳於孟子，至濂、洛窮思力索，極而至性以上不可説處，其意固將指義理之所從來，以歸之講學之實用。適不幸與禪學之遁辭言識心而見性者，雖所出異源而同湍激之衝。故二程甫没，門人高第多陷溺焉。不有晦翁，孰與救止？嗚呼！危哉！故二程固大有功於聖門，而晦翁尤大有功於程子。

伊川至論

《伊川至論》者，紹興六年四月，建陽施孫碩所序，而麻沙鎮刻本也。余爲兒童時，見先君子手書「伊川先生常語」六字於帙面，而口授大指於余，余時未能盡曉也。近歲宦學四方，盡收伊、洛諸書，日加點勘，乃無《伊川至論》之目，因遠取於家山之萬松庵而參校之。其書凡十二卷，其一曰語録，首以「性静可與爲學」之一條，今於晦翁所編《程氏外書·朱公掞拾遺》一卷見之；其二亦曰語録，首以「綏之斯來，動之斯和」一章，今於晦翁所編《程氏遺書》第十一卷之中至十二、十三、十四卷見之；其三亦曰語録，自第六條「鳶飛魚躍」之語，於《遺書》第三卷謝顯道所録見之；四卷至六卷則散見今《遺書》中，而第七卷載周子《通書》，綴以《太極圖》，《圖》與《通書》合而爲一，足證晦翁之説而解陸氏之疑。但《通書》中「明通公溥」作「明通行傳」，云「静虚則明，明則通動；直則行，行則傳」。又《太極圖》初圈象無極而太極者，其下注陰靜字；第二圈象陰陽交互者，其下注陽動字。《太極説》之起處亦缺四字。如「太極動而生陽」，「太極」字止用「之」字，「靜而生陰」，「靜」字亦用「之」字，恐「太極」字連綴上文之「太極」，「靜」字亦連綴上文之「靜」。元本用二畫連綴，而二畫之「二」字與「之」字相近，故傳者誤作之耳；第八卷載《漁樵問答》，蓋世傳以爲康節書者，不知何爲亦勦入其中。兼近世昭德先生《晁氏讀書記》，以此書爲邵伯温僞作，今觀其書，惟「天地自相依附」數語爲先儒所取，餘多鄙俗，其伯温得家庭之説而私附益之明矣；第九、第十皆曰《河南語録》，與今《遺書》第十一卷劉質夫所集師訓多同；十一、十二皆曰《入關語録》，與今《遺書》第十五卷《入關語録》亦同。若其第一、第二卷説《詩》、説《易》，亦於《外書拾遺》中間見。

余按：程氏之書，晦翁搜括大備。《拾遺》之外，又録傳聞雜記者二十家。今《至論》一書集於晦翁之前，而刻梓亦出於晦翁之寓里，晦翁安得反獨不見，亦安得見而反獨不言？是未可知也。竊意晦翁未集《遺書》以前，此書殆爲程門大備之書，兼施孫碩之序此書有曰，孟氏之後，獨伊川以孔、孟爲師，以正心誠意爲本，體之足以修身事親，推之足以致君澤民。學者能深求其旨而篤信之，亦趍聖域之徑路。所論若此，又豈近世談虛空與事文墨之士可望其髣髴？故記其與《遺書》略異者，以俟知者問焉。

横渠正蒙

氣，坱然太虚，升降飛揚，未嘗止息。鬼神者，二氣之良能。《太和》篇。

地，純陰凝聚於中；天，浮陽轉旋於外。日月五星逆天而行【一三】。天并包乎地，地在氣中，雖順天左旋，其所繫辰象隨之稍遲則反移徙而右。月，陰精，反乎陽，故右行最速；日，陽精，質本陰，故右行雖緩，亦不純繫乎天。金、水附日進退而行，存乎物感。鎮星地類，然根本五行，雖行最緩，亦不純繫乎地。火比日而微，故其遲倍日。木乃歲一盛衰，故歲歷一辰。

地有升降，日有修短，此一歲寒暑之候，至於一晝夜之盈虚升降，則以海水潮汐驗之。月於人爲近，日遠在外，故月受日光常在於外。《參兩》篇。

愚按：造化難測，横渠思索最精。辰象隨天而遲，反成逆行，此理於雲運月駛可驗。

動物本天，以呼吸爲聚散之漸。植物本地，以陰陽升降爲聚散之漸。物之初生，氣日至而滋息。物生既盈，氣日反而游散。

賢才出，國將昌；子孫才，族將大。《動物》篇。

愚按：賢才出，子孫才，亦氣日至而滋息之類也。

【一三】日月五星逆天而行　「行」原闕，據文淵閣本補。

性者，萬物之一源，非有我之得私。大人能盡其道，故立必俱立，知必周知，愛必兼愛，成不獨成。形而後有氣質之性，善反之則天地之性存焉，故氣質之性，君子有弗性焉。陽明勝則德性用，陰濁勝則物欲行。並《誠明》篇。

愚按：論性之廣大，無如萬物一源之語；論性之精切，無如氣質弗性之語。陽明陰濁分别尤淨。

不得已而後爲，不得爲而止，斯智矣夫。《中正》篇。

愚按：此卷有《大心》篇，語雖驚人，本旨欲以心體萬物，則於小心之義自並行而不相背。至謂夫子惜顔回未得所止，未知經意果如何，恐亦是進而不息之義耳。

言有教，動有法，晝有爲，宵有得，息有養，瞬有存。

聚百順以事君親。不慤而多能，譬之豺狼不可近。《有德》篇。

右六卷、七卷中精語也。六卷言《論語》，八卷説《易》，九卷説《詩》、説《禮》，間與近世諸儒説未合，似有思之太遠者。

浮屠説熾傳中國，使英才間氣生則溺耳目恬習之事。長則師世儒宗尚之言，遂冥然被驅。因謂聖人可不修而至，大道可不學而知。上無禮以防其僞，下無學以稽其弊。自古詖淫邪遁之詞，翕然並興，一出於佛氏之門者千五百年。自非獨立不懼，精一自信，有大過人之才，何以正立其間？右《乾稱》篇。

愚按：《乾稱》篇始於《西銘》，終於《東銘》，至若闢邪説，則此章極爲痛快。然學者至今無一以爲然，良由不學不思耳。悲夫！流俗之陷人如此哉！

横渠理窟

《周禮》盟詛之屬，必非周公之意。《周禮》篇。

愚按：《周禮》豈獨盟非周公之意哉？盟詛出於後世，則《周禮》恐未必盡作於周公。横渠好古之切，故爲委曲回護如此，而又以《詩》、《書》次《周禮》焉。

宗子之法廢則朝廷無世臣。今日大臣之家且可行宗子法。朝廷有制，曾任兩府，則宅舍不許分。《宗法》篇。

愚按：此意厚矣。然古者諸侯、卿大夫以世襲，故其法易行，且以防僭奪，故其法最當嚴耳。

學者先須去客氣，先須温柔，此皆變化氣質之道，宜矯輕警惰，常游心義理之間。《氣質》篇。

愚按：《理窟》一書，惟《氣質》篇最於學者有益。

心苟不求益，雖與仲尼處，何益？《氣質》。

心不在焉，雖學無成。學須深沉，非淺易輕浮之可得。《義理》。

讀書，則此心常在。《義理》。

今世學不講男女，從幼便驕惰壞了。長益凶很，只當來未嘗爲子弟之事。某舊多使氣，後來殊減，更期一年，庶幾無之。如太和中容萬物，任其自然。《學大原》。

愚按：以上皆示學者緊切處。

心清時常少，清時即視明聽聰，四體不待羈束而自然恭謹。

心不可勞，當存其大者。

心洪放如天地，易簡然後能應物皆平正。《學大原》。

愚按：此皆先生養心用工處，無靜坐把捉之苦，最可法。舍此而言心，則易入禪學。

衆人皆合【一四】，安得不合。

天下大患，只畏人非笑，不養車馬，食麤衣惡，居貧賤，皆恐人非笑。不知當生則生，當死則死，今日萬鍾，明日棄之，今日富貴，明日饑餓亦不卹，惟義所在。《自道》。

愚按：安得不合和也。不畏人非笑，自立乃如此。

【一四】衆人皆合　「合」原作「台」，據文淵閣本改，下同。

横渠語録

爲天地立心，爲生民立極，爲往聖繼絶學，爲萬世開太平。

學禮，則除去世俗一副當習熟纏繞，便自然脱灑。

横渠先生精思力踐，毅然以聖人之事爲己任，凡所議論率多超卓。至於變化氣質，謂形而後有氣質之性，善反之則天地之性存焉。故氣質之性，君子有弗性焉，此尤自昔聖賢之所未發，警教後學最爲切至者也。學者宜何如其遵體哉？若夫篤信《周官》，謂可舉行於今日，則未知先生見用果何如。似恐世變推移，自昔聖人亦不過隨時立制，而治要亦不在制度之細爾。至若測陰陽造化，談清虚一大，初學未當過而問，不敢盡抄類云。

校勘記

卷三十四

讀本朝諸儒理學書二

晦庵先生文集一

詩賦

《桂林虞帝廟樂歌》，迎之章三，一章思其所安在而後迎。送之章三，一章極其所往而猶思。文法高妙，語意無窮，其曰「渺冀州兮何有」，而應之曰「暢威靈兮無外」，慨然斯世之意所寄焉者也。

《白鹿洞賦》，一章言唐李渤讀書舊地，而南唐因創書院。二章言太宗、真宗增闢而廢於熙寧。三章言今日之再造。四章言講學之要領，而亂之以德業無窮之思。

《感春賦》、《空同賦》，皆用騷體而無其愁思，寄興悠遠矣。

《招隱操》，蓋謂淮南小山初作，本招隱者而使之仕。後世皆失此意，故再爲申其旨。又爲《反招隱》，言道誼自得之樂，時止時行，無入而不自得也。

《遠游篇》，指要在「願子馳堅車」之句。

《誦佛經詩》，云「聊披釋氏書」，結之曰「了此無爲法，身心同晏如」。又《讀道書詩》「終朝觀道書」，繼之曰「於道雖未庶，已超名跡拘」。先生之博覽旁通蓋如此，然有先生之識則可，無先生之識則惑也。且此皆初卷，詩多少年時所作，晚歲《論語集序》，自悔昔者吾幾陷焉。豈謂此時此類歟？不然，先生他日謂昌黎自説與大顛交，此是昌黎平生死案，何嚴也。近世流弊浸淫，凡言吾儒者，多陰用異端之説，甚者昌言異端之不可廢，而自貶吾儒之不及。恐又誤指先生初年之詩爲證，故書。

《至日》詩，自叙頃以多言害道，絶不作詩，而詩末句云「行迷亦已遠，及此旋吾輈」，此悔心也。然以先生晚年之學，謂漫辭爲虚費工夫則可，若言以明道，雖多何害耶？

《仁術》與《聞善決江河》詩，全用進士省詩體。

《西林再題》謂「向來妙處今遺恨，萬古長空一片心」，此亦非先生晚年之學。

《汲泉漬奇石詩》末句云：「慨然思古人，尺璧寸陰重。」觀詩至此，唤醒處多。

梨名快果，注云出《本草》。

《黄雀鮓》詩，坐以食稻粱之罪，蓋戲爲口腹解嘲耳，豈亦有所指而言之耶？

《感興》詩二十首，轉陳子昂自託仙佛之高條【一】，而爲切於日用之實。一章言伏羲

【一】轉陳子昂自託仙佛之高條 「條」文淵閣本作「調」，下同。

肇人文，皆造化自然之理；　二章言陰陽無始，謂鑿死混沌者爲妄；　三章言人心與造化通，惟至人能體之；　四章言不能體造化者，爲形役；　五章言周衰已久，孔子作《春秋》，而司馬公乃責後世封大夫爲諸侯非先見；　六章言漢衰，獨孔明伸大義，而帝魏之失當革；　七章言唐啓土不以正，而致賊后之篡，賴范太史聲其罪；　八章言陰陽常倚伏，當體陽復之端；　九章言北辰居其所，當體爲人心之要；　十章言聖人删《詩》定《書》，皆以敬爲傳心之本；　十一章言伏羲仰觀俯察以立象；　十二章言六經無傳，而程氏作；　十三章言顔、曾、子思、孟子傳習有要領；　十四章言元亨利貞之動静，以誠爲主；　十五章言學仙者，逆天偷生；　十六章言佛論緣業，而繼之者談空虚；　十七章言育材失其道；　十八章言作聖當自早；　十九章言仁義之心當守；　二十章言文辭之弊當除。

《卜居》，喜雲谷之成。

六經《説命》篇始有「學」字，見《奉答景仁詩》注。

《拜張魏公墓下》，自此皆訪南軒登南嶽之詩，凡五十三首。既别而歸，沿途凡九十四首，既歸懷南軒者復數詩。

《觀洪遵雙陸譜詩》，云：「近從新譜識梟盧，擬唤安陽舊博徒。只恐分陰閑裏過，更教人誚牧猪奴。」蓋用陶侃「樗蒱者，牧猪奴戲」之語，譏之深矣。頃余會京口，有蜀人袁象潁舉林和靖語云：「平生所不能，擔矢與圍棊。」余因謂博之與弈，其廢時亂日一也。

吾夫子云「爲之猶賢乎已」者，正借無益之事，以甚言無所用心之爲害，非真謂博弈之猶可爲也。陶桓公與林和靖之説，殆天生自然之對，因合之爲四句，曰：「雙陸牧猪比，圍棊擔矢同。二公皆妙語，千載仰高風。」繼又反之爲四句，曰：「牧猪滋畜養，擔矢溉禾蔬。博弈何爲者，猶疑反不如。」

公濟勉以教外之樂，先生答詩云：「如云教外傳真的，却是瞿曇有兩心。」就渠所嗜處唤醒，此納約自牖之義也。愚平生謂禪學爲異端之異端，鑿空無據，自號教外，正其自納敗缺處，然未有可余之説者。今見先生詩，庶以自信。

《雲谷》諸詩，先生寫幽居自得之樂。其云「天道固如此，吾生安得寧」，自言不息之功如此，幽居云乎哉！

《聞雷詩》，「誰將神斧破頑陰，地裂山開鬼失林。我願君王法天造，早施雄斷答群心。」讀之令人感動，豈爲龍大淵輩發耶？

《南康往回詩》，其出游南康之陽，白鹿洞、折桂院。李逢吉讀書處【二】。李氏山房、李公擇讀書處。棲賢院、西澗卧龍庵、武侯祠。萬杉寺、天聖旨禁剪伐。開先寺、簡寂觀、歸宗寺、陶公醉石、温湯、康王谷水簾、落星寺，其歸游山之北圓通寺、石門寺、天池院、佛手岩、天池院有清燈處，先生親見光景明滅，頃刻異狀。東林、西林、白蓮池在東林。太平興國宫，慧遠取孔、老言著《沙門不敬王者論》，明皇謂見九天使者降，因立此宫。訪濂溪宅，講《太極圖》，而别同游者。

【二】李逢吉讀書處　「吉」原作「苦」，據文淵閣本改。

《游白鹿洞詩》云「不及楊李霸」，謂南唐興書院事。

《武夷精舍詩》，武夷溪九曲多湍激，獨第五曲平廣而最深，大隱屏臨其上，屏下兩麓相抱。先生淳熙癸卯卜築其間，堂曰仁智堂，左曰隱求，右曰止宿。左麓之外復引而右抱爲塢，曰石門，别爲屋，其中曰觀善齋，以居學者。石門之西少南曰寒棲館，以延道流。觀善前山之顛爲亭，回望大隱屏，曰晚對。東出臨溪爲亭，曰鐵笛。而總扁麓之口曰武夷精舍。釣磯、茶竈皆在大隱屏西，溪左右皆石壁，無側足之徑，又爲漁艇以濟出入。各賦一詩，凡十二篇，又别爲櫂歌十章詠九曲云。

古之蕙，即今所謂零陵香，出《秋華詩》注。

第十卷詩多致仕後作，《樂府》附焉。

封事奏劄講議

壬午應詔封事。孝宗初即位，詔云：「朕躬有過失，朝政有闕遺，斯民有戚休，四海有利病，並許直言。」先生謂聖躬雖未有過失，而帝王之學不可以不熟講，蓋言御簡策不過諷誦文辭，求大道不過留意老釋也。謂朝政雖未有闕遺，而修攘之計不可以不早定，蓋言金虜乃不共戴天之讎，而講和則無一可成之事也。謂四海之利病繫於民生之戚休，民生之戚休繫於守令之賢否，而本原之地在乎朝廷。言不自朝廷擇監司以察州縣，雖今日降一詔，明日行一事，欲以惠民而適增擾，欲以興利而適重害也。末復獻説以爲此正所以仰承太上皇付託之意,願總紛更之疑。

庚子應詔封事,謂國之大務在恤民,恤民在省賦,省賦在治軍,其本又在人主正心術以立紀綱,而歸極於一二近習,得以賣債帥之弊。其言哀痛切至。貼黄:「乞至御前開拆。」

戊申封事,退朝後屢詔不起,而以書對也。謂大本在陛下之心,急務在輔太子,選大臣,振紀綱,變風俗,愛民力,修軍政六者。而六者之未理,皆原於此心一念之私。隨事注釋,以期於必感悟,且闢老、釋、管、商之説。終之曰歲月逾邁,如川不返。不惟臣之蒼顔白髮,已迫遲莫,而竊仰天顔,亦覺非昔矣。讀之令人揮涕。

按:先生上續孔、孟,講明帝王之學,遭值壽皇英明不世出之主,而三上封事皆墮空言,其言婉切明盡;蓋自漢至今,能言治道之士莫之能尚。而當時曾不聞有賞異之者,於是異端浸淫之患爲可畏,而先入之説爲主,有非可旦夕解。或者潛藩輔德之舊,必有任其責者矣。

己酉擬上封事,此光宗受禪之初也,講學以正心,修身以齊家,遠便嬖以近忠直,抑私恩以抗公道,明義理以絶神姦,擇師傅以輔皇儲,精選任以明體統,振綱紀以厲風俗,節財用以固邦本,修政事以攘夷狄。凡十事各盡一陳,而總序其意。

甲寅擬上封事,此光宗違和之後,專指久不過宫之事,明以父子天性之説。

癸未奏劄，其一勸講《大學》，其二勸絶和議，其三勸以修德業、正朝廷、立紀綱。

辛丑奏劄，其一勸以災異求言；　其二勸以正心任賢；　其三勸以浙東救荒，乞撥錢米，住催官物等數事；　其四乞五斗以下小户免檢放場，著爲令，及行建寧社倉之法；　其五乞寬紹興府和買；　其六乞減星子縣税錢；　其七乞給白鹿洞敕額。

戊申奏劄，其一論刑以弼教，乞獄訟先論尊卑；　其二論清庶獄在選官，乞州獄專注闕陞人；　其三論經總制錢，乞先將災傷年分盡依分數豁除；　其四論江西科罰，乞令帥臣措畫；　其五論二十七年未有寸效，以天理有未純，人欲有未盡。

甲寅行宫奏君臣父子經權之誼，以勸寧宗委曲感悟光宗；　其二論讀書窮理；　其三論湖南重賦；　其四論邵州寨柵；　其五論潭州城壁。

乞進德劄，勸以湯武反之之功。

乞進講劄，勸不間寒暑假故日分。

乞看詳封事，乞瑞慶節不受賀。

經筵留身四事，其一勿葺東宫，其二盡禮過宫，其三不聽左右，其四山陵改卜。

論災異劄，因都城黑煙，乞修德。

論喪服劄，因太上違豫，乞承重。

乞修三禮劄，欲關借祕省《禮》、《樂》諸書。

經筵進講《大學》止誠意章，大略與《章句》《或問》同，惟關繫人主身上處更覆懇切。至如惡惡臭、如好好色，直以爲好善惡惡之真，恐只是發於必然之實，意無自欺耳。如乍見赤子將入井，皆是舉一以槩真心之發見，當以後來者爲正。

祧廟議，異於禮官之議者三，禮官欲以太祖居第一室，今議以僖祖擬周后稷居第一，用順太祖尊祖之心；禮官欲以僖祖以下居夾室，今議以宣祖以下居夾室，謂子孫祔僖祖爲順，不可以僖祖反祔於子孫；禮官欲一世爲一室，兄弟代立者同一世，今議以一帝爲一室，太祖、太宗、仁宗、高宗爲世世不祧，在七廟數外，而祧真宗、英宗。又謂以僖祖爲始祖之廟，議雖出於王安石，爲司馬公所非，而程頤實主安石之説。

山陵議，謂國音坐丙向壬之説，非《禮經》葬北方北首之義，而紹興地淺氣洩，當尋富陽、臨安等縣。

南康諸狀，乞減星子縣税及因旱乞截留綱解，倚閣官物，奏補賑濟人户告身，及乞賜白鹿洞書院勑額，及頒降《九經》。

浙東諸狀，乞撥會子、度牒救荒，給降賑濟告身，減丁錢，住催官物。捕蝗，大者每斗百文，小者每升五十文。巡歷諸州，每州復奏事宜。次年洊饑，乞悔過謝天，責躬求言，盡出内庫助費。詔户部催理舊欠，乞住催，云輸納而復賑恤，猶割肉啗口。謂蘇軾言熙寧荒政，費多無益，以救之遲故也。謂修水利費短利長。到嵊縣，用錢三十文，糴稗一升繳進。

乞修黄岩堰閘，謂水利修則黄岩可無水旱之災，黄岩熟則台州可無飢饉之苦。

乞減紹興和買，謂浙東惟温州無和買，餘六州共二十八萬一千六百疋有奇，而紹興獨當十四萬六千九百有奇，而會稽縣元科納一疋者，今二疋半。緣立法之初，先支見錢。漕臣私於越而又復私於會稽，故所抛獨多而貽害如此。今欲去紹興和買之弊，而不先減當日請本之額，如負千鈞，膂背不堪。不減所負之物，但移而寘之懷袖，必無益矣！

乞減鹽、酒、義役，欲行二税鹽、萬户酒，皆福建法也。義役則謂處州預排者有害，欲依山陰置田，助當役者而不預排。

按唐仲友六狀，始行以丞相王淮之庇也。道誼之不敵勢利如此。

守漳州，奏減折茶錢，龍眼、荔枝乾錢，豐國監鑄不足鉛本錢，趙不敵所增無額錢，大略謂官吏無狀，避罪希賞。不能仰體聖朝愛民厚下之本意，不顧郡計之盈虚，民情之苦樂，既已增立虚額於前，而又强爲登足於後。不過因民之訴訟而科罰之，甚則誘人以告訐而脅取之。

條奏經界，先乞擇官；　次乞户部給紹興打量攢筭印本；　次乞圖帳書筭，官爲出費；　次乞通縣均紐；　次乞官田槩量，而辰、戌、丑、未年更簿；　次乞召買廢寺田産。

乞褒録高登，其人嘗同陳東上書，後爲静江古縣令，不肯爲秦檜父立祠。爲潮州試官，論直言不聞之可畏。策閩浙水沴之所由。檜益怒，削官貶死容州。

申請

自爲同安簿，即申學校及昏禮等事。爲南康，申造甲不可爲例，增種麥徒相爲欺，新寨合廢，石堤合修，軍治不可移湖口縣，而建昌星子縣不可改隸江州。木炭乞免折價，謂農桑家有木無錢，而畸零絹不可折錢反重。及乞定五禮，乞祀泗水侯孔鯉，乞加封陶桓公侃，且述劉義仲、吴澥論赞，辨夢登天折翼之誣。

論督責税賦狀，「督責」二字，考之前史則韓非、李斯慘刻無恩，詿誤人主之術，非仁人之所忍言也。慮傷治體，不敢奉行。

差役利害狀，朝廷罷支耆户長錢以充經總制，而此等重役遂一切歸保正長。

經界申狀，鄭昭叔知僊遊縣丞【三】，經界行移，覃思數日洞曉，以告同官使洞曉，又使保正長無不曉，然後打量兩月而辦。

湖南飛虎軍，辛弃疾剏置，後改隸襄陽，相去千二百餘里，非便。

二十二、二十三卷皆辭免狀，自初乞嶽祠，至乞致仕。

書

與鍾户部論經總制欠錢，謂民所不當輸，官所不當得，制之無藝而取之無名。自户部四折而至於縣，不過巧爲科目而取之民。是時，先生方爲同安簿領，而憂天下如此。

【三】鄭昭叔知僊遊縣丞　「丞」原作「承」，據文淵閣本改。

與李教授及陳宰書，皆言贍學錢州縣得通用。

與黃樞密書，謂逆亮之死，正當以爲憂。

與陳漕論鹽法，謂福建上四州歲運一千萬斤，而漏落者何啻數百萬斤。欲罷海倉及下四州諸縣之買納，使客人請引。南自漳泉，北至長溪，從便徑就埕户買販，可增至千五百萬斤。愚恐此事不可盡利以遺後害也，豈先生偶未之思耶？他日與趙子直書，云欲明申，恐增賦。當以此説爲正。

與陳侍郎書，謂主講和，而有獨斷，而有國是，二者大患之本。

賀陳丞相書，謂一日立乎其位，則一日業乎其官；一日不得乎其官，則不敢一日立乎其位。繼此所與書，皆責之之語矣。

與汪尚書書，謂省闈主蘇氏《貢舉議》爲未知講求，他日不可施於天下。又書謂吕申公家一二議論悖理，而明公篤信之。繼此所予書，亦皆責之矣。

答張敬夫書，論復讎之名義。又書論將帥屯田及帥司團教爲勞費，强盜枉法，殺傷、犯奸、縱火，皆死爲太過。又書請力爲君相言問學。又書言《孟子》一書最切今日，而以財用之柄、屯田之議，今日養民無出此二者。

與傅守等書，論荒政。

與吕伯恭書，謂向見吾兄於儒釋之辨，不甚痛説。又書論出處，謂欲葺文字以待後世。

與韓尚書、龔參政、陳丞相等書，皆論出處，痛快語也。

與史丞相等書，皆力求歸。

與皇甫帥書，言湖、廣之寇，當募土人討之。

與丞相書，乞爲白鹿洞宫，云與其崇奉異教香火爲名而無事以坐食，不若修祖宗令典，使以文學禮義爲官，而食其食之爲美。

與南康諸縣議荒政書，謂由軍而縣方能推以及民。

上宰相書，謂以荒政之急爲緩，自古國家傾覆之由，何嘗不起於盜賊？盜賊竊發之端，何嘗不生於飢餓？今朝廷愛民不如惜費之甚，明公憂國不如愛身之切。其言苦至，所當成誦。

與趙帥子直書，論舉子元令兩鄰附籍，未爲便當，今有孕五月，即四鄰先取本家乞附籍狀。又書乞免起精舍。又書言福建賣鹽事，欲申明則恐增賦。

答林擇之書，論汀寇事，當奏劾官吏致變者以謝其人，倚閣錢物以慰人心，不致響應。即募土人捕之，而禁軍決是無用。

與陳福公書，謂憂在天變地動，而境外事不預焉。

與陳丞相書，謂《易》不易讀，且讀《詩》、《書》、《論》、《孟》。

與史太保書，責以變異重仍而不發一言。又書勉以勸主上求言。

答詹帥書，戒以勿刊諸經説。又言先儒經解不以己姓名加經上。又書謂浙中怪論百出，頗自附於伯恭。又謂科舉業伎倆愈精，心術愈壞。

答陳同父書，奉告老兄且莫相擴掇，留取閑漢在山裏咬菜根，了却幾卷殘書。又書云：世間事思之非不爛熟，只恐做時不似説時，人心不似我心。孔子豈不是至公血誠，孟子豈不是麤拳大踢，到底無着手處？愚竊意麄拳大踢，必就用陳同父來書中語，然以此形容孟子，亦不害其爲救世之精采也。

與張元善書，自言平生辭官只是兩事，一則分不當得，二則私計不便。若是本等差遣，力之所能堪，豈有不受之理？又載虞丞相除蕭果卿御史，蕭曰：「彼見吾憒憒，謂我不能言，而以是處我也，其輕我甚矣！」首論其黨，遂併攻之，論者服其勇云。

與黄仁卿書，請祠事，云亦似不必如此，隨分仕宦，不起患得患失之心，何處不是安地？

與趙帥書，言招填禁軍，緩急何足恃賴？正當别作措置以漸消除。又書言拘集海舡事，差官點視，即時放散，令於界内漁業，不得拘留。

與留丞相諸書，極言漳州失經界及朋黨事。又云朝士有不願爲忠臣之説，恐不得爲興邦之言也。愚謂魏徵【四】，忠臣也，故可自言不願。若他人不願，是甘爲佞臣，非欲堯、

【四】愚謂魏徵　「徵」原作「證」，據文淵閣本改。

舜其君，直諛其君爲堯、舜而已。此説真不可不以爲戒。又按：晦翁漳州經界爲吴禹圭一人之訴而罷，與趙帥書極言之。

與趙尚書書，謂無可用之才出門墻。又書謂改更學校之政爲閑慢。及趙爲丞相，又責以祧廟非禮。於答黄仁卿書稱趙乃謂韓是好人，今日弄得朝廷郎當，自家亦立不住，蓋時趙已罷相矣。初，先生貽趙書，謂任天下事，當自格君心之非始，而格君心又當自身始。最後謂今而後，知丞相大不相知。然則趙雖賢相，先生後亦因國論而疏，他何望焉？若其與留丞相書，直責其聽邪言、罷經界，决不復爲之用。

與楊子直書，謂喻於義爲君子，喻於利爲小人，而近年一種議論乃欲周旋於二者之間，回互委曲，費盡心機。

答汪尚書諸書，論前輩於釋氏未能忘懷，則以身譬之而誘以求所安之是非，其辭婉甚。及論兩蘇與王氏異同，則以孟子「天討」明之，謂王氏僅足爲申、韓、儀、衍，蘇氏學不正而文成理，其弊又不止楊、墨，其辭甚嚴。蓋釋氏人皆知其爲異端，心自習熟而嚮之，故使人心反思其是者之是安。蘇氏聲名文學震動一世，未嘗有以爲非，故非峻辭以闢之，則人莫悟也。程子謂高祖有服不可不祭，雖七廟、五廟亦止於高祖，雖三廟、一廟亦必及於高祖，但疏數不同耳。宋公以外祖無後而歲時祭之，先生謂不若爲之置後。

與張南軒諸書，謂胡氏改姪字稱猶子未安，謂節祠當隨俗，但不當用此廢四時之正禮。謂伯恭漸釋舊疑，蓋佛學也。又謂其日前只向駁雜處用功，又出入蘇氏新巧壞心。謂明道之言，通透灑落，渾然天成；伊川之言，質慤精深，可奪天巧。謂以敬爲主，則內外肅然，不忘不助而心自存；不知以敬爲主，而欲存心，則不免將一箇心把捉一箇心，外面未有一事，裏面已不勝其擾擾。儒、釋之學只於此分。如云常見此心光爍爍地，便是有兩箇主宰，不知光者是真心乎？見者是真心乎？他日先生與汪尚書，又謂不學、不思而坐待，忽然有見，就使僥倖於恍惚之間，亦與天理人心叙秩命，討之實了無干涉，自謂有得，適足爲自私自利之資。此則釋氏之禍横流稽天，而不可遏，有志之士隱憂浩嘆，而欲火其書也。愚按：論佛教之害政，古惟一昌黎；論佛教之害人心，今惟一晦翁。害政之迹顯而易見，害人心之實隱而難言，故闢佛者至晦翁而極。論《春秋》正朔，謂加春於建子之月。愚謂此説尚當考訂。古分三統，各以其時受朝貢可也。四時有定，春實在寅，而移加於建子之月，於義何居？且豈所謂行夏之時者耶？

答張南軒，云漢儒可謂善説經者，不過只説訓詁。又云解經但可略釋文義名物，而使學者自求之。又自云傷急不容耐之病，苦未能除。若得伯恭朝夕相處，當得減損。又云子壽兄弟氣象甚好。盡廢講學而專務踐履，於踐履中要人悟得本心，此爲病之大者。夜氣不足以存，不是存夜氣，是存心。

與南軒《論癸巳論語説》一一疏駁其未然。愚按：南軒多是統説大體，又多於本意上生新意，晦庵則分文釋句，只依本意而使學者自得之。以南軒高明若此，今爲晦庵所疏駁，猶未可安。況新學晚生不經師匠，而可自是其説者乎？晦翁之盡言，南軒之受益，皆後學所當自反。而以兩説參訂，可使人長一格，尤宜詳味也。

答南軒論良心發見處，謂即日用之間，渾然全體，如川流之不息，天運之不窮，而鳶飛魚躍，觸象朗然。論心性情之别，謂情根乎性而宰乎心【五】，中節不中節之分，特在乎心之宰不宰，而非情能病之。又謂盡心知性知天，孔子謂天下歸仁者也，存心養性以事天。顔、冉請事斯語之意也。又謂有天地後，此氣常運；有此身後，此心常發。要於常運中見太極，常發中見本性。又謂理之至當不容有二，若以必自己出而不蹈前人爲高，則是私意而已。又論仁，謂仁者生之性，愛其情，孝弟其用。公者，所以體仁。上蔡所謂知覺，只是智之發用處，謂仁者心有知覺則可，謂心有知覺爲仁則不可。又論未發之旨，謂思慮未萌而知覺不昧，是靜中動。事物紛糾而中節不差，是動中靜。

答東萊書，來教謂吾道無對，不必較勝負。恐吾道中着不得許多異端邪説。學校之政，名存實亡，徒以陷溺人心，敗壞人心，不若無之爲愈。論説《左氏》亦頗傷巧，恐後生傳習，重爲心術之害。精騎，恐誤後生，讀書愈不成片段。人心至靈，只自家不穩處便須有人點檢。外事十損四五矣，但恐密切處不似外事易謝絶。「清議」二字，記是劉元城語。

【五】謂情根乎性而宰乎心　「根」明本作「發」。

答東萊書，謂佛、老文字，贊邪害正者，雖工不可取。文海。廬阜奇處盡在山南，南康作劉凝之庵，以俸給不應得者爲之。凡此隨俗，漸乖宿心。子靜近却説人須讀書講論，但不肯翻然説破今是昨非之意。子靜約秋涼來遊廬阜，渠兄弟豈易得？但子靜似猶有些舊來意思。回思鵝湖講論時是甚氣勢，今何止十去八耶？子壽之亡極可痛惜。近得子靜書，云已求銘於門下，屬某書之，此不敢辭。子靜到此，數日講論，比舊亦不同。又云子靜舊日規模終在，熹因與説，渠雖唯唯，終未窮竟。

答東萊書，謂學者推求言句工夫常多，點檢日用工夫常少。明道箴上蔡博記爲玩物，渠一向掃蕩。明道言當與元豐大臣共政，此非權譎。苟以濟事，然亦須有明道廣大規模，和平氣象，誠心感人，然後盡其用耳。范公雖不純師程氏，觀其辨理伊川之奏，豈盡以東坡爲是？横渠墓表出於吕汲公，溺於釋氏，非深知横渠者。爲學之序，爲己而後可以及人，達理然後可以制事。

答劉子澄書，聖賢立言本自平易，今推之使高，鑿之使深。明道嘗爲條例司官，而伊川作行狀不載。明道謂青苗可且放過，而伊川於西監一狀計較如此。明道乃孔子之獵較，伊川乃孟子之不見諸侯也。學者只當以伊川爲法。愚謂此魯人善學柳下惠之意也，合以答東萊説明道欲與熙、豐大臣共政一段參看。温公論東漢黨錮爲光武、明、章之烈，而不知建安以後，士大夫不知有漢室，却是黨錮之禍毆之。如荀淑正言於梁氏用事之日，其子爽已濡迹於董卓專命之朝,及其孫彧遂爲曹操之臣,想當時自有一種議論文飾。荆州地平,守當在外。趙子直只要尋箇不説話底人,宜乎作貴人也,更進一步參到周子充地位矣。居官只押文字,便是進德修業地頭。

答陸子壽諸書,反覆論喪祭之禮。答陸子美書,辨詰《太極》、《西銘》,至再而止。答陸子靜書,辨詰尤切,條其理有未明而不能盡人言者,凡七,終又隨條注釋,斥其空疏杜譔,謂:「如曰未然,各尊所聞,各行所知,亦可矣。」書亦於此而止。愚按:先生平生,拳拳諸陸之意不少衰,相約來遊廬阜,幸其議論稍回。子壽之死,子靜亦求銘於東萊,而求書於晦庵,道誼之交自若也。

答陳同甫諸書,大闢其尊漢、唐之説,意氣軒騰,辭鋒峻厲,有出師一掃之象。同甫終信服,亦歲修晦庵始生之禮云。

與范直閣書,論忠恕一貫,謂曾子於一貫之語默有所契。指此二事,日用最切者,以明道之無所不在。

與黄端明書,謂其有德,請納再拜之禮。

與王龜齡書,謂其有節行聲名,而勉之以學。

與陳丞相書,謂求賢將使正己,毋取之投書獻啓之流,以對偶評天下士。

與劉共父書,謂有志天下者,求士必於無事之時。

答鄭景望，論舜非輕刑，訓釋《虞書》甚備。但欲復肉刑，愚恐此事當更審，若按《吕刑》，則肉刑亦非聖人所制。

答尤延之書，論揚雄臣賊莽，但畏死貪生而有其迹，亦不免誅絶。愚按：雄之《劇秦美新》，似不止畏死貪生而已。莽亦何嘗殺不頌功德者耶？然雄後世尊之比孟子，甚至本朝名儒或抑孟而尊揚。先生獨奮《春秋》之筆，與孔子誅少正卯異事同科，亦奇矣哉！

答林黄中，謂其論室户及闢邵氏先天之説皆非。

與郭仲晦，論揲蓍，且論《易》有太極一段，以卦畫言之。太極者，象數未形之全體；兩儀者，一爲陽而一爲陰；四象者，陽之上生陽爲太陽，生陰爲少陰，陰之上生陽爲少陽，生陰爲太陰；八卦者，太陽上又生陽爲《乾》，生一陰爲《兑》，少陰上生陽爲《離》，生陰爲《震》，少陽上生陽爲《巽》，生陰爲《坎》，太陰上生陽爲《艮》，生陰爲《坤》。又書，論《西銘》理一分殊。

答程可久黍尺及《先天圖》，又云不須别立門庭。

答程泰之揲蓍之法，及論焦延壽以《震》、《離》、《兑》、《坎》直四時，十二辟卦直十二月，分四十八卦爲公侯卿大夫，而六日七分之説生焉。初無法象，本無可據，不待論其減去四卦二十四爻，而後見其失。揚雄《太玄》次第乃全用焦法，其八十一首亦去《震》、《離》、《兑》、《坎》，而但擬六十卦。又書，疑東陽陵即今巴陵，敷淺原即今廬阜，敷陽山正在廬山西南。老子「儼若容」,一本「容」作「客」字,協韻。

答李壽翁,謂《麻衣易説》收拾佛、老術數緒餘,戴主簿名師愈者所造。

答袁機仲諸書,袁謂《河圖》、《洛書》不足信,先生謂無奈《顧命》、《繫辭》、《論語》皆有是言。袁謂邵子先天之説不足信,先生謂自初未有畫説,六畫滿處爲先天伏羲所畫。及卦成後,各因一義推説,則後天之學而文王所演。其餘答卦位納甲等説,纖悉具備,且寄以詩曰:「忽然半夜一聲雷,萬户千門次第開。若識無心涵有象,許君親見伏羲來。」其意象殆有不知手舞足蹈者。袁終不從,先生歎曰:「信乎其道之窮矣!」謂《參同書》本不爲明《易》,乃姑借此納甲之法以寓其行持進退之候。異時每欲學之而不得其傳,無下手處,不敢輕議。先生蓋自貶以譏袁之輕議也。愚按:近世趙一巖編《易序叢書》,乃直指此爲先生欲學《參同》而不能。先生豈欲學《參同》者哉?獨破如此明白,又豈不能者哉?

與周益公諸書,謂先君子喜學荆公書。愚按:荆公書正蘇公所譏笑者,所好不同每如此,然荆公書恐亦終非可訓者。又議論吕許公、范文正相與,其後歐公載同心國事,而忠宣削之,曲盡其情。愚謂忠宣削之,誠是也。文正平生爲吕公所賣,晚不得已,卒爲國家强起耳。歐公他人也,不知其細,可爲兩家調停之語。忠宣爲人之子,家庭之所聞見悉矣,豈可厚誣乃翁心事哉?

答耿秉，謂入浙從士大夫游，所聞無非枉尺直尋、苟容偷合之論，心竊駭之【六】。

答薛士龍，謂自熙寧立教官，學者不得自擇師，是以學政名存實亡。

答林謙之，謂自昔聖賢教人，莫不以孝弟忠信、莊敬持養爲下學之本。今之學者，例以爲鈍根小子之學無足留意，其平居道說，無非子貢所謂不可得而聞者。

答柯國林，謂自得是自然而得，豈可强求？今人多作獨自之自，故不安於他人之説而必己出耳。

答許順之，謂子韶説得儘高儘妙處，病痛愈深。又一書，近聞越州洪适欲刊張子韶《經解》，爲之憂歎不能去懷。「半畝方塘一鑑開，天光雲影共裴回。問渠那得清如許，爲有源頭活水來。」此詩亦見《答許順之書》中。

答范伯崇，謂在喪廢祭，古人居喪皆與平日絶異，故宗廟之祭雖廢，而幽明之間兩無憾焉。今人居喪，平日之所爲皆不廢，而獨廢此一事，恐亦有未安。卒哭，葬後用墨衰常祀於家廟可也。按禮，外祀雖喪不廢，内禮純吉。《左傳・僖公三十二年》，卒哭，特祀於文，蒸嘗禘於廟者，春秋時禮之變。

力學之説見《與魏應仲書》，居官之説見《與范伯崇書》，皆當寫出服行者也。

影堂奉主之説，見《答劉平甫書》。

答何叔京，猛省提掇，僅免憒憒，一小懈則復惘然。此正天理人欲消長之機，不敢不

【六】駭之　「駭」文淵閣四庫本作「鄙」。

着力。孔明出祁山，略數千户而歸，蓋所以全之。《孟子》「艾」讀爲「義」【七】，有斬絶自新之意。「狼疾」，古字通用，不必言誤。墨氏以儒者親親之分仁民而親親，反有不厚。釋氏以儒者仁民之分愛物而仁民，反有未至。又謂馮道許以具臣，已過。

答吴叔京書，謂存者，道心；亡者，人心。愚意理雖相近，語各有爲。人心、道心是狀體段之隨異，操存舍亡是指效驗之相反。今以存者爲道心一念之復，本體固由是而全，若以亡者徑爲人心，則恐亡是故而不求之謂，於人心何有？或者人心止是飲食、飢渴之類，晦翁自謂雖上智不能無人心，則人心非亡之謂也。又書謂仁是用功親切之效。一見疑之，徐讀至盡處，晦翁自注云「此句有病」。以此知後學讀前賢之書，何可執一言爲據。且如連日點校，亦粗知其方，惜未能閑居静觀也。又書謂所學繫於所禀。愚按：此語類程先生稱往雖學作兮，所貴者資，但繫之一字更合斟酌。蓋學本期以變化其氣禀之偏，但人自各隨其禀以有成就，而能自變者，難其人耳【八】。又書説體用顯微，以理象而言，極分曉。

答馮作肅書，謂性死而不亡，若以天地爲主，則非有我之所得私；若以我爲主，是乃私意之尤者。釋氏正如此。

答連嵩卿，天下歸仁，只以仁歸之，如宗族稱孝之類。

答程允夫，謂蘇黄門早拾蘇、張之緒餘，晚醉佛、老之糟粕，《古史》皆不中理。又書

【七】孟子艾讀爲義　「義」文淵閣本作「乂」。

【八】難其人耳　「難」文淵閣本作「惟」。

謂其陰陰【九】，元祐末年，規取相位，力引小人楊畏，使傾范忠宣。又謂蘇氏晞孔文仲去程子，文仲後悟，嘔血至死。事見呂正獻《遺書》。

答胡廣仲論性，謂真是指本體而言，靜則只是情之未發，非以靜狀性。又書辨太極七疑。

與吴晦叔論祭儀，廟皆南嚮，主東嚮，廟在所居之東南。又書辨周正。又一書答林擇之，説三代正朔尤詳，然皆疑辭。

與石子重書，聞洪适在會稽開張子韶《經解》，此禍不在洪水夷狄猛獸之下。館職又與學官不同，神宗嘗許其論事。曾皙舍瑟，見從容不迫灑落自在之意，亦見狂處。

答陳明仲書，多辨佛學。又書言别廟者，凡五等。

答李伯諫書，謂以釋氏爲主，然敢詆伊、洛而不敢非孔、孟者，直以身爲儒者耳，豈真知孔、孟之可信而信之哉？又書云：却是從儒向佛，故猶以先王之言爲重。若真胡種族，不招認此語矣，所以煅煉之如此。又云便欲立地成佛，正如將小樹來噴一口水，便欲他立地干雲蔽月，豈有此理？所以開曉之又如此，伯諫終以此回心云。

答吴公濟諸書，亦辯佛。

答林擇之，謂古人自小學中涵養成就，今人無此工夫。但見《大學》以格物爲先，便欲以思慮求之。又書云：日用間常切點檢氣習偏處，意欲萌處，與平日所講相似不相似。

【九】又書謂其陰陰　「陰陰」文淵閣本作「陰險」。

答蔡季通書,託以教子,令韓、歐、曾、蘇之文滂沛明白者,揀數十篇令成誦。所論及鍾律、星經、《易》圖、陣法、琴説、卦氣等,而譏林黄中、袁機中妄非邵氏。蓋季通實先生博古之友也。

與方伯謨書,多論《易》、《語》、《孟》。又云禱雨到天師前燒香,便記着《後漢書》何緣有效。

答梁文叔書,論制度謂求義理,論看史謂且當治經。

與吴茂實書,謂陸子壽近講學,其徒有曹立之、萬正淳極佳。

與任伯起書,謂今士大夫能言,真如鸚鵡。

答江德功,多論經書,謂近世溺於佛學,而辨其《易》説之非。

與黄直翁,論經。

答曹子野,論史。

答虞士朋,論《易》、《論語》。

答游誠之,謂功夫用力處,在敬而不在覺。

答丘子野,辨箟短龜長之説及老子等説。

答李深卿,辨儒、釋及吕氏之學甚詳。

答楊子直,論太極極詳,蓋世所讀者。

答廖子晦，及鬼神之説。又舉陳了翁事，警其處變。葬法：沙灰隔螻蟻，炭屑隔木根。十二律各以本律爲宫而生四律，每間一律，中間者間二律。爲二均之聲。變宫變徵者，自宫而下六變七變而得之，乃十二律之本聲。問日之所由謂之黄道，而月有九行，黑道二出黄道北，赤道二出黄道南，白道二出黄道西，青道二出黄道東，并黄道爲九。日月之行不同如此，何以同度而食？答謂日之南北雖不同，然皆循黄道而行。日月道雖不同，亦常隨黄道而出其旁，朔則同在一度，望則遠而相對，弦則近一而遠三。其交蝕如一人秉扇，一人執燭而過。説在《詩·十月之交》，孔疏甚詳。

答曾致虚，云誠字在道則爲實有之理，在人則爲實然之心，而其維持主宰全在敬字。白鹿只作禮殿，不爲象設，依《開元禮》臨祭設席。

答黄商伯，及喪服制度。位牌法只卧之於地。

答詹元善，攻其治詞業之失，甚至。

答潘叔度，云整齊嚴肅，則中有主而心自存。又云江南之業，恐自是慶曆、元祐之功。

答潘叔昌，謂建州有徐柟者，常言始皇賢於湯、武，管仲賢於夫子。苟彧未見其有扶漢之心，其死何足悲？

四十七卷皆答吕子約書所問，似覺纏繞細膩，費先生之説甚多，使人厭倦。

答吕子約書，四十八卷。多不切之問，纏繞不了。先生謂伏羲、神農見於《易大傳》，八卦列於六經，史遷獨遺而不録。《六國表》所謂世異變，成功大，議卑易行，不必上古；《貨殖傳》譏長貧賤而好語仁義爲可羞；《伯夷傳》辨許由事固善，然其論伯夷之心，正與求仁得仁者相反。

答王子合，云送伯恭至鵝湖，陸子壽兄弟來會，講論之間深覺有益。先生與一時諸儒切瑳者如此，近世乃誤以爲朱、陸會爭之地，甚者至立學以主陸，可歎也已。令聞改曰宗文。先生居喪時，家祭不行，及至時節，略具飯食，墨衰入廟，酌酒瞻拜。愚謂此以義起禮，孝子慈孫之志盡矣。應世接物，隨分應副。子合問：「孟子道性善，伊川以爲本，明道言其繼，何也？」先生謂：「明道就發明處説，伊川是對氣質而言。」問八卦之位如何，答謂康節説伏羲八卦，乾南坤北，文王重《易》，更定此位，大槩近於傅會穿鑿，且當缺之。愚按：先生專主邵氏之《易》，而今其説又如此，然則後生且讀文王《易》足矣，他將焉考？

答滕德粹，云四明多賢士，所識者楊敬仲、吕子約，監倉。所聞者沈國正、煥。袁和叔，到彼皆可從游也。

答楊元范，謂元亨利貞，文王只是大亨，而利於正，至《彖傳》、《文言》乃有四德之説。愚謂此平實語。又謂陰陽只是一氣，陰氣流行即爲陽，陽氣凝聚即爲陰。愚謂此通透語。

潘恭叔問答，謂桓公非殺兄，管仲非事讎。荀卿謂糾爲兄，薄昭謂糾爲弟。謂鄭氏不曉《周禮·籥章》之文，以《七月》一詩分三體，《籥章》之《豳雅》、《豳頌》，恐《大田》、《良耜》諸篇當之，不然即別有詩。若如鄭説，以四章半爲《豳雅》，三章半爲《豳頌》，成何曲拍耶？《風》皆自然，如風動物而成聲。若謂《關雎》周公所作，只與後世撰樂章相似。《卷耳》是欲酌酒以解其憂傷。

答鄭仲禮，若無存養實踐，而但欲曉解文義，雖盡通諸經不錯一字，亦何所益？高氏遺奠祝詞「形神不留」者，非是。據《開元禮》作「靈辰不留」。吉凶祭以讀祝居主人左右爲別。

答程正思説，訟葬地與其得直於有司，不若兩平於鄉曲之爲愈也。致知力行，論先後，知致爲先，論輕重，力行爲重。異論紛紜不必深辨，切不可於稠人廣坐論説是非，著書立言，肆意排擊。愚按：先生平日衛道之嚴，迹多類此，豈非有先生之學則可耶？然吾徒真不可以不戒也。浙學尤更醜陋，如潘叔昌、吕子約皆深陷。

答周舜弼，行篤敬，執事敬，敬字本不爲默然無爲時設，須向難處力加持守。訓釋「致中和」之注頗詳。

答董叔重書，叔重論殷之三仁有云，當與社稷俱存亡，不可復顧明哲保身之義。愚按：明哲保身但存進退之節，非謂貪生畏死。若死得其所，是於明哲保身非相反也。論《河圖》、《洛書》，天地之數皆五。論《禹貢》，稱漢水入江，匯爲彭蠡，恐當時地入三苗，禹亦不能細考。江流甚大，漢水入之未必能有增益。今人不敢説經文有誤，多回互耳。愚謂彭蠡自受江東西之水以入於江，亦猶漢水受荆襄等之水而附入江也。若謂彭蠡因漢水入江之勢相衝洄洑，不能射注直下而名之爲匯則可；若謂漢水之盛，江不足以容而匯入爲彭蠡則不可。凡言五世祖者，自本身通數。艮其背，不獲其身，只見道理當止處，不見己身之有利害禍福也。行其庭，不見其人，只見道理當行處，不見在人之有强弱貴賤也。爲銘墓云：因得好行狀，故不費力。

答黄子耕，祭禮神主，惟長子奉之，支子居官，或旋設位以祭。仕宦既未免出來，只得忍耐，更看自家分内許多道理，甚底是欠缺底，隨處操存，隨處玩索，不妨自有餘樂，何至如此焦躁耶？調遠邑而歸，既無冒進之嫌，又絶矯亢之累。經界打量法只於田段中間，先取正方步數，却計其外尖斜屈曲處，約湊成方，却自省事。

答曹立之，陳太丘亦是不當權位，故可逶迤亂世，若以其道施之朝廷而無所變通，亦何望其有益人國哉？

答萬正淳，正淳論舍生取義，謂義當生則生，豈謂義與生相對爲輕重？謝氏乃謂生重於義則舍義取生，且義而可舍，雖生無益矣。正淳引張子謂君子之道，天地不能覆載，恐失之太高。子思雖云天下莫能載，復云天下莫能破，大小兼該可也。愚竊意莫能載者，喻其大之極，謂君子語道之廣大也；莫能破者，喻其小之極，謂君子語道之精微也。破之一字，注解未甚訓釋。愚竊意粟粒之小，針可破之。若愈小則雖針亦無所用其巧，故曰莫能破焉。春秋滕、杞諸國書伯書子不常，正淳謂當時以爵之大小爲貢之多少，故有職貢不共而自貶其爵者，如子産爭於平丘之會，及吴、晉黄池之會，可見。先生云沙隨説正如此。游、楊爲老、莊之説陷溺得深。横渠説《乾卦》，恐皆過論。《易》有伊川《傳》，只看此尤妙。

答吴伯豐書，多論讀《大學》、《詩》、《論語》、《西銘》，所言多與先生契合。先生託以《詩傳》補脱及編《祭禮》。

答葉永卿，《先天圖》具推行之法。

答劉公度書，譏臨川《荆舒祠記》，譏陳君舉只要雜博包衆説不相傷，葉正則亦是如此。聖門教學，循循有序，無有合下先求頓悟之理。

答劉季章，謂今人讀書，背却經文，横生他説。又説古聖賢只見義理，都不見有利害可計較，應事接物直是判斷分明，推以及人，吐心露膽，亦無回互。孟子説未有義而後其君，雖是理之自然，到直截剖判處，却不若董生之有力。謂善類消磨得盡之説，若消磨得去，此人便不濟事。

答胡季隨，南軒文最好是奏議，異時自作一書。又書論「戒懼」、「謹獨」兩節，文義極分曉，可以細讀。爲學不厭卑近，愈卑近則工夫愈實，而所得愈高遠。其直爲高遠者反是。自謂灑落者，乃是疏略放肆之異名。兩字本是黄太史語，延平先生拈出，是要學者識深造自得氣象，不謂不一再傳，其弊至此。古之聖賢只是教人於下學處用力，至此等處未嘗言也。

答高應朝，講義若不教人以日用工夫，只學得一場大話。

答沈叔晦書，謂刻東萊文，真僞相半，惟《大事記》有益。答所問兩塗之疑，謂聞道讀書須誥以所謂道【一〇】，何道，所謂書，何書，聞之、讀之又如何用其力，更願審叩以决其是非。愚謂先生以其受象山之學，故其説如此。所謂引而不發者耶。再答讀書數條，先令虚心熟讀本文，若便雜諸説，下稍只得周全人情。恐亦闢其先入爲主者。

答孫季和書，季和自謂病在輕弱，先生令痛下功夫，知行並進，又與論《中庸》、《太極》等説，且云浙間學問，一向外馳，百怪俱在，亦頗覺其弊否。

答石應之書，云富貴易得，名節難保。

答諸葛誠之書，皆言與子静辨，只是尋箇是處。

答項平父，亦以其習子静議論，而告以講學工夫。

答應仁仲，論《易本義》，不自意推尋至此。

答王季和，謂孔門之教，不過孝弟忠信、持守誦習之間。

答時子雲，謂向編《近思録》欲人説科舉壞人心術處，而伯恭不肯。

【一〇】誥以所謂道　「誥」文淵閣本作「告」。

答王伯豐，説參伍字義及畫卦法。

答趙幾道，謂蘇子《古史序》於義理綱領見得極分明，惜其從初爲學功本無次序。

答楊簡卿書，却其求趙帥書，云向使前舉未登科，不成如今亦要舉狀關陞。

答吴宜之，却其求館求試。

答趙昌甫云，只固窮兩字是着力處，不然即墮坑落塹，無有是處。又士巧言語，爲人所説，易入邪徑。如近世陳無己不見章雷州，吕居仁不答梁師成，蓋絶無而僅有。

答徐彦章，論動静及經疑。

答潘謙之，伊川亦有時教人静坐，然孔、孟以上却無此説。要須見得静坐與觀理兩不相妨，乃爲的當。

答李守約，持敬工夫只大綱收領，勿令放逸，亦何必兀然静坐，然後爲持敬哉！

又答李守約，庶母謂父妾生子者，士服緦麻。若生己者則《儀禮》有公子爲其母之文。因人説琴，謾爲考之，然不能琴。

答李時可，説誠者物之終始，云人心不誠，則雖有所爲，皆如無有。若自始至終皆無誠心，則徹頭徹尾皆爲虚僞。又書云王氏《書義序》，明言是雱説，荆公奏議却云一一皆經臣手。又書其《書説》條例。

答包詳道，古人爲學只是升高自下，曾子功夫只是戰兢臨履，是終身事中間一唯，蓋不期而會。

答顏子堅，云不念身體髮膚之重，天叙天秩之隆，方將毁冠裂冕以從夷狄之教。顯道不能諫止，已失友朋之職。節夫更有助緣，尤非君子愛人之意。聞已得祠曹牒，髡劉有斯，急作此奉報，且更與子静謀之。

答安仁吴生，極駡其狂妄，將答趙然道書生之兩書合看，極有益。

答范叔義，謂挈矩之義【一一】，少日聞之范公如圭字伯達。

答趙子欽，以其欲湊補《易傳》七分。先生云：其曰只説得七分者，亦曰沉酣浸漬，自信自得之功更在學者自着力耳，豈是更要添外科釀玄酒而和大羹也耶？

答徐叔載，云放翁詩，近代惟見此人爲有詩人風致。

答葉正則，責其所著書多籠罩含糊，又自謂在荆州看得佛書，若見得道理分明便無事，殺決不暇看佛書。欲得面會相見，彼此劇談，不須得如此遮前掩後，欲説不説，做三日新婦模樣。

答徐居厚，今人但見孔子問禮、問官，無所不學，便道學只是如此。却不知得他合下次第大底本領，方有功夫到此。

答方賓王，多《論語》疑。

答陳師德，言讀書之法。

【一一】謂挈矩之義　「挈」文淵閣本作「絜」。

鄭子上論愛物，謂有知之物乃是血氣所生，與無知之物異，恐聖人於此亦有差等。先生云此説得之。

答林一之，文字只就一段看，不須引證旁通。又論三代什一之法甚詳，合細考。

答李堯卿，多論經疑，《答陳安卿》亦然。安卿尤善推廣詰難。

答張仁叔，云什一之法，須以《周禮》爲正，而參取孟子、班固、何休諸説。愚恐且當以孟子爲正。若《周禮》雖名爲周公之書，而實出於王莽之世，不先於孟子也。説律吕正聲是全律之聲，子聲是半律之聲，其説甚詳，令作圖子輪轉看。

答謝成之，云詩枉費工夫，不切自己。淵明所以爲高，正在不費安排處。東坡乃篇篇句句依韻而和之，雖其高才，似不費力，然已失其自然之趣矣。《太極説》各一其性者，云五行各專其一，而人則兼備。

答陳廉夫，云爲學工夫不在日用之外，檢身則動静語默，居家則事親事長，窮理則讀書講義。大抵只要分箇是非，而去彼取此耳。

答胡平一，云周首十一月，而《春秋》書「春正月」。若其下書建子月事則改月號而以冬爲春。若書建寅月事則用夏正月而亂周典。爲胡氏學者乃謂夫子欲行夏之時，以寅月爲歲首，所書事則建子月之事，無其位不敢自專也。然月與事常差兩月，恐聖人作經又不若是之紛更也，不若缺疑之爲愈。

答徐子融，有性無性之説甚悉，云氣質之性，只是本然之性墮在氣質中。

答宋深之，謂子莫執中與三聖執中文同意異，及孔、孟言性之異。

答陳器之，公之爲仁，猶言去其壅塞則水自流通，然便謂無壅塞者爲水，則不可。又書云性之綱理有四，曰仁、義、禮、智。四者之中，仁、義又是對立關鍵。仁、義雖對立，而仁實貫乎四者之中，智又能成始、能成終者也。

答葉味道，既祔後主復于寢，陸子静不能行而子壽敬伏。

答徐志伯，四壁環列前輩之象，而遊燕寢卧其中非便。横渠言得夫子象無設處爲此耳。

答鄭衛老問《近思録》，云王介甫説律是八分，書言律之長處。又云封建郡縣互有得失，理則封建爲公。

答張敬之，云以善服人者，惟恐人之進於善。愚恐服人不過欲人之服己，未必忌他人之爲善。若以晦翁他處議論槩之，恐此亦於本意上略侵過界分，更當俟長者而請焉。

答林正卿，論蔡季通被謫，云陳子翁曾作諫官，及被謫，猶着白布衫、繫麻鞋赴句呈。朝廷行遣罪人，正欲以此困辱之，若必求免，是不受君命也。正卿謂伏羲《易》如陰陽代謝，若有推排而莫知其然。文王、周公《易》則六十四卦之名，乃十八變後之私記。三百八十四爻乃三變奇偶之私記。潜龍、牝馬等物，如今卦影匆用；利有攸往等語，如今斷卦之文。孔子《易》則卦名者，時也，事也，物也。初二、三、四、五，上者位也。九六者，人之才也。處某事，居某時，用某物，才位適所當則吉，否則凶。先生批云近之。十三卦或云蓋取者，疑辭，未必見此卦而制此物。

答龔惟微，《春秋》經文太略，諸説太煩，且其前後牴牾非一，不若即他書之易知者求之。

汪叔耕以《太極圖》有單傳密付之三昧，先生答謂聖賢言語，惟恐人之不解，豈有故爲不盡之言而單傳密付也哉？此篇甚詳。

答方若水，不求只是本分，求着便是罪過。不惟不可有求之之迹，亦不可萌求之之心；不惟不得説着求字，亦不可説着不求字，方是真能自守不求人知也。

答方子實，主一無適之謂敬，只是展轉相解，非無適之外别有主一，主一之外又别有敬也。

答何巨元，云《先天圖》自復之《乾》爲陽，自遇之《坤》爲陰。贊康節手探足躡者，以遇在上而復在下，故以手足言。

答吴玭，謂道不難於求而難於養。康節之告章子厚云，以君之才於吾之學頃刻可盡，但須林下一二十年，使塵慮銷散，胸中豁豁無一事，乃可相授。

答吴斗南，説《聞道》及《廟制》等兩書，其詳可讀。

答陳衛道，《論性理》與《釋氏》兩書，皆當讀。

答余方叔，物性甚詳。

趙恭父書《奔喪》、《投壺》兩篇，《曲禮》之正篇，《儀禮》亦名《曲禮》。

答趙恭父，不得已而從宦，惟有韜靜晦默，勿太近前爲可免於斯世耳。一或不幸爲人所知，便不是好消息也。

趙致道謂程子言仕宦奪人志，蓋於窒礙處侵，侵入於隨時徇俗。先生云當隨事省察而審其輕重【二】。

答許生，近年有假佛釋之似，以亂孔、孟之實者。其法首以讀書窮理爲大禁，常欲學者注其心於茫昧不可知之地，以僥倖一旦恍然獨見。

答汪易直，管仲不死子糾而從桓公，乃是先迷後得。

答潘子善，欲專務靜坐，又恐墮落那一邊去，只隨動隨靜，無時無處不自省覺。又云楊敬仲其人，簡淡誠愨，自可愛敬，而其議論見識自是一般。又自信已篤，不可復與辨論，正不必徒爲嘵嘵也。

答余彝孫，不耕穫不菑畬，此爻乃自始至終都不營爲，而偶然有得之意。聖人之無爲而治，學者之不要人爵而人爵從之，皆是也。

答林德久，韓子説所以爲性者五，而今之言性者，皆雜佛、老而言之，所以不能不異。

【二】先生云當隨事省察而審其輕重　「隨事」文淵閣本作「事事」。

在諸子中最爲近理。又書「盡其心者，知其性也」，言人之所以能盡其心者，以知其性故也。愚按：先生以此説性理儘長，若以文勢觀之，恐合且依諸儒之説順下説去。蓋下文有知性則知天一句，影帶分曉。盡心則知性，知性則知天，皆是一串順去道理。今若以盡心本於知性，則下文知天又本於知性，恐文理未必然。況人豈有不先盡其心，而一切以性爲先者？然先生説則以知性爲明理，固宜以明理爲先也。又書云仕宦只合從選郡注擬，是家常茶飯，今人于堂慣了，不覺其非。故有志之士亦不免俛首其間，爲人所前却。

答歐陽希遜，孔子只是説箇爲仁工夫，至孟子方解仁字之義理。希遜疑明道言性，以爲水初出無濁，或泥沙外物汨之，此孟子所謂「陷溺其心」者也，豈得以惡，亦不可不謂之性。嚴時亨又疑才説性時便已不是性，深恐啓人致思於杳冥不可究詰之地。

答嚴時亨，鄉黨雖上齒有爵者，席于尊東，使自爲一列，不爲衆所壓，亦不壓却他人，即所謂遵也。「遵」亦作「僎」。

張元德謂許世子止之事，《左傳》云：「許悼公瘧，飲世子止之藥，卒。」《公羊》云：「止進藥，而藥殺也。」可見悼公之死於藥矣。若當時止偶不嘗，世子何爲遽棄國而出奔？先生謂於經不見詩【一三】止出奔事。

答甘吉甫，云舜居深山，尹耕莘野，豈不是樂以終身？後來事業亦偶然耳。

【一三】先生謂於經不見詩　「詩」文淵閣本作「説」。

答黎季忱【一四】，《易經》未易讀，蓋《易》本卜筮之書，故先王設官掌於太卜，而不列於學校。學校所教，《詩》、《書》、《禮》、《樂》而已。至孔子，乃於其中推出所以設卦觀《象》、《繫辭》之旨，而因以識夫吉凶、進退、存亡之道。在今已不得其法，又不曉其詞，而暗中摸索，妄起私意，不若且看《詩》、《書》、《禮》、《樂》之爲明白而易知也。

答李晦叔問程氏《祭儀》，謂凡配止以正妻一人，或奉祠之人是再娶所生，即以所生母配。先生答云程先生此説恐誤，《唐會要》中有論，凡是嫡母無先後，皆當合祔並祭。又書云方其生存，夫得有妻有妾，而配祔又非生存之比。兄家設主，弟不立主，只於祭時旋設位以信榜標記，祭畢焚之。未分五行時，只謂之陰陽；　未分五性時，只謂之健順。

答李敬子，天之外無窮，而中央空處有限。天左旋而星拱北，仰觀可見。四遊之説則未可知，然曆家乃以筭數而得之，非鑿空而言，亦與左旋拱北説不相妨。如虚空中一圓毬，自内而觀，坐向不動而常左旋；　自外而觀，又一面四遊以薄四表而止。又云曆説如《月令疏》及《晉・天文志》皆不可不讀。

答胡伯量，葬地須擇稍有形勢環抱處，廬墓則不必。又答李繼善，誌石須在墓上二三尺許。

答郭子從，據《周禮》賈公彦疏【一五】，周人少稱伯某甫，至五十乃去伯某甫而專稱伯仲。古用小皮帶束衣而外加大帶，故謂之紳。申，重也。江都《集禮》祭版皆長尺二寸，

【一四】黎季忱　「季」字原脱，據《晦庵集》卷六二補。

【一五】賈公彦疏　「疏」字原脱，據《晦庵集》卷六三補。

博四寸五分，厚五分，下文云八分大書。後人以八分連五分難讀，至改爲五寸八分。

答葉仁父，身外之事，當一切聽天。其自至者，亦擇其可而受之； 其不至者，則無求之之理也。

答孫敬甫説禪學，云少曾見某老與張侍郎書，云左右既得此禪柄，便可改頭換面，用儒家語説向士大夫。

答吴元士，論律及琴甚詳。

與鞏仲至論詩，謂古今詩有三變，虞、夏以及魏、晉爲一等，自晉、宋間顔、謝以及唐初爲一等，自沈、宋以後著律詩，下及今日爲一等。荆公《詩選》乃就宋次道所有序引，有「費日力於此，良可惜也」之歎，然使老夫筆削，更當去其半。放翁筆力愈健，簡齋詩有合改定處。龜背文，正脊甲五應五行，次甲八應八卦，又次甲二十四應節氣。

答卓周佐，拒其求薦甚詳。

與湖南諸公論中和書，言性情甚詳。

答或人，謂經傳之言誠，有指實理而言； 有指人之實有此理而言； 有指人之實其心不自欺者而言。

又答或人，知得如此是病，即便不如此是藥。若更問何由得如此，則是騎驢尋馬，只成閑話矣。

卷三十五

讀本朝諸儒理學書三

晦庵先生文集二

雜著

《尚書·堯典》注「安安」，古説有以爲安民之當安者，今定爲無所勉强之貌，蓋此節上下文皆言聖德，未及安民事也。「百姓」，古説有以爲百官之族姓者，今指爲畿内庶民，與下文萬邦相協謂民爲百姓亦便也。「朔方」，朔字，蘇也，萬物至此死而復蘇。堯冬至日在虚，昏中昴。今日在斗，昏中壁。蓋天有三百六十五度四分度之一，歲有三百六十五日四分日之一。天度四分之一而有餘，歲日四分之一而不足，故天度常平運而舒，日運常内轉而縮。天漸差而西，歲漸差而東。東晉虞喜始立差法，約五十年退一度。何承天以爲太過，倍其年，又反不及。隋劉焯折衷爲七十五年。閏法以周天三百六十五度四分度之一。天體圓健，繞地左旋，一日一周而過一度。日少遲，繞地一周而不及天一度。月尤遲，一日常不及天十三度十九分度之七。歲以三百六十日常數計之，日行多三日九百四十分日之二百三十五爲氣盈，月行少五日九十四分之五百九十二爲朔虚，合氣盈朔虚而閏生焉。「嬪于虞」之下「欽哉」，《字説》以爲戒二女之辭，於文意極順，前無此説。

《舜典》以「至于岱宗柴望」爲句，按：《書》有「三月庚戌，柴望」，《詩》有「巡狩告祭，柴望」，則「柴望」二字相連，爲文甚明，前此以柴字絶句者，真不仔細耳卒乃復。古説謂五器受訖則還諸侯，今説謂事畢則不復東而西向。夔曰：「於余擊石拊石。」謂此《益稷》之誤簡，方九官相遜，不應自夸。「璿璣」，璿者，美珠，飾璣以象星。言天三家，宣夜無師説。《周髀》謂天似覆盆，而斗極居中，中高而四邊下，日月旁行繞之，日近而見爲晝，日遠而不見爲夜。蔡邕以爲考驗多失。渾天以爲天包地，天居地上，有一百八十二度半强，地下亦然。北極去地三十六度【一】，南極入地亦三十六度，而嵩高正當天之中極。南北極特其兩端，其天與日月星宿斜而迴轉。耿壽昌始鑄銅爲象，轉而望之，知日月星辰所在，即璿璣遺法。蔡邕以爲近得天體之實。本朝因之，爲儀三重。外曰六合儀，平置單環，面定四方，側立黑雙環，刻去極度數，半出入地上下。其一結於子午爲天經，其一結於卯酉爲天緯。天經環南北二極，皆爲圓軸，虚中而内向，以挈在内三辰四遊之環，上下四方於是可考次。内曰三辰儀，亦爲雙黑環，刻去極度數，外貫天經之軸，内挈黄、赤二道。赤道爲赤單環，外依天緯，亦刻宿度而結於外環之卯酉；黄道爲黄雙環，亦刻宿度，而又

【一】北極去地三十六度　「去」文淵閣本作「出」。

斜倚於赤道之腹，而交結於卯酉。而半入其内，爲春分後之日軌；半出其外，爲秋分後之日軌。下設機輪，以水激之，使日夜隨天東西運轉，日月星辰於是可考。其最在内曰四遊儀，亦爲雙黑環，如三辰儀之制，以貫天經之軸。環内兩面各施直距，外距指兩軸要中之内，又爲小竅受玉衡要中之小軸，使衡隨環東西運轉，又可南北低昂以待占候者仰窺焉。東西南北於是無不周遍。愚按：《周髀》謂日月遶斗極，以見不見爲晝夜，即道家日月繞崑崙山，相隱避爲光明之説。然道家之所指者，山也。山在地而高，人或爲其所隔，則容有不見者，雖無其事，尚或可説。《周髀》之所指者，斗也。斗極高懸，日月縱環繞於其上，人亦安有因其遠而不見者哉？幾於襲用之而愈舛矣。日月星辰隨天斜轉，東浮西沉，人人共見。則渾天之説爲可信，而本朝之占驗愈密矣。

《大禹謨》、《金縢》、《召誥》、《洛誥》等説及《武成》日月譜。

《孝經刊誤》自開宗明義至「庶人」章，去其所引《詩》、《書》合爲一章曰「正經」，餘章刊其雜引《左傳》等文而存其與經相關者爲傳。初，衡山胡侍郎《論語説》疑《孝經》引《詩》非經本文。沙隨程可久亦言，玉山汪端明以爲此書多出後人傅會，先生因而廣之爲《刊誤》。

讀管氏《弟子職》始於《學則》，次《蚤作》，次《受業對客》，次《饌饋》，次《乃食》，次《灑掃》，次《執燭》，次《請衽》，次《退習》，凡九篇皆叶韻，而文質澁。先生爲之注釋，古者小學，灑掃應對進退之節於斯乎有考矣。始於《學則》，謂人莫先於學，凡其後所叙皆學也。《蚤作》次之，《受業》又次之。晨必先長者而起，給事之後即讀誦也。《請衽》又次之，而《退習》終之。夜必後長者而寐，給事之後復讀誦也。此其大略也。致知躬行，工夫交進，此其爲大學基本云。

記嵩山晁氏卦爻象象説，古《易》上、下經及《十翼》，凡十二篇，費直以《彖》、《象》、《文言》雜入卦中，古十二篇之《易》遂亡。王弼因之，又分爻之象辭各附當爻，惟《乾》之小象不繫于爻辭，此記晁氏説也。先生注：按《詩疏》，漢初傳訓皆與經别行，及馬融爲《周禮》注，欲省學者兩讀，故就經爲注。高貴鄉公謂《彖》、《象》不連經文者，十二卷之古經傳也。然則先生《本義》之作蓋復其舊云。

蓍卦考誤，揲蓍之法，五十策去其一，以四十九策分置左右手，所謂分二以象兩。又取一策懸於左手小指之間，所謂掛一以象三。揲者，數之也。先置右手策，而以右手四四數左手之策，又置左手策，而以左手四四數右手之策，所謂揲之以四，以象四時。四四之後必有零數，左手者歸之於第四、第三指之間，右手者歸於第三、第二指之間，以勒之，所謂歸奇於扐以象閏。一掛兩揲兩扐爲五歲之象，故曰五歲再閏，故再扐而後掛，及後掛則又置前掛扐之策，復以見存分二掛一，爲第二變矣。每變分二掛一，揲四歸奇，凡四營。初一變兩揲之餘掛扐者不五則九，第二變不四則八，第三變亦不四則八，總三變之間，若一五兩四而三，皆少，稱老陽；　以掛扐之餘存者三十六，以四計之，則九揲，而九，陽數也，或兩多一少則存者二十八，以四數之則七揲，七爲少陽；　若一九兩八而三，皆多，稱老陰；　以掛扐之餘有者二十四【二】，以四計之則六揲，而六，陰數也，或兩少一多則存者三十二，以四數之則八揲，八爲少陰。　老陽則《乾》也。　少陽在初爲《震》，中爲《坎》，末爲《艮》。　老陰則《坤》也。　少陰在初爲《巽》，中爲《離》，末爲《兑》。　三變成一爻，十八變成一卦，此其大略也。　諸説之誤者，先生各條列以辨。

琴律説，謂琴之有徽，所以分五聲之位而配以當位之律。　布徽之法，則當隨其聲後之多少、律管之長短而二分損益【三】，上下相生，以定其位。　今人但以四折取中。　又謂初絃黄鍾之宫，次絃大簇之商，三絃中吕之角，四絃林鍾之徵，五絃南吕之羽，六絃黄清之少宫，七絃太清之少商，而一絃之中又各有五聲十二律者，凡三焉，皆起於龍齦，終於臨岳。長四尺五寸，不待抑按而爲本律自然之散聲。　又謂七徽之左爲聲律之初，氣厚身長，聲和節緩，故琴之取聲多在於此。　七徽則爲正聲正律，初氣之餘，承徵羽既盡之後，而黄鍾之宫復有應於此者，且其下六絃之爲聲律亦皆承其已應之次，以復其初而得其齊焉。　氣已消而復息，聲已散而復圓，是以雖不及始初之全盛而君子猶有取焉。　過此則氣愈散、地愈迫、聲愈高、節愈促，此六徽之後所以用之少。　又謂七絃既有散絃所取五聲之位【四】，又有按徽所取五聲之位。　散聲，陽也，通體之全聲也，無所受命而受命于天者也。　七徽，陰

【二】以掛扐之餘有者二十四　「有」文淵閣本作「存」。

【三】律管之長短而二分損益　「二」文淵閣本作「三」。

【四】又謂七絃既有散絃所取五聲之位　「散絃」文淵閣本作「散聲」。

也，全律之半聲也，受命於人而人之所貴者也。今人不察，反以中徽爲重而不知散聲之爲尊。又謂調絃，古人所以破去三分損益、隔八相生者，乃迫於聲律自然之變。

《舜典》象刑説，雖發明帝舜之欽恤，實譏後世之輕刑，且謂少正卯之事獨荀況言之，必齊、魯陋儒憤聖人之失職，故爲此説，以夸其權耳。

《樂記》動靜説，辨性情字義詳甚。已發未發説，再詳《程氏遺書》，而推見中間一段日用本領工夫，其説曰：「未發之中，本體自然，不須窮索，但當此之時，敬以持之，使此氣象常存而不失，則自此而發者，其必中節矣。」愚謂此段不特有功於程氏，亦有功於子思，所以指示後學用力處甚的。若程氏止説中和兩節，而有云赤子之心可以謂之中者，尚合審訂。蓋赤子之心恐不過無僞而已，及其發也，恐未必中節而和。太極説靜者，性之所以立也；動者，命之所以行也。實則靜亦動之息爾，故一動一靜，皆命之行，而行乎動靜者，乃性之真也。

明道論性説，按：明道論性多非後學可遽曉，而先生一一與之辨析。觀心説，辨佛氏以心觀心之説之繆，而聖賢所謂精一操存、盡心、存心者，皆心自爲之主，與佛氏言心迹相似而實不同。

仁説，謂天地以生物爲心，而人得之以爲心。曰：「仁則温然愛人利物之心也。」程子謂愛不可爲仁者，但以愛之發不可以名仁，其徒有以萬物與我爲一。爲仁之體者可以見仁之無不愛，非仁所以爲體之真。又有以心有知覺釋仁之名者，可以言仁之包乎，智非仁所以得名之實。

王氏續經說，謂二帝三王之治，《詩》、《書》六藝之文，後世莫能及之，非功效、語言之不類，乃本心事實之不侔也。王氏一見隋文而陳十二策，既不自量其力之不足爲伊、周，又不知其君之不可爲湯、武，及不遇而歸，復捃拾兩漢以來文字言語之陋，依倣六經次第采輯，既不自知其學之不足爲周、孔，又不知兩漢之不足爲三王。

養生說，謂莊子稱爲善無近名，爲惡無近刑，緣督以爲經。督者，中也。爲善則畏其名之累己而不敢，爲惡則擇其不至犯刑者而竊爲之，乃欲以其依違苟且之兩間而循其中之所在。不論義理專計利害，乃賊德之尤者。

《觀列子偶書》，其言「精神入其門，骨骸反其根，我尚何有」者即佛書四大各離，今者妄身當在何處之所由出？此類甚衆，聊記剽掠之端。

跪坐拜說，兩膝着地，以尻著蹠而稍安者爲坐，伸腰及股而勢危者爲跪【五】，因跪而益致其恭，以頭着地爲拜。《周禮·九拜辨》，一曰稽首，手引頭至地，稽留多時爲稽首，臣拜君之拜也，最重；二曰頓首，頭叩地即舉，不停留爲頓首，平敵拜也；三曰空首，頭至手不至地爲空首，君答臣之拜也，三者，正拜也；四曰振拜，戰栗變動之拜；五曰吉拜，拜而後稽顙，謂齊衰不杖以下者；六曰凶拜，稽顙而後拜，謂三年服者；七曰奇拜，

【五】伸腰及股而勢危者爲跪　「伸」原作「神」，據文淵閣本改。

謂一拜答臣下；　八曰褒拜，謂再拜神與尸；　九曰肅拜，但俯下手，軍中拜及婦人拜也，最輕。

壺說，壺容斗五升，注乃以二斗釋之，借方形虚加整數以定之也，然知借而不知還。先生規而圓之，去四角虚數四分之一，外圍二尺四寸一分伍釐，腹高五寸，受斗五升，如經之云。

深衣制度，衣二幅不裁，裳六幅各裁爲二，以狹頭向上。每裳三幅，上屬於衣。一幅圓袂，口徑一尺二寸。方領者，兩襟相掩則自方。衣裳皆緣寸半，帶廣四寸，垂其餘爲紳。

殿屋厦室説及明堂説，《儀禮·釋宫》宫必南鄉，廟在寢東。屋必五架，通乎上下，特廣狹隆殺異爾。中脊爲棟，前一架爲楣，前接簷爲庪，後楣以北爲室，與室相連者爲房。房無北壁，故得北堂之名。室南其户，户東而牖西，户室爲中霤，西南隅爲奥。當牖之後，東西隅爲突。當户之後，西北隅爲屋漏，日光所漏入也。户牖之間爲依，堂東西之中爲兩楹間，南北之中曰中堂，東西爲序，序即墻也。堂上名序，室房與夾名墉，堂下曰壁，曰墻，其實一也。堂序之外爲夾室，夾室之前曰廂，相翔待事之處也，亦名東西堂。堂角有坫，以土爲之。堂之側爲廉堂，堂基廉稜之上也。堂東階曰阼階，阼，酬也，所以酢賓。堂下至門爲庭，其塗爲陳，門限爲閾。夾門之堂爲塾，塾有四，東西各又分南北鄉也。屋之四垂爲宇，檐之東西起者，爲榮，爲翼。

答社壇説，壇高四尺，四面各廣二丈五尺，四出陛。社以石爲主，如鍾高二尺五寸。壝十五丈。坎在壇北壬地，木隨土宜。

井田類説，集荀悦論及班志。

禘祫議王制，天子七廟，三昭三穆【六】，與太祖之廟而七。漢諸帝之廟各在一處，不容合爲都宫以序昭穆。明帝遺詔無復起寢廟，至今遂爲同堂異室之制，獨原廟外爲都宫，而各爲寢廟爲近古，而禮本不經。故李清臣謂略于七廟之室，而爲祠於佛、老之側。楊時謂舍二帝三王之正禮，而從一繆妄之叔孫通，然不知所以致此。由廟制不立而人心有所不安也。

遷毁之序，昭常爲昭，穆常爲穆。而陸佃非之，不知昭穆本以廟之居東、居西主之，向南向北而得名，初不爲父子之號。《禮》所謂「昭與昭齒，穆與穆齒」。《傳》所謂「太王之昭，王季之穆，文之昭，武之穆」是也。如佃之説，以爲父子之號，則穆之子安得復爲昭哉？

五峰胡仁仲論短喪，失不在文帝，而在景帝。愚往歲讀《漢書》亦嘗及此，不料前輩所已言也。

廟議圖説，先生請復祀僖祖，而趙汝愚丞相不以爲然。給舍樓鑰、陳傅良附其説，徑不行。

【六】三昭三穆　「三」原作「五」，據文淵閣本改。

君臣服議，淳熙丁未，高宗上僊，禮部令用布四脚，直領布襴衫麻絰。州縣莫曉其制。先生謂四脚幞頭，周武帝所製之常冠，用布一方幅，前兩角綴兩大帶，後兩角綴兩小帶，覆頂四垂。因以前邊抹額而繫大帶於腦後，復收後角而繫小帶於髻前，以代古冠，亦名「折上巾」。其後乃以漆紗爲之，而專謂之「幞頭」，其實本一物也。至於直領布襴衫，上領不盤之説，則直領者，古禮也，上有衣而下有裳者也。上領有襴者，今禮也，今之公服，上衣下裳相屬者也。公服，隋文巡遊，令百官戎服從駕，亦非當時朝祭之正服也。如用直領，則兼服布裙而加冠於首。如用布襴衫，則首加幞頭。今但見公服之上領而有襴，遂解直領爲上領不盤，而增襴字於衫字之上，誤也。凡禮，君之喪，諸達官之長杖。

學校貢舉私議，欲均解額，立德行科，罷詞賦，分諸經子史時務之年。學校則選有道德之人專教導，裁減解額、舍選繆濫之恩，以絶利誘。

讀吕氏詩記説桑中篇，謂《二南》正風，房中之樂，鄉樂也。《二雅》之正，朝廷樂也。商、周之頌，宗廟樂也。變雅固已無施於事，變風又特閭巷之謡。古者採詩以觀民風，固不問美惡而悉存以訓，今乃引淫放之鄙詞而文以風刺之美説。

讀《唐志》，謂孟氏没，士背本趨末，不求知道養德以充其内，而徒以文章爲事業。韓愈氏出，始覺其陋，猶未免裂道與文爲二物，又復衰歇。數千百年而後歐陽子出，恐亦未免於韓氏之病而其徒推尊之。既曰今之韓愈，又必引文不在兹者以張其説。文王、孔子之文與韓、歐果若是其班乎。

讀《大紀》，謂宇宙之間一理流行，未嘗有頃刻或停。釋氏乃欲求所謂空虚寂滅之地而逃焉。

讀兩陳諫議遺墨，謂《熙寧日録》，王安石爲一世禍敗之原者，其隱微深切皆聚此書，而起熙、豐訖宣、靖，六十年間誦説推明，按爲國是。有識之士飲氣吞聲莫敢指議，獨兩陳公出，死力以排之，終未免有所回互。惟龜山指其離内外判心迹，使道常無用於天下，而經世之務皆私智之鑿者，最爲近之。及其請罷廟學配食，又不能如平日之言以正其罪。

讀《蘇氏紀年》，謂道者天而已。天大無外，聖人與天同德，無一物之不知，無一理之不當，故曰：「吾道一以貫之。」而蘇黄門指五鼓振衣，何思何慮者爲妙道之極，自謂悟夫子一以貫之之旨。

《記程門同異》及《記疑》二篇，皆指雜異端之似，以亂吾真者。

記和靜五事，迎天竺觀音，曰：「彼亦賢者也。」誠敬而拜之。日誦《金剛經》，曰：「是母所訓語。」及蘇氏使民戰栗解，艴然曰：「訓經而欲新奇，無所不至矣！」

記孫覿事，在虜營爲某文，貶損媚虜，且以順天自誇。

記林黄中辨《易》，謂以六畫之卦爲太極，若論太極，一畫亦未有。林又闢《西銘》大君爲父母，又降爲宗子，是錯讀了。

記濂溪謂借得洪景盧所作《國史·濂溪傳》載：《太極圖説》乃云自無極而爲太極。先生謂祐之識趣如此，所以陷於伾、文之黨。

旌儒廟碑陰，儒即秦所坑儒也。杜佑謂其自取禍及引漢黨錮爲戒。先生謂祐之識趣如此，所以陷於伾、文之黨。

偶讀謾記，吴執中及其子岩夫皆附蔡京。壽皇以中原事問何蓑衣，有「胡孫拖白不終場」等語，以虜儲允恭孫襲位爲胡孫之驗。

閩人李復有《潏水集》，論孟子養氣，云動必由理，故仰不媿，俯不怍，無憂無懼。此書信州有本。

蜀人馮當可有《縉雲集》，封事乞移蹕建康，云此興事造業之根本，《洪範》所謂皇建其有極者也。與先生《皇極辨》暗合。

會稽官書有子華子，云程孔傾蓋之程子所作。先生謂多取佛、老、醫卜之言，多用《左傳》、《班史》中字，好事者僞造。

嵊縣有弋、過二姓，即少康所滅羿、浞之黨。

疫疾傳染，誣之以無染而不必避，不若告之以雖有染而不當避。抑染與不染似亦繫乎人心之邪正，氣體之虛實，不可一槩論。

笱者，寡婦之器，但笱易成，寡婦亦能置之。它人則取魚之器尚多，不專用笱耳。《谷風》、《小弁》詩皆曰：「無發我笱。」豈寡婦之作也哉？

附子熟則已疾，生則殺人。漢淳于衍毒許后，生用也。先生嘗中烏喙毒，正如許后證。偶記漢質帝語「得水尚可活」，多汲新水，連飲嘔洩而解。

讀雜書偶記，記親祠以學士爲執綏官甚詳。先生云：「余按《曲禮》、《少儀》等書，綏，安也，升車者執之以爲安，故執綏乃乘車者之事。君車已駕，則僕者負良綏、取貳綏以先升。既升，然後以良綏授君，君正立，執之以升，立於左，僕執轡立車中以御。勇士立右，以備非常。故開元、開寶、政和《禮書》皆以太僕卿爲御，千牛將軍爲右，蓋倣《周禮》，而《國史》記國初奚嶼攝太僕卿，備顧問，猶未有執綏之名。

記《尚書》三義，棐本木名，《漢書》注：「棐，古匪字，通用。」天畏匪忱，猶曰人難忱爾。《孔傳》訓作輔字，殊無義理。

記李復《潏水集》，云龍門禹廟像豕首而冕服，舊傳鯀入羽淵，化爲黄熊，而廟乃稱禹，非也。先生謂其不考《漢書》説啓母石處，注中言禹亦嘗變熊。

記《山海經》，浙江出三天子都在其東，廬江出三天子都入江，彭澤西。

記三苗，今溪蠻四種，曰獠，曰犵，曰狑，而最輕捷者曰猫，豈三苗之遺民乎？

考韓文公《與大顛書》，東坡謂妄撰，而先生載其全書以爲真。今愚平心讀其書，真見其與韓文不同。蘇公學佛，猶辨其爲僞，先生闢佛而反指其爲真，所不可曉。況據韓文，韓公止因祭神至海上曾與大顛語。今請之者四書，又亟以道爲望，安有平日謂道其所道，非吾之所謂道？而一旦求之亟如此。使其既與習熟而少變舊説，尚近人情。今未之曾見而先欲聞其道，尤不可曉也。

考歐陽公事蹟，其要者三事，其一云學道三十年，所得者平心無怨惡爾。其二，保州軍變，富公出爲宣撫，欲殺其已招安不殺者二千餘人。公力爭，且云某至鎮州必不受命，二千人賴以免。其三，妖尼唤二牛，皆能稱前世姓名，公言聰明聖知皆不能自知其前世，而有罪爲牛者乃知之乎？又晚年守青州日，論執青苗一事。更六人越百年，惟洪景盧作《四朝史傳》，乃盡言之。士之制行不苟合於當時而有待於後世者，豈不難哉？故公之言曰：「後世苟不公，至今無聖賢。」

北辰辨【七】，云帝座惟在紫微者，据七十二度常見不隱之中，常居其所爲天之樞，餘星無不動者。今謂在紫微者皆不動，未然。

聲律辨，五聲，宫最大而沉濁，角居四者之中，論中聲者，不以角而以宫者，以宫在五行爲土，五常爲信，五事爲思，正當衆聲和與未和、用與未用、陰陽際會之中，所以爲盛。又注：「子時初四刻屬前日，正四刻屬後日。」

開阡陌辨，南北爲陌，陌之言百也。遂間百畝，洫間百夫，徑塗皆從謂之陌。東西爲阡，阡之言千也。溝間千畝，洫間千夫，徑塗皆横謂之阡。此其水陸占地，不得爲田者頗多，而正經界，止侵奪，時畜洩，有不得不然者。商君急刻，但見田爲阡陌所東【八】，而耕

【七】北辰辨　「北」原作「其」，據文淵閣本改。

【八】但見田爲阡陌所東　「東」文淵閣本作「束」。

者限於百畝，人力不盡而地利有遺，是以一旦奮然不顧，盡開阡陌，悉除禁限，以盡人力，以盡地利。說者乃誤以開爲創置之名。

九江彭蠡辨，謂《禹貢》稱漢水南入于江，東匯澤爲彭蠡；東爲北江，入于海。彭蠡初非仰江漢之匯而後成。江漢混流，何以識其爲昔日之漢水而今分之以北？何以識其爲昔日之江水而今分之以居中？若以今江州爲九江，則漢九江郡本在江北，而今江州寔武昌郡之柴桑縣。後以江北之尋陽并柴桑立郡，又因尋陽改爲江州，實非古九江地。國初胡祕監旦、近世晁詹事之說，皆以九江爲洞庭，援證皆精博，蓋洪水之患，河爲甚，禹乃親涖，其他分屬視之亦可也。洞庭、彭蠡之間乃三苗所居，官屬未必深入，是以但見彭蠡之爲澤，不知其源甚遠而尚多，但見洞庭下流之已爲江，不知其中流之嘗爲澤而甚廣也。

皇極辨，皇者，君之稱。極者，至極之義。自孔氏訓皇極爲大中，諸儒祖其説，因復誤認中字爲含糊苟且、不分善惡之意。其弊將使人君墮於漢元之優游、唐代宗之姑息，卒至是非顛倒而禍敗隨之。作《皇極辨》。

尹和靜手筆辨，和靜專闢語録，謂伊川嘗曰：「某在，何必看此書。」先生云是則先生不在時，語録固不可廢。和靜又謂《易傳》所自作，語録他人所作。先生云孔門專治《春秋》而廢《論語》，可乎？

雜學辨

蘇氏《易解》，謂性命之理甚明，蘇氏每爲不可言、不可見之説，務爲閃倏滉瀁，不可捕捉，足以眩夫未嘗學問之庸人，故爲之辨。 蘇謂古之君子患性之難見，故以可見者言性，皆性之似。 先生謂古之君子盡其心則知其性，未嘗患其難見，非但言其似而已，且性又豈有一物似之而可取此以況彼耶？ 愚謂蘇之辭遁，先生之辭直，不待深辨，人知所擇矣。 蘇謂君子日修其善，以消其不善。 不善者日消，有不可得而消者焉。 小人日修其不善，以消其善。 善者日消，有不可得而消者焉。 先生謂其言不善日消，有不可得而消者，疑若謂本然之至善； 言善日消，有不可得而消者，疑若謂良心之萌蘖。 而蘇氏初不知性之所自來，特假浮屠非幻不滅，得無所還者爲是説，而幸其或中。 愚竊意，蘇言君子修善以消不善，可； 言小人修不善以消其善，不可。 夫小人特陷於不善而不自知，不善者日長，則善者日消，亦不自知耳。 不善者何可言修？ 善者亦何嘗有心於消之？ 蘇言善者日消，有不可得而消者可。 言不善者日消，有不可得而消者不可。 夫天理無澌盡，善者固有不得而盡消，天理渾全則人欲消盡，特患夫人不能自盡其力，何不善者之不可得而消？ 嗚呼！此蘇氏之所以不知性也。 蘇謂孟子之於善，見其繼者而已。 先生謂孟子道性善，蓋探其本而言之，與《易》之旨無毫髮異。 愚謹按： 先生平日論《易》與孟子之言善，本分兩截。 繼之者善，言太極分陰陽，繼此而生人物者，皆此善，是主造化而言； 孟子道性善，言人性所得於陰陽造化而生之理，渾然純粹，是主人性而言。人性之善，正由本陰陽；繼之者善，故無不善。蘇子誤認繼之者善爲人物既生以後之事，故先生不復如平日分兩截，徑探其本言之。學者更當參其平日之言。

蘇黄門《老子解》，蘇侍郎晚爲是書，合吾儒於老子爲未足，又并釋氏而彌縫之，可謂舛矣。然其自許甚高，至謂當世無一人可語此，而其兄東坡亦以爲不意晚年見此奇特，其可謂無忌憚者歟！因爲之辨。蘇謂孔子以仁義禮樂治天下，皆器也，而晦其道。老子絶而棄之，以明形而上之道。先生謂示人以器則道在其中，蘇氏離器而言，不知指何物名道。道者，仁義禮樂之總名，今曰「絶仁義，棄禮樂，以明道」，是舍二五而求十也，豈不悖哉？蘇又謂因老子之言以達道者不少，而求之於孔子者常苦其無從。先生謂因老子之言達道者何人？何如其達而所達何道？孔子循循善誘，誨人不倦，入德之途坦然明白，而曰「常苦其無從」。乃自狀其不知道而妄言耳。蘇又謂中者，佛性之異名，而和者，六度萬行之總目也。先生謂和者，天下之達道也。六度萬行，吾不知其所謂，然毁君臣、絶父子，以人道爲大禁，達道固如是耶？

張無垢《中庸解》，張公始學於龜山，逃儒以歸於釋，而其釋之師，又教以改頭换面。故凡張氏所論著皆陽儒陰釋，蓋不特莊周出於子夏，李斯原於荀卿而已。因覽《中庸説》，掇其尤甚者，著于篇。天命之謂性，言性之所以名，乃天之賦【九】，人之所受，義理之

【九】乃天之賦　明本、文淵閣本作「乃天之所賦」。

本原。今無垢謂贊性之可貴耳，未見人收之爲己物，則是天之生人未以此與之而置之他所，人自起而收之而後得爲己物。不知未得此性之前，其人孰使之呼吸食息於天地間以收此性？性又豈塊然一物，可摶而置之軀殼中耶？張又云變者，此誠忽然而有，倏然而無。又云吾誠一往則耳目口鼻皆壞。又云誠未足貴，凡其語怪不倫處，先生一一爲之辨。

呂氏《大學解》，呂氏之先與二程遊，家學最爲近正，然未能不惑於浮屠、老子之説，末流不能無弊，今論一二以補其闕。先生又自註其下云：《正獻公神道碑》載：公進讀，上語及釋老，公曰：「堯、舜雖知此，乃以知人安民爲急，此其所差之端，本原如此，則其流弊可勝道哉。」呂解「致知格物」云與堯、舜同者，忽然自見。先生謂此釋氏一聞千悟、一超直入之虚説也。呂氏又云草木之微、器用之别，皆物之理也。求其所以爲理，則爲格物，忽然識之，此爲物格。先生謂此釋氏聞聲悟道、見色明心之説也。呂氏又云聞見未徹，正當以悟爲則，所謂致知格物正此事。先生謂以悟爲則，乃釋氏之法，而吾儒所無也。

《古史》餘論，蘇子曰：「古之帝王皆聖人也，其道以無爲宗，萬物莫能嬰之。」先生謂此特以老子、浮屠之意論聖人，非能知聖人之所以聖也。至謂孔子知之至而未嘗言，孟子知其一二而人不信。是以夫子之言爲有隱，而孟子之知爲未盡也。又《黄帝紀》云其言與老子相出入，以無爲宗，其設於世者，與時俯仰，皆其見於外者也。先生謂是以聖人之内外心迹判然兩途，而文章事業之見於世者，皆不出於中心之實然也。又《舜紀》云舜、禹避商均而天下歸之，足以致天下之逆。益避啓而天下歸啓，爲不度而無耻。先生謂避之而彼不吾釋，則不獲已而受之，何病於逆？避之而幸其見舍，則固得本心之所欲，又何耻焉？惟不避而强受之乃爲逆；偃然當之而彼不吾歸乃可耻耳。《夏紀》以與賢爲好異，以與子爲不敢與賢以爲異，《周紀》謂民生之初，父子無禮，君臣無義。先生各辨其失云。

讀余隱之《尊孟辨》，隱之，建安人，名允文。其一，温公《疑孟》謂夷、惠之行與夫子同，非隘與不恭也。先生云夫子時乎清而清，時乎和而和，夷、惠一於清和，故孟子又立言以救其末流之弊。又謂陳仲子亦狷者有所不爲也，孟子過之甚。先生云正使母兄不慈不友，亦無逃去之理。又謂孟子以爵齒之尊自居【一〇】，先生云達尊三者不相值，則各伸其尊，一或相值，則通視其重之所在而致隆焉。又謂孟子不告齊以止其伐燕。先生云明鏡止水，照其面我者而已，不能探其背而逆照之。沈同以私而問燕，故燕之可伐，孟子之所宜知也。不以公而問齊，故齊之不可伐，孟子之所不宜對也。又謂父子不責善，是父不教子不諫。隱之辨云：教以義方，豈自教哉？觀過庭事可見。先生云：觀《内則》《論語》，則其諫也以微。又謂孟子論性無有不善爲失言，指朱均爲證【一一】。隱之辨云：犧生犂胎，龍寄蛇腹，豈常也哉？又謂貴戚之卿諫不聽，則易位爲亂之資。辨云：孟子得《春秋》之遺意。又謂孟子爲禮貌飲食而仕。又謂仁者，皇帝王伯皆用也。又謂舜竊負而逃，爲委

【一〇】又謂孟子以爵齒之尊自居　「爵齒」，文淵閣本作「齒德」。

【一一】指朱均爲證　「朱」，文淵閣本作「商」，下同。

巷之言。先生皆一一明其説，而竊負特設辭耳。其二，李泰伯《常語》專闢孟子勸時君行王，至以爲五伯之罪人。先生云李氏不知時措之宜，詆孟子而甚畏齊王，尊管仲，至以文王、太公比之，良由不識聖賢本心。李氏又謂無孟子可也，不可無六經；無王道可也，不可無天子。先生云有孟子而後六經之用明，有王道而後天子之位定。其三，鄭公《藝圃折衷》謂孟氏挾仲尼以欺天下，賣仁義者也。意齊王不知價，遂愚齊王，求極所索而後售，覺齊王之稍覺也，抱而之他，三宿出晝，冀齊王呼己而還直。又謂秦、漢欲無夷狄，韓愈欲無釋、老，孟子欲無楊、墨，甚哉！未之思。隱之亦皆爲之辨，而先生斷之。

愚嘗妄意孔子在下之堯、舜，而孟子則湯、武救世之心也【一二】，時也，然亦不過勸時君以行仁義而已耳。温公以恪實執一之見而疑之，此可與權之所以爲難也。泰伯亦邁往之士而尚縱横之學，固宜詆孟子。如云「可無王道」等語，何其自背於理，以自貽後世之譏，未足攻孟，適以自攻矣。嘗記葉紹翁《四朝聞見録》力辨泰伯諸書，無一詆孟子，而《常語》獨詆之以爲僞書，且考世所傳泰伯不試四科優劣論之年，此年泰伯實不預試，恐泰伯未嘗詆孟子，或如紹翁之云也。特所學正與孟子相反則攻之，亦其情耳。若鄭氏《折衷》，特病風喪心、信口叫號之言，亦何足辨？且凡世之惑於異端而自叛聖門者，不敢明詆孔子，必借孟子爲之詞。愚所聞見往往而然，使孔子而可明詆，《論語》一書亦安知其不求疵耶？善乎韓文公之言，曰：「觀聖道必

【一二】愚嘗妄意孔子在下之堯舜而孟子則湯武救世之心也　文淵閣本作「愚嘗妄意孔子蓋在下之堯舜而孟子則湯武救世之心也」。

自孟子始。」此韓子灼然有見於斯道之傳，而非他人所可及歟！較之濂、洛，特未至精微耳，然其廓清之功，豈細乎哉？

胡子《知言疑義》，蓋先生與張、吕講辨其疑者。《知言》曰：「天理人欲同體而異用，同行而異情。」先生云：「胡子欲人於天理中揀別得人欲，又於人欲中便見得天理，其意甚切。然本體只一天理，更無人欲，去却人欲便是天理。聖人未嘗教人識天理於人欲汩没之中也。」愚謂胡子之言本自難曉，先生既爲以意逆志而明之，又爲析微直指以斷之，有功後學何如哉？《知言》曰：「心無不在，本天道變化爲世俗應酬【一三】。」又曰：「放而不知求，耳聞目見爲己蔽，父子夫婦爲己累，衣裘飲食爲己欲。」先生云疑「世俗」字有病，猶釋子謂父母家爲俗家也。愚謂己蔽、己累、己欲，皆民彝、天倫、人事之不可廢者。今七切病之【一四】，亦恐染於釋子之説。《知言》曰：「性者，天地鬼神之奥。」或問「心曰無生死」。先生云：「兩章似皆有病。」又《知言》曰：「欲爲仁，先識仁之體。」先生云：「此語大可疑。」又曰：「動則心矣。」先生云：「心字作情字，如何？」

更同安縣學齋名，如「彙征」之名，乃學優而仕之事，非學者所宜先，乃更以志道、據德、依仁、游藝目之。

同安諭學者，學如不及，猶恐失之，此君子所以孜孜愛日。今或未及日中而散，教不素明也。不欲舉有司之法，姑以文告，知古人之所以爲學，則將有欲罷不能者。

【一三】本天道變化爲世俗應酬 「應酬」《宋元學案》卷四十二作「酬酢」。

【一四】今七切病之 「七」文淵閣本作「一」。

諭諸生，學者相與嬉其間，其傑然者乃知以干禄蹈利爲事，至於語聖賢之餘旨，究學問之本原，則罔乎莫知。然理義所以養心者固在，諸君顧不察耳。

諭職事，學校之政，不患法制之不立，而患理義不足以養其心。

補試牓諭，君子學以誠其身，近世假手程文以欺有司。今勸父兄之愛子弟者，爲求師友習孝弟、馴謹之行，以誠其身，何必因人成事，幸一朝之得而貽終己之羞哉！

策試牓諭，朝廷之事，非草茅所宜言，而師生相與之誠意，亦不當數見於文字之間。

策問

大抵皆以修學事，略啓其端而叩之。

謂賢良方正科特以疑文隱義困於所不知，如此則賢且良矣！至以博學宏詞自命而試於禮部者，則又可笑。愚按：博學宏詞之科設，而賢良方正之科廢，則士不于其行而于其文，已可笑。近世狹天下爲無人，去宏博之稱，以小詞科名之，士亦就焉，又可笑。近年小詞科例抑而不取，士猶就之，愈可笑。嗚呼！試科舉者猶曰草茅借此仕進也。試詞學者，皆已仕進之人也，不讀書明理以修己治民，而猶窮日夜綴緝，以自取薄賤，豈惟可笑，亦可悲哉！

謂州縣雖有學，獨城闕之子得以家居廪食，出入以嬉。

白鹿書堂策問，問孔、孟後荀卿、揚、王、韓，本朝歐、王、蘇、胡、程氏之學。

記解經

凡解釋文字，不可令注脚成文。

讀書之要，循序而漸進，熟讀而精思。

《論語》課會說，古者潛心六藝，考諸日用，疑焉則問。後世之所講有不待問，而弟子之聽於師又非所疑，具一時之文耳。

講《禮記》序説，禮者，履也，謂昔之誦而説者，至是可踐而履也。禮以極卑爲事，愈卑愈約。

玉山講義，程珙問孔子言仁、孟子兼言仁義，又問三代以前，只説中與極。先生與之敷析甚詳。愚按：此疑而問，問而答者也。横經講授，近世無過於先生者矣。以此爲訓，奈何猶有攜經就講，所在謀衣食【一五】，或延人設講求。蓋俗吏之名者，豈所謂猶勝别留心者耶？雖然，不若務其實者。

滄州精舍諭學者，老蘇學爲文，兀坐終日讀書者七八年。今人要學道，未能用旬月熟讀一卷書，不曾舉得一兩行經傳成文，不曾記得一兩處首尾相照，不如歸家杜門，依老蘇法，將《大學》、《論語》、《孟子》、《中庸》及《詩》、《書》、《禮記》、程、張諸書讀之，有箇入處方好求師，所謂就有道而正。

又諭學者，唯志不立，直是無着力處。

【一五】所在謀衣食　「謀」原作「媒」，據文淵閣本改。

《增損吕氏鄉約》，德業相勵，過失相規，禮俗相交，患難相卹。

禆正書，唐陳昌晦所撰，先生在同安時訪先賢事傳而得之。

序

《家藏石刻序》，《歐陽集録》一千卷，時玩之泉南。又得東武趙氏《金石録》，數倍之，乃集家藏數十種追配之。

《上蔡語録序》，以最後得胡文定家寫本上下篇爲正，而去吴中板本，增多之百餘章。又得其《遺語》三十餘章，别爲一篇。凡定著三篇。

《論語纂訓序》，先生外兄丘子野所纂，凡十四家。

《論語要義序》，魏何晏集漢、魏諸儒之説爲注，本朝邢昺修，皇甫侃之疏爲《正義》。王安石父子嘗盡廢之。二程獨得孟子以來不傳之學於遺經，先生始徧求古今諸説而編之，删爲《要義》。

《論語訓蒙口義序》，删録《要義》以成之，本之注疏以通其訓詁，參之釋文以正其音讀，然後會之諸先生之説，以發其精微。又以平生聞於師友、得於心思者附見。

《戊午讜議序》，太上中興，恢復之勢已八九成，秦檜歸自虜庭，力主和議。當時人倫尚明，人心尚正，天下交口以爲不可，而檜以梓宫長樂藉口和議，遂不可破。自是以來，士大夫狃於積衰之俗，以忘讎忍辱爲當然。癸未之議曰「不可和」者，尚書張公闡、左史胡公銓而已。秦檜之罪，使人倫不明，人心不正，而末流之弊至於如此之極。因讀魏元履所次《戊午讜議》而發明其意如此。

《送張仲隆序》，聖賢言治必以仁義爲先，而不以功利爲急。不知出此而苟一切之計，是申、商、吴、李之徒所以亡人之國而自滅其身者，國雖富，其民必貧；兵雖强，其國必病；利雖近，其爲害也必遠，顧弗察而已。

《程氏遺書序》，二程門人各自爲書，散出並行，傳者頗以己意竄易。先生有家藏數篇，皆著當時紀録主名，未更後人之手。後益以類訪求得，凡二十五篇。

《遺書》附録序，明道行狀之屬凡八篇，伊川祭文、奏狀各一篇。又伊川行事本末取《實録》、《文集》，凡他書可證者，次爲年譜。

《語孟集義序》，蒐輯條流二程之説，又取張横渠、范氏、二吕氏、謝氏、游氏、侯氏、尹氏凡九家之説附之，名曰《精義》，後改名《集義》云。

《通鑑綱目序》，温公編《通鑑》既成，别爲目録三十卷上之。晚病本書太詳，目録太簡，更著《舉要曆》八十卷，未成也，胡文定復修《舉要補遺》。先生因兩公四書别爲義例，表歲以首年而因年以著統，大書以提要，而分注以備言，名綱目云。

《言行録序》，先生病文集及記事書所載名臣言行散出無統，又汩於虚浮詭誕之説，掇聚爲此録。

《中和舊説序》，先生自叙幼從李延平求喜怒哀樂未發之旨未達，聞張欽夫得衡山胡氏學，往問之，亦未省。退而沉思，謂人自嬰兒至老死，莫非已發，特其未發者爲未嘗發爾。後忽自疑，復取程氏書，虚心平氣而徐讀之，未及數行，凍解冰釋，然後知情性之本。然聖賢之微旨，其平正明白乃如此。

《尹和靜言行録序》，程夫子有言涵養必以敬，進學則在致知。若尹公其學於夫子，而有得於敬之云乎。先生微意，蓋有未滿於其致知者。

《程氏外書序》，十二篇名外書者，以取之之雜，視前書尤當精擇。

《中庸集解序》，唐李翺始爲之説，然所謂「滅情以復性」者，又雜乎佛、老，至濂溪始得其要以著于篇。二程於此既皆無書，門人惟吕氏、游氏、楊氏、侯氏有成書。若横渠，若謝氏、尹氏亦或記其語，别自爲編。會稽石塾子重始集而次之。

《詩集傳序》，本之《二南》以求其端，參之列國以盡其變，正之於雅以大其規，和之於頌以要其止。

再定《太極》、《通書》序，《太極圖説》一篇、《通書》四十一章，世傳舊本。遺文九篇，遺事十五條，事狀一篇，皆先生所集次。周子之學莫備於太極一圖，而諸本皆附於《通書》之後。長沙本胡氏所定《通書》章次頗有移易，又刊去章目。惟建安本特據潘誌置圖篇端，而書之次序、名章亦復其舊。後得臨汀楊方本，盡正其舛陋云。

《吕氏詩記序》，唐初，諸儒疏義不出毛、鄭之區域，本朝劉侍讀、歐陽公、王丞相、蘇黄門、河南程氏、横渠張氏，始用己意發明。及其久而説者愈多，學者無所適從，吕氏家塾始兼總衆説而會通之。

《李丞相奏議序》，謂天之愛人甚矣，迫於氣數而或至於亂也，亦預出弭亂之人以擬其後。若故丞相隴西公所謂能弭亂之人，非耶。政、宣之際，都城大水猝至，公獨知其必有戎狄兵戎之禍。上疏極言，不幸謫去。不七年，虜薄都城，公以眇然放逐之蹤，出負天下山嶽萬鈞之重，遂却强虜，則以讒遠謫。建炎再造，首登廟堂，慨然以修政攘夷爲己任，又遭讒以去。其在紹興，因事獻言，深以議和退避爲非策，反覆之，終其身。使公之言用於宣和之初，則都城必無圍迫之憂；用於靖康則宗國必無顛覆之禍；用於建炎則中原必不至於淪陷；用於紹興則復祖宗之宇而報不共戴天之讎久矣。顧乃使之數困於庸夫孺子之口，不得卒就其志。嗚呼！痛哉！然今天子方總群策以圖恢復，是書也得備清閑之燕，而幸有以當上心者，則有志之士將不恨其不用於前日。而知天之所以生公者，真非偶然矣。愚按：先生此序感慨世變，令人於邑，蓋不特爲李公發也，後學所當成誦。

《通鑑舉要曆序》，清源郡舊刻《舉要曆》八十卷，謝公克家記其篇首甚悉，朝命以其板付學省，航海而没焉。温公之曾孫伋來領郡，再出家藏本刻焉。先生謂温公愛君忠國，稽古陳謨之意，再三而不能已者，尤於此書見之。視其書之顯晦，而考其所以關於時運者，則公所爲再三不能自已之心，可爲太息而流涕。

《南軒文集序》，孟子没而義利之説不明，董仲舒、諸葛武侯、二程先生屢發明之而世莫信。國家南渡，張魏公唱明大義，以斷國論。胡文定公誦説遺經，以開聖學。敬夫，魏公嗣子，而講學於胡公季子五峰先生之門，故其見於議論、措諸事業，無一毫功利之雜。既没，其弟定叟裒其故藁。先生謂其平生之言不止此也，其心亦未嘗一日以是而自足也，乃益爲訪求，斷以敬夫晚歲之意，定其書爲四十四卷。復取《經筵口義》一章附于表奏之後，使敬夫所以堯、舜吾君，而不愧其父師之傳者，讀者有以識其端。

《向薌林文集序》，大略云張子房爲韓報仇，雖不遂，然卒藉漢滅秦，然後棄人間事，使千載下聞風歎息，可謂壯哉！陶元亮自以晉世宰輔子孫，耻復屈身後代，雖事業不槩見，而高情逸想播之聲詩者，後世皆自以爲莫及也。蓋古之君子大者既立，而後節槩之高，語言之妙，乃有可得而言。不然，則紀逡、唐林之節非不苦，王維、儲光羲之詩非不清，一失身於新莽、禄山，則所辛勤而僅得傳世者，適足爲嗤笑資。余以是觀古驗今，而於薌林居士向公有感也。公自文簡公左右真宗，欽聖憲肅母儀天下，慶流宗支不可勝數。然逮公之仕，則國家之變極矣，絶僭叛，守孤城，危於九死而不奪。及紹興爭和議，至病死不忘，豈不凛乎子房、元亮之心哉！然二子皆爲之於不可爲之後，不及有益人之國。公乃竭股肱之力，宗社再安，勞烈所就，視二子又有光焉。是以中年乞身，一觴一詠，豈徒以發興吐辭之工，蓋必有其本矣。

《謝監嶽文集序》，謝綽中建之，政和人。晦翁先君子尉政和，行田間，聞讀書聲，入而視之，《儀禮》也。以時方專治王氏學而獨能爾，異之，即與俱歸，勉其所未至。遂中紹興三年進士第。主邵武之泰寧簿。自以不能俯仰，歸，領祠官以卒。其子東卿，以遺文過武夷精舍，先生相與太息流涕而序之。

《金華潘公文集序》，中書舍人潘公，宣和初爲博士，獨斥大臣蒙蔽；爲館職，不遊蔡京父子間【一六】；使淮南，不肯與中官同燕席。靖康召對，論時宰何桌、唐恪不可用。建炎初，召爲右司諫，首論亂臣逆黨。紹興入爲都司，又忤時相以歸。秦檜擅朝，公遂廢不復起。前後出入三朝，在官不過八百六十餘日。所居僅庇風雨，郭外無尺寸之地。先生許以孔子所未見之剛，因其兄子時之請而爲之序。

《大學章句序》，自伏羲、神農、黄帝、堯、舜而司徒典樂之官已設。三代之隆，其法浸備。孔子取其法，誦而傳之。孟子没，其傳泯焉。程夫子出，而有以接乎孟氏之傳。顧其爲書，猶頗放失，是以采而輯之。

《中庸章句序》，《中庸》者，堯、舜、禹所以相傳也，天下之理豈有如此？吾夫子雖不得其位，而所以繼往聖、開來學，其功反有賢於堯、舜者。子思推本堯、舜以來相傳之意，質以平日父師之言作爲此書，而程夫子所以爲説者不傳，故爲定著章句，復取石氏書删爲

【一六】不遊蔡京父子間　「間」文淵閣本作「門」。

此書。

《雲龕李公文集序》，參政文敏李公邕蹕臨安，適遭己酉三月五日之變，挺身赴難，神采毅然，逆折凶渠，諭以大義。退而陰贊宰府，爲離貳逆黨尊復明辟之計。是其所以立，豈獨以其文而已哉？

《豐清敏遺事序》，法家拂士低回遷就，詭辭以幸濟者，公獨正色誦言，以至流放以没。愚按：公，四明人，《東都事略》亦云此序以爲縉雲，蓋其先自括徙鄞耳。

《武夷圖序》，武夷君著，自漢世祭以乾魚，不知果何神。今崇安縣南餘二十里武夷山，相傳即神所宅。清溪九曲，人迹不到處，往往有枯查插石庋舟舡棺柩，柩中遺骸外列陶器，尚皆未壞。頗疑前世道阻未通，川壅未決時，夷落所居，而漢祀者即其君長。今山之群峰最高且正者，猶以大王爲號。半頂有小丘焉，豈即君之居耶？羽人高文舉更定圖本，爲題其首。

《韓文考異序》，歐陽公言韓文印本初未必誤，多爲校讎者妄改。如《羅池碑》改「步」爲「涉」，《田氏廟》改「天明」爲「王明」之類耳。公自言兒童時，得蜀本於隨州李氏，歲月當在天禧中。其書已故弊，則摹印與祥符杭本未知孰先孰後，而嘉祐蜀本又其子孫明矣。然猶三十年間，聞善本必求而改正之，固未嘗必以舊本爲是。至祕閣本，則亦民間所獻。是正之者，豈盡劉向、揚雄之徒哉？近世本多不同，惟南安軍方氏校定本號精善。

別有《舉正》十卷，論所以去取之意，又他本所無。然其去取以祥符杭本、嘉祐蜀本及李、謝所據祕閣本爲定，而尤尊祕閣本，雖有繆誤，往往曲從。今更悉考諸本之異同，苟其是，雖民間近出小本不敢違；有所未安，雖官本、古本、石本不敢信。各詳著其所以然，爲《考異》十卷。

《黄子厚詩序》，子厚名銖，少先生一歲，同事屏山劉病翁。所工詩文琴書，以窮死，其徒三山許閱裒其所作。先生極言其變化開闔，恍惚微妙，其形容委折變態處，三嘆有遺音矣，宜玩味之。

《楚詞序》，自屈原賦《離騷》而南國宗之，通號「楚辭」，而《離騷》深遠矣。然自原至漢未久，説者已失其趣，如太史公未能免，而劉安、班固、賈逵之言，世復不傳。隋、唐間，訓解者尚五六家。又有僧道騫者能爲楚聲之讀，亦漫不復存。獨東京王逸《章句》與近世洪興祖補注並行，而王書之所取舍，洪氏皆不能有所是正。於是稍加隱括，定爲《集注》八卷。又因晁氏續變二書，補著五十八篇。所取必其淒涼怨慕者爲得，其餘韻而以無心而冥會者爲得。

卷三十六

讀本朝諸儒理學書四

晦庵先生文集三

記

《高士軒記》，取漢世高士不肯爲主簿者，名同安簿廳之軒。云士非有意於自高，然其所以超然獨立於萬物之表者，亦非有待於外而後高。

《官書記》，先生爲同安縣學請於都督府方公，得書九百八十五卷。

《射圃記》，紹興二十五年，同安縣有警，先生與監税曹沆備西北隅，因作射圃。

《蘇丞相祠記》，蘇公熙寧中辭王安石引拔，其後與李才元、宋次道稱「三舍人」。先生謂學者所宜師也，爲之立祠。

《漳州教授廳記》，教授之職難矣！以爲易者則苟道也。

《牧齋記》，孔子曰「貧而樂」，又曰「古之學者爲己」。豈以飢寒者動其心？豈以挾策讀書者謂之學哉？

《歸樂堂記》，爲朱彦實作也。大略云或者怵迫勢利而不能歸，或歸矣，厭苦淡泊，顧慕疇昔，不能忘情，豈知歸之爲樂？或知之矣，顧前日仕宦之所爲，有不能無愧悔于心者，於其所樂，雖欲安之不能也。然則仕而能歸，歸而能樂者，亦豈不難哉？

《游御史祠記》，游酢，字定夫，建陽人。明道知扶溝縣，召公來職學事，得其微言，於是盡弃其學而學焉。徽廟初爲御史，未幾爲郡江淮間，退而閑居以卒。楊龜山誌其墓。所著書有《中庸義》、《易説》、《詩二南義》、《論孟雜解》。既卒四十一年，當癸未歲，延平陳公爲郡，始祠之學。

《通鑑室記》，張仲隆有志與才，新一室，列《通鑑》其中，日盡數卷，求所以處事之方，屬先生爲記，而先生以仁之説進之。愚觀先生嘗作序送仲隆，謂聖賢言治以仁義爲先，而不以功利爲急。得非有見於其心術之偏，而逆折其萌者乎。

《南嶽游山後記》，先生與張南軒諸公共游，將别，破約賦詩。又言詩本言志，其流乃幾至於喪志，記其説爲戒。

《轉運司蠲鹽錢記》，福建鹽息，歲入緡錢十萬，以其一予漕司，佐州縣用度，且市貢金。其二爲鈔法，商人歲輸京師錢六萬六千有奇。其後鈔法中弛，因以委漕司而增其額，它用之取具於鹽者，亦且數倍，州縣至不能供。孝廟臨御之五年，詔免州縣逋負鹽錢九十七萬，又詔歲入鈔錢三十二萬者罷之。鈔額復祖宗之舊，逋負捐累歲之積，使州縣吏無所旁緣以漁獵其民。遂爲記。

《上蔡語録後記》，頃校定《上蔡語録》，削去板本五十餘章。後胡籍溪於吕祖謙得江表民《辨道録》，則凡向所削五十餘章，然後知爲江公所著云。

《崇安縣學二公祠記》，清獻趙公嘗爲之宰，胡文定其邑里人。知縣温陸諸葛公，乾道四年合而爲之祠。

《克齋記》，大略云性情之德，無所不備，而一言足以盡其妙，曰仁。求仁蓋亦多術，而一言足以舉其要，曰克己復禮。克之克之而又克之，以至於一旦豁然。欲盡而理純，則其胸中之所存者，豈不粹然天地生物之心，而藹然其若春陽之温哉？此記爲會稽石子重作，最明白，當讀。

《味道堂記》，爲何鎬叔京作也。叔京之父少受《中庸》於東平馬先生，取「知味」之説，故名。

《劉氏墨莊記》，劉清之子澄，五世祖工部事太宗，没無餘貲，獨有圖書數千卷。夫人陳氏指以語諸子曰：「此乃父所謂墨莊也。」其後，子孫世以文章爲聞人，而子澄尤篤志義理之學。先生謂耕道而熟仁者，將於是在。

《盡心堂記》，范伯崇爲廬陵録事，取《王制》語謂「刑一成而不可變，故君子盡心焉」

者以名堂。先生記之，云以風曉當世。

《五夫社倉記》，乾道戊子，先生與劉君如愚勸分，以振其鄉崇安縣之荒。俄而盜發浦城，乃請于郡太守徐公嘉，得粟六百斛予鄉之人，無復從盜。王公淮繼之守，是年冬，民以粟償官，命留里中而正其籍。明年，先生請歲一斂散，俾願貸者出息十二，小饑則施半息，大侵則盡蠲之。王公報皆施行如章，沈公度繼之，又請倣古法爲社倉，以儲貯云。

《雲谷記》，地在建陽縣西北七十里廬山之巔，其入徑在安將院東，牓曰南澗。循澗北上里餘，俛入蓊翳，多奇石懸瀑。又北捨澗，循山折而東行數百步，得石壁，瀑布當中而下，視諸懸水爲最長。徑當其委，跣揭而度。北入雲谷，谷口爲關，以限内外，西循小山而上，歷石池、山楹、藥圃、井泉、東寮，折旋南入竹中，草堂三間，是爲「晦庵」。東起層嶂，右起小山，而南峰出其背，孤秀莫擬。俯仰其間，不自知身之高、地之迥，直可旁日月而臨風雨也。堂後結草爲廬。稍上山頂北望，俯見武夷諸峰，作石臺名「懷仙」。小山之東南出西下，隱隱見山前村落，作臺曰「揮手」。南循岡脊，其上小平，曰「雲社」。其徑之東曰「西寮」。行東峰至絶頂平處，俯而四瞰，面各數百里，連峰有無，遠近環合，彩翠雲濤，昏旦萬狀，非世人所嘗見也。絶頂北下則爲北澗矣，蓋此山脊爲崇安、建陽南北之境，環數百里之山未有高焉者。耕山釣水，養性讀書，彈琴鼓缶，以詠先王之風，亦足以樂而忘死矣。

《名堂室記》，紫陽山在徽州。先君子故家婺源，往遊而樂之。既來閩中，思之不置，以「紫陽書堂」刻其印章，敬以所刻牓所居之聽事。又其尉尤溪日，自病辨急，取佩韋之義名聽事，東偏則取以揭之於寢。晦堂者，燕居之所也，蓋取屏山所嘗字而祝之説，曰：「木晦於根，春容曄敷；人晦於身，神明内腴。」示不敢忘先生之教。堂旁兩夾室，左曰敬齋，右曰義齋，蓋讀《易》，得其兩言曰「敬以直内，義以方外」，未知用力之方。及讀《中庸》，見所論「戒慎恐懼」，得持敬之本；讀《大學》見所論「格物致知」，得明義之端，而二者之功一動一静，又有合乎周子《太極》之論也。

《建康府明道先生祠記》，淳熙三年，資政建安劉公守建康，以屬邑上元明道先生少日宦遊處也，均田塞堤，及民之政爲多，脯龍折年【一】，教民之意亦備。而兵革變故，風聲無復傳者，奉祠致意而請先生記之。先生謂上元之政於明道先生，懼未足稱揚也，然其言曰「一命之士，苟存心於愛物，於人必有所濟」，則其中之所存，又烏可以小大而議之哉？

《婺源縣學藏書閣記》，道之在天下，固未有飽食安坐，無所猷爲而忽然知之，兀然得之者也。故傅説之告高宗曰「學于古訓乃有獲」，而孔子之教人，亦曰：「好古敏以求之。」

《江山縣學記》，邑有儒先曰徐公誠叟，受業程氏之門人，講道于家，弟子常以百數。

《拙齋記》，趙侯景明守臨川，更造所謂「秋聲齋」者，曰：「非予之拙則孰宜居之哉？」先生亦曰：「非予之拙則亦孰宜記之哉！」抑君子之學，以其一而固也，是以近於

【一】脯龍折年　「年」文淵閣本作「竿」。

拙。極其言則正其誼，不謀其利，明其道不計其功，是亦拙而已矣。趙侯之學，蓋將進此，若予之拙，乃其材之不足而何足以語此？

《袁州濂溪祠堂記》，《河圖》出而八卦畫，《洛書》呈而九疇叙，而孔子於斯文之興喪，亦未嘗不推之於天。若濂溪先生，其天之所畀而得乎斯道之傳者歟！不繇師傳，默契道體，建圖屬書，根極領要，而周公、孔子、孟氏之傳，焕然發明於斯世，非天之所畀，其孰能與於此？

《静江府學記》，學立於唐觀察使李昌夔，其後廢爲浮屠之室者三，南軒始斥而一新之。

《袁州三先生祠記》，三先生，濂溪、二程也。紹興初，胡文定嘗欲加程氏以爵，使列從祀。其後建安魏掞之爲太學官，又以其事白宰相，且請廢王安石父子勿祠。近歲乃詔罷所謂「臨川伯雱」者，議臣有能條奏前二議，推之以及濂溪，則三先生之祠徧天下。愚按：嘉定間，祠三先生，罷安石，皆已如先生之願望矣。所論事久論定【二】，正理不可磨滅者非耶！

《建陽縣學藏書記》，讀聖賢之言而不通於心，不有於身者，猶不免爲書肆。況其所讀又非聖賢之書哉！

《建陽四賢祠記》，九江蕭之敏敏中，宰建陽，問邑之先賢，得三御史而祠之，曰陳洙師道、曰陳師錫伯修、曰游酢定夫。敏中去不數年亦爲御史，會稽姚寅耆宰邑，復以蕭配

【二】所論事久論定　前一「論」文淵閣本作「謂」。

之，更榜曰四賢。

《隆興府濂溪祠記》，謂先生之言，其高極乎無極太極之妙，而其實不離乎日用之間；其幽探乎陰陽五行造化之賾，而其實不離乎仁義禮智剛柔善惡之際，其體用之一源，顯微之無間，秦、漢以下誠未有臻斯理者，而其實則不外乎六經、《論語》、《中庸》、《大學》七篇之所傳也。

《江陵府曲江樓記》，張敬夫守荆州，直學門之南鑿門，臨白河爲樓其上，大江重湖，一目千里；而西陵諸山亦隱見於雲空煙水之外，曰：「此非曲江公所謂江陵郡城南樓者耶？」扁曰「曲江」。先生爲發明曠百世而相感之意。

《卧龍庵記》，庵在廬山五乳峰下，劉君嘗隱居辟穀。先生守南康，屬崔嘉彦因其舊縛屋。又緣名潭之義，畫諸葛公象堂中，既而又爲嘉彦記西原庵。嘉彦嘗以耕戰之策干趙忠簡云。

《婺源縣三先生祠記》，云既得日見先生之貌象而瞻仰之，曷若遂讀其書求其指，以反諸身而行之乎？

《江西運司養濟院記》，尤公袤及趙公芮捐四方聘幣，不以入于家，合之爲錢三百七十萬，買田千一百十一畝，得佛舍廢址，增屋，并得故僧田六頃爲之。

《韶州濂溪祠記》，自孟子既没，歷選諸儒以論興復開創，汛掃平一之功，信未有高焉者也。

《鄂州社稷壇記》，社者，山林、川澤、丘陵、墳衍、原隰，五土之祇，勾龍氏其配；稷則止爲原隰之祇，能生五穀者，后稷其配。風師箕、雨師畢，雷神則唐制所與雨師同壇而祀。五者，二氣之良能，天地之功用，流行於覆載間，以育萬物，而民生賴焉者。

《崇安縣學田記》，三代，士各受田，而其入學也有時，故自食其食。至漢元、成間，乃謂孔子布衣養徒三千而增學官弟子員，不復限以員數。其後無以給之，而至於罷。若崇安，此田則籍浮屠之絕者五寺歸之學。

《石鼓書院記》，書院在衡州，唐人李寬所爲。國初嘗賜勑額，其後稍徙而東爲州學。淳熙十二年，潘時復於舊基興書院。

《漳州東溪先生高公祠記》，高公名登，字彦先。靖康游太學，與陳少陽伏闕。紹興初，又與秦檜議不合，去爲靜江古縣，被檄試進士潮州，策閩、浙水沴之所由。檜聞大怒，奪官徙容州。屬疾自作埋銘，奮髯張目而逝。後三十年，田澹爲郡博士，始祠於學。

《新安道院記》，道院，休寧宰祝汝玉所爲也。道之得名，正以人所共由之路，而非無事之謂。顧其名，此乃若專取乎無事，無乃出於浮屠、老子之謂，而汝玉未之思耶？

《玉山劉氏義學記》，士大夫或徒步至三公，能毋爲州里災害則足矣。

《上蔡祠記》，以生意論仁，以實理論誠，以常惺論敬，以求是論窮理，而直指窮理居敬，爲入德之門。

《冰玉堂記》，曾致虚訪劉凝之舊居，爲之繪劉凝之、劉道原父子。以陳忠肅嘗館於是也，繪而侑之。

《鄂州稽古閣記》，取足於心者，佛、老空虚之邪見。

《邵州濂溪祠記》，祠舊以張九成侑潘侯燾，始特祀濂溪。

《信州大成殿記》，士子習熟見聞，知有科舉而不知有學問。

跋

《跋胡五峰詩》，初，先生不出仕，有「浮雲一任閑舒卷，萬古青山只麼青」之句。五峰譏其有體無用，爲詩箴之，有「山中出雲雨太虚，一洗塵埃山更好」之句。五年而先生聞之，則五峰已死矣，因爲之跋。愚按：體立則用存，體用未嘗相離。士君子修身求爲可用於世，此體之立也。先生隱居讀書，則用已在其中，世之汲汲於利禄者，體之不立，用於何有？五峰有體無用之説，似合斟酌。此先生跋語，有恨不及卒請其目之説歟。

《跋劉元城言行録》，謂公受學於司馬公，得不妄語之一言，拳拳服膺，終身不失。故其進而議於朝者無隱情，退而語於家者無愧詞。愚按：先生發明元城不妄語，極有補世教。今世士大夫之議於朝者，果皆由中之語否耶？

書《潛虚圖》後，温公晚著此書及《易説》，皆非全書。今其全者，先生謂贋本也。金虜入洛，傳令軍中無得驚動司馬太師家。

書《麻衣心易》後，先生指其謂雷自天下而發，山自天下而墜，皆無理之妄談；　謂一陽生於子月而應在卯月，乃術家之小數；　謂破體煉之，乃成全體，乃爐火之末技；　謂人間萬事，悉是假合，又佛者之幻語。　蓋湘陰簿戴師愈所著，而託名《麻衣》。

《跋李少膺脞説》，三代正朔，雖不改時與月，而《春秋》紀「春無冰」，則固以周正紀事也。　石林葉氏又考《左傳》所記祭足取麥穀【三】，鄧來朝三事，以爲經傳所記有例差兩月者，是經用周正而傳取國史，有自用夏正者，失於更改也。《詩》中月數多用夏正，《書・金縢》「秋大熟」亦是夏時，此爲不改時月之驗甚明。　但孟子所謂七、八月乃五、六月，所謂十一月、十二月乃九月、十月爲不可曉。

《跋黄本仲友朋説》，謂人倫有五而其理則一，而友朋又所藉以維持是理。

《跋歐公帖》，歐陽公作字如其爲文，外若優游，中實剛勁。

《跋白鹿洞講義》，陸子靜來自金溪，先生率僚友諸生請爲之講，而跋之云切中學者隱微深錮之病。　愚按：　象山此時講君子喻於義，小人喻於利，分別明白，至今讀之令人竦動，宜晦翁之嘆賞也。　象山之來遊，晦翁之請講，友誼藹然，豈復有前日鵝湖之氣象哉？使象山更加之壽，則極高明而道中庸，未必不與晦翁一也。

《跋鄭景元簡》，六經於死生之際無述焉，蓋以是爲常事也。　獨《論語》、《檀弓》記曾

【三】石林葉氏又考左傳所記祭足取麥穀　「祭」原作「蔡」，「麥」原作「麦」，據《晦庵集》卷八一改。

子寢疾事爲詳，其言不過保身謹禮，與語學者以持守之方。於是見聖賢之學所貴重乃在此，非若浮屠氏之不察於理，而徒以亡坐立脱爲奇也。

書《曾子》後，世傳曾子書獨取《大戴禮》十篇充之。劉清之子澄集其言行雜見、《語》、《孟》他書爲《曾子》七篇。

《題法書》，今人不及古人，豈獨此一事？推是以往，庶乎其能自强矣。

《跋朱喻二公法帖》，書學莫盛於唐，然人各以所長自見，而漢、魏之楷法遂廢。本朝名勝亦不過以唐人爲法，至於黄、米而欹傾側媚、狂怪怒張之勢極矣。近歲，朱鴻臚、喻工部者出，乃能超然遠覽，追迹元常於千載之上。

《跋蔣邕州墓銘》，嗚呼！世固未嘗無材也，惟其生於窮荒下邑，既無以自振而又知自貴重，不肯希世取寵，遂以陸沈下僚。

《跋周元翁法帖》，楊者，明州僧，讀書至老不輟，持論甚正。常云農家有百錢斗粟之贏，必謹藏之與僧乃已，民安得不貧？故其住山不營土木，不遺其徒出丐疏曰：「吾不忍助民蠹也。」

《跋黄山谷詩》，杜子美詩序有言虎搪夔突人藩籬者，夔人正謂夔州人耳。而山谷詩乃有「虎夔藩」之句，今此頌又用「躨觸」字。按「躨跜」見《靈光殿賦》，自爲虯龍動貌【四】，元無觸義，不知山谷何所據也。

【四】自爲虯龍動貌　「自」文淵閣本作「且」。

書《楚辭》協韻後，《大招》昭、遽同韻，王岐公亦用遽與昭同韻。

《跋朱奉使狀》，金虜陷會稽，李鄴以城降。衛士唐某怒甚，懷磚石狙擊不中，被執，至死罵不絶口。越人義而祠之。

《跋徐來叔歸師堂詩》，孟子之言正爲不知反求諸身者設，非上智生知，豈能不藉師友而獨得之哉？

《跋吕舍人清溪類藁》，饒節者，一旦毁削膚髮，殄絶天倫，諸公環視，無一能救。或乃從嗟嘆，以爲不可及。

《跋余巖起集》，謂前輩當官立事，以强毅果斷爲得。近年風俗一變，專以醞藉襲藏、圓熟軟美爲尚。

《跋曾仲恭文》，謂前輩文字議論雄偉，故宣和之後，建、紹繼起，危亂雖極而士氣不衰。近歲例以容冶調笑爲工，無復丈夫之氣識者，蓋深憂之。愚按：先生當乾、淳盛際，所感歎已如此。讀而深悲之，併記以自厲。

《跋辨志録》，伯恭作此書，章貢李和卿所次略不同。

《跋岛侯行實》，天下事有其實足矣，又使他人飾虚詞以赞之，雖累千百言，亦何所加於其實也哉！

《跋程子禘説》，祭法言有虞氏宗堯，非也。苟非其子，雖授舜以天下之重，不可謂之父。

《跋郭長陽醫書》，寸關尺之法，郭公備載《難經》語，而取丁德用密排三指之法以釋之。竊意指有肥瘠，臂有長短，或未得爲定論。經之所以分寸尺者，皆自關而前卻，以距乎魚際尺澤。今諸書皆無的論，惟《千金》以爲寸口處其骨自高，關尺皆由是卻取，若與經文不合。俗傳《脉訣韻語》直指高骨爲關，而分其前後爲尺寸陰陽之位，似得《難經》本指。然世之高醫以其贋也，棄而羞言之。

《跋道士陳景元詩》，元祐間王仲至嘗薦景元使校中祕道書，范醇夫極論其不可，且引王韶、章厚開邊時引僧自隨，有經略察訪大師之誚。今日豈可使館閣有編校大師耶？

《跋向伯元遺戒》，自佛教入中國，治喪者一用其法。在唐惟姚文獻，在本朝則司馬公、程、張諸君子，近世張忠獻始斥不用。向伯元少受學於胡文定，及啓手足親書戒子孫勿爲世俗所謂道場者。

書《河圖》《洛書》後，《明堂篇》有二九四七五三六一八之語，而鄭注云法龜文也，則漢人固以九數者爲《洛書》矣【五】。

《跋吴道子畫》，所謂「天龍八部」者，亦不免爲焦頭爛額之客。

《跋韓魏公帖》，王荆公書皆如大忙中寫，韓公未嘗一筆作行草勢，書札於德性相關如此。

【五】「跋程子褅説」至「人固以九數者爲洛」原闕，據明本、文淵閣本補。

《跋沙隨帖》，《離騷》、九章之「欸」與范增撞玉斗之「唉」，聲皆近哀，訓膺也，亦作上聲。故元次山有《欸乃曲》，柳詩亦用此二字，音「靄襖」。近世乃有倒讀之者，又或寫「欸」爲「欵」，誤益甚矣。

《書釣臺范公記文》，後人不容復措手，中間，江子我一記，獨書歲月，最得體。近乃有作記，力辨嚴公非素隱者。康節和明道詩云「安知不是打乖人？」此言有味也。

《跋集注》，《杜詩注》非蘇公作，乃閩中鄭昂尚明僞爲之。

不養出母議，嫁母非出也，不可無服。養之則築室于外。

銘贊

《講座銘》、《四齋銘》、《鼓銘》皆先生弱冠主同安簿時之爲也，後學可以自勵矣。《學古齋銘》爲周嗣恭作，《敬恕齋銘》爲陳師中作，《求放心齋銘》爲程正思作，皆切己工夫之語，亦隨其人之資而告之。《敬齋箴》則先生自警者，作聖工夫於斯爲至。《易》五贊，曰原象、曰述旨、曰明筮、曰稽類、曰警學，皆明古《易》之所以然。復卦贊則君子體《易》之要道也。

六先生贊，於濂溪贊其啓道之祕，於明道贊其會道之全，於伊川贊其守道之正，於横渠贊其求道之勇，於康節贊其窮陰陽造化之妙，而微不滿於其忘物，於涑水贊其極堅實博大之功，而微不滿於其致知。然則於斯六者，學者宜何先？曰：以横渠之勇，審伊川之正，其餘可以次第通。

南軒贊，許其王佐事業。東萊贊，稱其温恭君子。聚星亭贊，先生晚年道不行，姑取陳太丘寔訪荀朗陵淑，浮沉閭里，粹然盛德之事，圖之、贊之，以自適。然寔之孫曰陳群，淑之孫曰荀彧，時皆隨侍擁寘膝前，後皆背漢從操。先生所以寓户門之戒、世道之憂亦微矣。

表啓祝文

謝表、通啓皆和平直叙，世之掇拾古語牽對爲工者，可觀矣。祝文皆以誠通神明，不爲文。

祭文

祭南軒，云兄宜以是行之當時，我盍以是傳之來裔。其彼此相期如此。

祭陸子壽，略云念昔鵝湖實初識面，度兄不可遽以辨屈，知兄必將返而深觀。逮予辭官，兄乃枉教，相與極論，道合志同。

碑銘行狀

劉子羽，忠顯公劉韐之長子，佐忠顯公守越，破方臘。守真定却虜，與張魏公密謀誅叛將范瓊。魏公使川陝，以爲上賓。富平之戰，爭之不得，果敗。魏公退保興州，子羽單騎出秦州，用吴玠守和尚原，卒全蜀境，以蔽上流。其後魏公入相，大議北討，使公察虚實。公還，言虜未可圖，已而淮西軍果亂。及論和戎非久計，秦檜罷之，歸，遂薨。龍學吴明可少客臨安，一日聞士女傾都南下，皆行哭失聲，云宗留守死矣。公爲嗚咽，爲詩哭之，語甚悲壯。即日傳播，郵亭傳舍處處題寫，名以此顯。

觀文劉珙，子羽之子也。爲禮官時，秦檜以符讖議進謚其父，不時往。其爲中書時繳還左降御史杜芊老之詔及力止楊存中爲江淮宣撫。其帥湖南時平盜。在政府時除福建鈔鹽歲額二萬萬，罷江西和糴及廣西折鹽米錢，又蠲諸路積逋金穀巨億計。知建康，奏閣夏税六千萬萬，蠲秋米十六萬六千餘斛。臨薨，戒不得用浮屠治喪。

張南軒神道碑，首言聖學不傳，言理者歸佛老，論事者鶩管、商。近得吾敬夫，而天下士乃知理未始不該於事，而事未始不根於理。次言公明復讎大義。次言公歷仕，爲嚴州奏蠲丁鹽錢絹，爲吏部奏罷發運均輸，爲廣西經略奏以鹽息什三予諸郡，出漕司緡錢四十萬，以半爲諸倉買鹽之本，半爲諸州運鹽之費。邕管斗入群蠻中，則爲之簡補兵備，究買馬横山之弊，奏革之。爲江陵府捕姦民之舍盜者，斬之，簡閲兵籍。以請得祠，終年四十八。

直祕閣范如圭神道碑，如圭，字伯達，爲武安推官，白其帥將斬人之誤，曰：「奈何重易一字而輕數人之命？」爲祕書正字，却虜使之館洎【六】，且手書抵檜曰：「公不喪心、不病狂，奈何一旦爲此，若不改圖，必且遺臭萬世。」通判荊南府，不爲户部催積逋，白後帥

【六】使之館洎 「洎」文淵閣本作「簿」。

奏蠲之。知泉州，蠲屬縣負課十三四。

黄中美不受張邦昌僞命，移檄而去，當時不約而去此者，亦四十人。

旌忠愍節廟碑，靖康時，故簽書張忠文公叔夜以南道之師千里赴難，事不就，絶食死。其後虜窺關陝，知同州鄭威愍公驤嬰孤城，以死守。二公衣冠皆葬信州之境。紹興二年，守臣永嘉王自中爲奏立廟請額云。

焕章王公神道碑，公名師愈，婺州人。父喪，貧不得窆，族欲火葬，公號泣不食者屢日。分教臨江，郡守延僧杲説法，獨不往聽。繼南軒守嚴州，乞免丁絹錢而止輸本色。除金部使，督諸郡積緡錢七百萬。公曰：「此錢徒有名耳，督之未必有得，而文移一下，所擾者不知幾人。」持其事不下，遂出知饒州。郡歲輸米十二萬石於建康。後爲總所移他處，道里之費無所取。公力請無得改撥。爲福建漕，蠲汀州宿逋，而下其鹽直，且損合解緡錢五萬留州以寬之。

義靈廟碑，方臘之亂，台守趙資道、其丞李景淵謀遁去，户曹滕公膺奮義死守，卒全其城，後又保南都守陳蔡云。

劉屏山墓表，忠顯公劉韐之子，名子翬，字彦冲，嘗通判興化軍。退居屏山下，盡弃人間事，自號病翁者十七年而終，年四十七。晦翁少從之游，告以不遠復者吾三字符。

劉龜年，攽之後，宰武陵郡。使者以治行聞于朝。秩滿止詣銓注官而歸，不一見丞相。臨終召諸子，告之曰：「觀星曆書，吾殆止此。汝曹勉旃，毋爲門户羞。」

令人羅氏常所服禮衣，横帔如民間法。

安人王氏，其夫范滙閲具獄，從旁曰：「毋憚淹晷之勞，使彼負没世之冤也。」

白水劉致中，名勉之，幼入太學，時蔡京方禁挾元祐書，致中陰求竊讀。棄録牒，見元城、龜山請業。南渡後特詔詣闕，秦檜不使見上，止令試策後省，遂謝病歸。是爲晦翁婦翁，且少師事之云。

魏元履名掞之，嘗客衢守章傑家，會趙忠簡公薨海上，歸葬常山。傑怨趙公，又希秦檜意，逮繫其家。元履以書譙傑，徑歸。後以遺逸詔守太學録。異時學官不與諸生接，元履日進而教誨之。請廢安石父子勿祀而祀二程，數以政事質責宰相，罷歸。

特奏李君，云臨事無陰據利便之心。

端明黄中，字通老，其先有名膺者，自光州固始入居邵武，至公十二世矣。公初受族叔祖潛善奏陰，後舉進士第二名。使虜回，言虜治汴。湯思退以沈介不言而公言之，大怒，三年而完亮入。嘗對財賦半入内帑，請悉以歸左藏。有詔，更以内藏激賞爲左藏南庫。六和塔成，宰相命達官書《四十二章經》，獨公不預。

翁蒙之爲常山尉，郡守使搜趙忠簡家往來書疏，蒙之密令焚之而後搜。其後，張晉彦以子孝祥魁天下，忤秦檜，逮繫，獨罄家貲，得白金百兩遺之。此事合考。孝祥本檜之客，以罵道學而得魁。

郭份從事湖南運司，有羡緡錢十萬，欲獻之朝。公曰：「此非可繼也。」督運常德，阻山溪，輕裝淺舟，水陸俱進。

慈溪王庭秀女嫁任賢臣。賢臣攝武昌，有俸饋如真太守，告其夫曰：「異時貧甚，宜不聊生，亦且至今日矣。今幸粗足，何以是自污哉？」其孫爲任希夷。

石子重爲同安丞，縣以旱請蠲租，太守怒，檄君杖主吏。君移書太守曰：「杖吏細事耳，所繫則大。民今皇皇無以爲命，縱不能救，忍復箝其口乎？」知武進，郡守欲爲寓第，屬役於縣，君不可，曰：「吾爲天子牧民，豈爲若人治第者耶？」

篤行趙彦遠名善應，汝愚丞相父也。生朝必哭於廟，有欲爲禮者號泣向之。其配李氏嘗刲股以愈姑之疾。

江介爲進賢令，曰：「民飢而令食之，猶子飢而母乳之也，敢幸賞乎。」會詔蠲半租，白部使者程大昌曰：「但減其半則整畸就盈，全户輸一升者名減五合猶輸一升。若自全户三升以下悉蠲之，則貧民被實惠矣。」有旨新沿道厩置，君言：「廣西馬歲不過三十綱，綱不過五十疋。新圖乃度爲容二百四十疋者，亦何爲不察兵吏之盜其廪，而必病民以豐其屋。」

劉平甫名玶，病翁先生之子。補堂餘三十年，亦未嘗一日仕州縣。世濟隱德云。

黄洧清臣爲廣東運判，罷官估、除市籍，蠲口賦十五萬。蜑之役州縣者悉免之。改使湖南，凡非法取民，如茶租、如甲札、如户帖、如乳香、如茶引一禁絶之。

黄瑀宰永春縣，士子上謁者接之於學，一毫之私不敢及。平生非其義，雖寒且饑不可得而衣食。閩俗多火葬，哀號不肯。在臺與杜莘老相好。其子名幹，是爲勉齋先生。

括蒼潘景憲與東萊爲同年進士，年高於東萊而師事之【七】。子自覺登第，曰：「此足以代我矣。」遂致其事。

左司張維，南劍人，每謂符離之役失於輕舉，而人心終不以爲非；四郡之棄急於休息，而人心終不以爲是。其治靜江，平易近民。治軍甚嚴。禱祠不於佛、老。將漕江東，爲營屋二萬三千間，先爲一間於治舍，用是計徒庸。爲左司曰：「都司助調鼎，實幾微所關，若視貼擬，即涉筆書，不問可否，安用我輩耶？」

宋若淵初有欲移公漕臺者，公曰：「欺君誣祖，吾不忍也。」嘗監永康軍衛江税，或勸獻其嬴。曰：「獨不爲後人計耶？」知神泉縣，幅紙書負租，民無敢後。邑産黄雀，歲供諸司以百萬計，公請罷之。嘗因輪對請損宗戚歲時賜予、貴臣給使宣借、百司吏禄之費。

金華潘時，自其叔父中書公良貴起家而命之官。嘗知興化，女官道士求勅額，挾簽樞張説屬公上其事，公不可。興築洋城、陳霸二斗門及木蘭陂以溉田。歲飢，募客舟，予錢博糴而寬其期，使私得一再往返。入對，乞蠲州縣民間舊逋，而內出禁錢以補上供之缺，

【七】「篤行」至「年高於東萊而師」原闕，據明本、文淵閣本補。

常使户部支計有餘，則州縣寬而民力紓矣。廣南大奚山斗入海中，以魚鹽爲命，時置都鹽使者禁之。公曰：「爭小利，起大盜，將誰使任其責耶？」拒不行。公娶李莊簡女，而女嫁史彌遠，以賢稱。公常謂榷茶鹽非古法，不忍盡以律令從事。

李閣學名椿，父升，進士起家，官至朝奉。虜難，以救父被傷，卒。公奉母南走，年十五。五十二方改秩，以初任衡山尉，繼爲衡州判官，遂家於衡。嘗見胡文定公，退與其諸子言曰：「椿願天下人無不唯是之求。」張魏公知之，遂辟以爲屬，委以經畫淮甸。張公嘆實材之難得，公曰：「豈可厚誣？惟不惡逆耳而甘遜志，則庶其肯來矣。」張公再相，公勸之去，不忍決，果罷。公知鄂州，墾荒田。移廣西提刑，罷所復昭州金坑。移湖南運判，賑糶，損配數。行部，罷諸常從者。所至州，取吏卒使令。除檢詳，沮簽書張説所主買馬舍邕就宜及招軍殿最之説。遷左司，言三衙兵有用當益，諸州兵無用當銷，銷之之術，死亡勿補，它時一以御前兵分屯。出爲湖南運副，減桂陽月樁錢歲萬二千緡，而損民税折銀之直，免户部配鬻乳香。衡嶽廟火，公言天實厭其非制，請毋復屋而築壇以望，不報。除農卿，言朝廷户部自分彼此，告借索還，有同市道，願革而正之。兼臨安府，奏巨璫及没入僧私宇，三月解去。知婺州，會詔市牛筋五千斤，公奏一牛筋纔四兩，是欲屠二萬牛也，上爲收前詔。爲吏部侍郎，與吏約所予奪，悉疏著令，既行而未允，重坐吏。嘗奏保淮則楚州、盱眙、昭信、濠梁、渦口、花靨、正陽、光州皆不可不守，保江則高郵、六合、瓦梁、濡須、巢湖、北峽亦要地。知太平州，言和州惟利商筭，輒穿支港以内舟，首尾皆屬之江，此自隳天險。上亟命塞港。六十九致仕。再帥湖南賑荒撫軍，力請應配者祗坐加役流髡鉗，三年免，毋黥涅，使得自新，免竄逸，免遞送，廣至恩，召和氣。議者笑其迂，不行。歸老衡之横塘。居官儉而法，官燭不入中門，家人不用公家供帳。方曾覿位使相，竟不往謁。有言太尉不奈李某何者，曰：「誠無奈其不顧官職何。」生正夫，正夫生大謙。近尹京名芾者，乃其曾孫。

婺源滕洙子璘，初預薦，以所得勸駕禮贖士族女之落倡家者。

范如圭伯達，胡文定甥，在館論事，與時相不合，請奉祠十年。

張魏公行狀，公諱浚，字德遠，唐相九齡弟節使九皇十四世孫。祖紘，慶曆中舉茂材異等，陳禦戎策，欲以陝西、河北、河東割兵屬將。父咸，元祐舉賢良方正，其後章惇因之罷其科，更置宏詞。公當二聖北狩，馳赴壽聖於南京。在維揚言虜且至，汪、黄不之信。既渡江，留吴門禦賊，唱義兵，誅苗傅、劉正彦，撫定淮盜蔣慶兵數萬。請撫關陝，與劉子羽誅范瓊而行，富平既敗，用二吴保蜀。朝廷遣王似貳公，公奏似不可用。辛丙劾罷公，會虜入寇，復起。公視師，虜聞公用，宵遁，遂拜平章事，撫沿江兵。平湖寇，薦韓、岳可倚大事。劉豫入寇，公排衆議，却之。徽廟凶問至，奏發喪興師，酈瓊叛去。公乞去而秦檜主和，貶公永州。公自永力奏和不可恃。起知福州。虜敗盟，公部將劉錡成順昌之捷，檜召錡還，貶公連州。居四年，移永州。檜誣公與李光、胡寅等謀大逆，凡賢士五十三人皆預。獄上而檜死，公因星變應詔言事，檜之黨沈該、万俟卨【八】、湯思退等復謫公於永。又四年，歸潭。虜亮兵至，起公知建康，用張子蓋破海州之圍，規取山東。孝宗立，欲用公，而史浩沮之。公力爭，上用公都督。公命李顯忠出濠州，趙公，邵宏淵出泗州，趙虹縣；戚方將舟師，出淮陽。中原震動，歸附日至。顯忠聞虜大至，引兵夜歸。虜初無一騎過宿者，素主和者因而抵巇，湯思退令尹穡論罷公。虜索四郡，上復大拜公兼都督，然猶用湯思退。尹穡詆公愈力，公再罷，至死而王業終偏安，祖宗百世之讎至今未之能復矣。

丞相陳俊卿，莆人。爲御史，奏將不知有威，士不知有恩。劾湯思退、楊存中，罷之。乞用張忠獻，請減大禮浮費及冗官妄用。隆興初參贊張公都督既歸，會錢端禮起戚里，駸駸入相，公弗附。端禮建國是之説，公力詆其非，端禮卒不相。公參大政，會洪邁述淵、覿言，鄭聞當除右史，遂質於上，出淵、覿，與同列劾奏洪邁姦佞，斥之。乾道四年大拜，薦虞允文爲右相。允文建請朝陵寢，公議不合，求去。允文遂遣使，竟不得要領，而曾覿亦召還，歷使相、躋保傅，士大夫莫敢有言者。

籍溪先生胡憲，字原仲。入太學，與白水劉致中竊誦伊洛書，揖諸生歸隱。以特召入，言虜必敗盟，元臣宿將惟張浚、劉錡在。疏入，即求去。

【八】万俟卨　「万」原作「萬」，據文淵閣本改。

先生父吏部公行狀，諱松，字喬年。既脱場屋，放意詩文。既而用力於河洛之學，以胡世將、謝克家之薦，得召試，論中興事。會張相去國，時議欲撤兩淮之戍，公力爭。及秦檜主和，公又力爭。檜使言者罷公【九】。迄自請祠，屏居建溪，討尋舊學以終。

延平李先生諱侗，字愿中，劍浦人。聞郡人羅仲素得河洛之學於楊龜山，而從之游，謝絶世故餘四十年。會閩帥玉山汪公以書禮來迎，卒于府治，年七十一。二子友直、信甫，登進士第。

羅博文生歲始周，晬盤一無所顧，獨前取性理書，展翫久之。

陳良翰請核兵籍以豐財用，省堂選以抑奔競，論湯思退姦邪誤國，張浚精忠老謀。及張罷而湯主和議，虜大入，幾不可支，太學諸生數百人請召用公及胡銓、王十朋等，而斬思退、王之望、尹穡、洪适，謂之「四姦」。思退等雖敗，然邊備遂不復張，天下至今恨之。

奉使朱弁，先生族祖也。靖康應募使虜，與後使者洪皓誓守節，凡十六年。紹興癸亥約和，公乃與皓及歷陽張邵同歸，爲檜所抑，卒於臨安府白龜池寓舍，厝智果院。後張定叟爲之遷葬積善峰下，而先生狀之，有《聘游集》。

公移

南康公移，諭民言寬恤之方，教民修孝弟之行，訪録先賢，興修洞學，注《孝經·庶人》章，使民持誦，揭律文別籍條，禁兄弟爭財，勸農織悉於稼穡之事，救災先切於流徙之

【九】「退令尹穡論罷公」至「檜使言者罷」原闕，據明本、文淵閣本補。

戒。納苗減市例，減斗斛。約束禁差夫，抑打酒及社倉之條畫具焉。

浙東客次榜，刺舉不敢徇情，不許投書獻啓。

除永嘉秦檜祠移文，略云究其設心，何止誤國。天不誅檜，誰其弱秦？尚使有祠，無乃未講。雖捐田以示濡沫，恐出市恩；然設像以厠英賢，何以爲訓？

州縣牒，州案已判，須經通判職官方得行遣，縣官逐日聚廳，公共簽押，然後施行。愚謂必得其人可也，否則事愈滯，而廳吏各求賂矣。

漳州榜，爭競些少，結成仇讎，細民如此，已足嗟傷。間有士人亦不免此，何忍一切以枉後惠文爲事，而不深求所以感發其善心者哉？請自惟所訴，或涉虚僞，或無大利害，仰早悔悟，降心相從。曉諭居喪持服，勸諭女道還俗，及勸諭事目，戒龍岩縣拒捕。

潭州諭，詞訴條目必經書鋪，必守限日；諸廂收領，不許隔宿。街市作鬧，監納先下拳錢。訴上户占據田業，不拘入務。南嶽寺觀山，不許斫伐。

晦庵先生續集

書

答黄直卿書，誤舉僞學人，許令首正。又書舉狀説不係僞學，鄭明州欲薦潘恭叔，恭叔對以必於章中刊去此語，然後敢受。鄭亦從之，楊敬仲大不以爲然。又書云前此學徒真僞難辨，今得煅鍊一番，夾雜者無所逃矣。陸子静謂游、夏不能盡棄其學以從夫子，惟琴張、曾晳、牧皮真有得於夫子。又書陳君舉門人曹器遠來，不免極言其學之非。《儀禮疏義》家鄉邦國四類已付明州人編入。不應舉之説，終所未曉。試固未必得，一試亦未害。又書云：今歲欲便不應舉，何其勇也。然親闈責望此事，恐未得自專。二孫鉅、鈞，久煩教誨，做得依本分舉業秀才，足矣。

答蔡季通講論，徒爲虚語，臨事只是舊習，某實懼焉。廟議，今廟不成廟，即且依程夫子説，自高祖而下亦未爲僭。極星，福州只廿四度，福州至此已差四度，自此至岳臺，只差八度。豈非天旋地轉？閩浙却是天地之中耶？諸友相聚，一日之間，須着一兩時辰作科舉外工夫。《龜山語録》諸疑皆中其病。然二先生語中亦間有如此處，必記者之失。致曲者，非致夫曲，乃因曲而加功；觀過者，非觀夫過，乃因過而觀理。如何見得上下察是隱處？當時便合引上天之載，無聲無臭，以明至隱之義。不應却引鳶飛魚躍至顯之事爲言，見得説不行，此無可疑也。八音，金石爲綱領，絲竹匏土包括於中，革木無當於聲律，但爲樂之節。王朴不知變律之法，自中吕再生黄鍾，則因不得不爲黄鍾之半以爲清聲矣。但今變半等律亦生於極，其本則十三弦者皆黄鍾耳。又前書云王朴以一爲正，以一爲變，未知變律之説，故以其半爲清。韓詩挈提陬維，上文角根爲辰卯，則此當爲寅位。孟陬，東北之維。白鹿若無人主張讀書，即有田亦無益耳。擔子輕重他人不覺，惟擔不起者自知之耳。法器都未見，都昌一二人好資質，念得蘇文熟了，壞了見識。又書云：法器固不敢望，着實讀書者亦少。

與蔡伯静，天經，孰若一大圓象，鑽穴爲星，而虚其常隱之規以爲甕口，乃設短軸於北極之外以綴而運之，又設短柱於南極之北以承甕口，遂自甕口設四柱小梯以入其中，而於梯末架空北入以爲地平，使可仰窺而不失渾體。《史記》曆書大餘之數，第二年即差，小餘之數第三年即差。

答劉晦伯，浙東學者修潔可喜者多，楊敬仲、孫季和皆已薦之，諸葛誠之兄弟亦時來相聚，但我見太重。小兒不知作文能入律否？又書云欲招一人教諸孫，須得兼通經義聲律，不得已，只能作義亦得。韓文因方李申尊信閣本及舊本，反將諸家校定者妄改，《考異》一書專爲此發。

答劉韜仲督，賦正是索千金於乞丐之夫，亦無下手脚處。不恤則得罪於民，不辨則得罪於上官。

答趙都運，今所謂理財，豈復有義，正是豪奪耳。

與田子真，謂是者還是，非者還非，方是自然之平。不别是非而但欲其平，此元祐之調停、元符之建中所以敗也。

答尤尚書袤，龜山靖康論事頗多，汪文編時，楊家子弟避禍，請删去。李侍郎不見，故長編不載。和靖論講和亦不可不載。《禹貢》論得之開豁甚多，歎服無已，恨未見畫圖。

答江隱君，辨精義入神云義者宜而已，精猶察之云【一〇】爾，神則於事物所宜，毫釐委曲，無所不悉，有不可容言之妙。

與鄭景實，云仙遊故相葉公之爲縣，月計所須，令民以漸輸送，故縣帑無餘積，而月解無餘欠，正當法此，稍寬縣道。愚往歲見令端明陳公昉知慶元，量月用以均之縣，晏然無事，其用此法耶？抑暗合耶？

答劉德修，《參同契》絶無善本，近校得一通，令人刊行。

與方耕道，謂幕客正要蚤晚從容，密罄忠益。又云官吏縱弛亦當以漸整頓，豈容一旦遽行商君之令乎？

答盧提幹，力行其所已知，而勉求其所未至，則循循有序，日有可見之效矣。

往坡帖與儲行之，云遇事有可尊主澤民者，便忘軀爲之，禍福得喪，付與造物。陶通明乃陶隱居別號，《獨樂園》詩作淵明字，誤也。吾黨例多困窮，只得存活得過，便是十分亨泰矣。

與方伯謨，偶記楊敬仲答人書云：恭惟某官讀聖人書，既飽而嬉，甚可笑。然亦多着題也。

與陳彦忠，《易》自伏羲始畫八卦，文王重爲六十四，作繫卦彖辭，周公作繫爻辭，孔子作《彖》、《象》、《文言》、《繫辭》、《説卦》、《序卦》、《雜卦》，而《彖》、《象》、《繫辭》分上

【一〇】「乃設短軸於北極之外」至「精猶察之云」原闕，據明本、文淵閣本補。

下，是爲《十翼》。舊説如此，承問及之。

答李伯諫書云：欽夫言仁及《太極解》，屢勸其收起印板。《語孟解》雖無鄉時過高之失，而寬縱草率，絶難點檢。《通鑑綱目》漢末接三國，託其修南北朝，屬張允善分修。與長子受之云：只「勤」、「謹」二字循之而上，有無限好事。又云大凡禮數務要恭謹詳緩。此係遣從呂東萊時。

跋

跋魏丞相使虜帖，壽皇屈己和戎，豈其獲已？然非丞相壽春公之深謀壯節，猶幾不足以成之，豈興事造功之果爲不易耶？

答問

答劉韜仲，問柳下惠自信其直道而行，不以三黜爲辱。批云得之。

答李孝述，問《大學》既知，復慮而後得。批定、静、安是未有事時，胸次洒然；慮是正與事接處。又問一物未格，便覺此一物之理與吾不相入；既格之後，便覺彼物之理便爲吾心素有之理。批云：「極是。」

玉山人浦城劉尉觀光出先世所得帖，淳祐庚戌附刊建安。

與劉德華允迪。蒙喻《義學記》，不欲但以勢榮禄利爲言，故不復叙植桂之名。餘篇皆南康詢荒政。

六經之文皆道，秦、漢以後之文鮮復關於道。甚者害道。韓文公始復古文，而猶未必盡純於道。我朝諸儒始明古道，而又未嘗盡發於文。至晦庵先生表章《四書》，開示後學，復作《易本義》，作《詩傳》面授，作《書傳》分授，作《禮經疏義》，且謂《春秋》本魯史舊文。於是明聖人正大本心以破後世穿鑿。凡例謂《周禮》，周公未必盡行。於是教學者非所宜先，於身事一句無預。提挈綱維，疏別緩急，無一不使復還古初。六經之道賴之而昭昭乎如揭中天之日月。其爲文也，孰大於是，宜不必復以文集爲矣。然其天才卓絕，學力宏肆，落筆成章，殆於天造。其剖析性理之精微，則日精月明；其窮詰邪説之隱遁，則神搜霆擊；其感慨忠義、發明《離騷》，則苦雨凄風之變態；其泛應人事，遊戲翰墨，則行雲流水之自然。究而言之，皆此道之流行，猶化工之妙造也。程夫子有言，觀萬物而後盡化工之妙。愚故一一伏讀之而抄記如右。

孔子，元氣也；孟子，泰山岩岩氣象也。故孟子於議論排闢之間，亦有隨時而異者，而晦庵先生似之。如荆公誤國、東坡忠讜，先生平日蓋所屢言。及汪玉山主張蘇學太過，先生則又寧以荆公爲賢。故讀先生之書者，其別有三，如《語類》則門人之所記也，如書翰則一時之所發也，如論著則平生之所審定也。語類之所記，或違其本旨，則有書翰之詳説在；書翰之所説，或異於平日，則有著述之定説在。然議論固至著述而定，若其欲復肉刑，恐亦不可不審。蓋天下之義理無窮，先生未嘗自足，學者所當參考而謹思。咸淳八年五月十一日，後學黃震再書於臨川郡齋。

卷三十七

讀本朝諸儒理學書五

晦庵語類一

語類序

李心傳初稡三十三家爲《語録》刻本，池州史公説得黄士毅《語類》，增多池本三十八家刻之蜀。蜀兵火，史之弟敏叔護其本寘鄂州，洪平齋首得之，其子勳倅徽乃刻之，紫陽書院竹坡吕午序云。

太極

太極是天地萬物之理，有理便有氣流行發育。及氣之聚理亦在焉，理未嘗離乎氣。《太極解》先動而後静，是就起處言之。

天地

天地未分時，想只有水火。水之極成地，火之極成風雹日星。天周匝無空缺，晝夜輥轉，地榷在中間，氣都從地中迸出，日入地下，東升西没。《通鑑》説有人適外國，夜熟一羊胛而天明。此地角尖處，所經遮蔽處不多，故常光明。

極星

天形如雞子旋轉，極如一物横亘其中，兩頭抨定，一頭在北，上爲北極，出地三十六度；一頭在南，下爲南極，入地三十六度。圓徑七十二度，極正居其中。北辰無星，取北極五星之旁一小星謂之極星。辰非星，是星間界分也。四面旋轉，此獨爲樞紐，以星神位言之，謂之「太一」。五峰説極星有三箇，若三箇不動則不可轉矣。

日月

天氣上動，只中間空爲日月往來。月常圓如毬，只一面受日光，初二、三日只照得那一邊，過幾日漸漸移得正，到十五日，月與日正相望，到得月中天時，日光在地下，迸從四邊出，與月相照。今月中有影，是地形未可知。望以後相去漸遠，其受光面不正，至晦則復合，故暗。至朔又遇。月常在日下，日爲月掩則食，然聖人不言月食日，而以有食爲文者缺所不見。曆家則謂日以望時遥奪月光，故月蝕，又謂之暗虚。蓋火日外影，其中實暗。望時恰當其暗處，故月蝕。

黄赤道

天如圓匣，赤道是匣縫處，在天之中。黄道一半在赤道之内，一半在赤道之外，東西兩處與赤道相交。度是將天横分爲許多度數。會時，是日月在黄赤道十字路相交處撞着。望時，是日月正相向，如一在子一在午，而皆同一度，卻南北相向。上弦、下弦時，日月相看皆四分天之一。

地

天地四游，升降不過三萬里。土圭之影，尺五寸，折萬五千里，以其在地之中，故南北、東西相去各三萬里，此主黄道相去遠近而言，天之高則未可知也。土圭以玉爲之，量表影底。天地中，與古不同。周公定豫州爲天地之中，漢時陽城是中，本朝嶽臺是中。想天運有差，地隨天轉而差。天運之差，如古今昏旦中星不同是也。

霜露雪

霜是露結，雪是雨結。高山無霜露者，上面風漸清，氣漸緊，吹散不結。雪是雨遇寒而凝，故高寒處先結。雪花必六出者，霰被風拍開。六者，陰數，太陰玄精石亦六稜。雪爲豐年之兆者，凝結得陽氣在地，來年發達，生長萬物。

風雷

風隨陽氣生，近東之地多風。風與天相似，不住旋轉。雷如爆仗鬱積極而迸發。雷只是氣，有氣便有形。如蝃蝀，只是薄雨日照成影，尚有形，能吸水吸酒。

山

山西北最高，自關中一支生下函谷至嵩少，東盡泰山，此是一支。又自嶓冢生下一支，至揚州而盡。江南則自岷山分一支爲湖南，又一支爲建康，又一支爲兩浙，而餘氣爲福建、二廣。

水

地之下與地之四邊皆海水周流，至海無底處，地形方盡。月加子午，則潮長，謂月在地子午之方，初一卯、十五酉。

鬼神

鬼神者，造化之迹。風雨霜露，四時代謝，物之生成，非鬼神而何？但人所常見不以爲怪。忽聞鬼嘯、鬼火之屬，則便以爲怪。不知此亦造化之迹，但非正理耳。那箇無形影未消理會，且就日用處做工夫。

性理

孔子曰「性相近也」，兼氣質而言。孟子指性之本而言，却似論性不論氣，有些不備。得程氏説氣質來接，便有首尾，若荀、楊則是論氣而不論性，故不明。退之説性，只將仁義禮智來説，便是識見高處。

性情心意等名義

在天爲命，稟於人爲性。既發爲情，主於身者爲心。志是心之所之，意又是志之往來經營底，力是會恁地去做底。口鼻之呼吸是氣，魄是氣之神；耳目之聰明是精，魄是精之神。心是管攝主宰者，此心之所以爲大也。《論語》不曾説心，只説事實。《孟子》説心，後來遂有求心之病。

仁義禮智等名義

道訓路，説人所共由之路。理各有條理，如竹木之文理。百行萬善總於五常，又總於仁。當來得於天者，只是箇仁。以生字説仁，生自是上一節事。以覺訓仁，覺自是智之用。無私是仁之前事，與天地萬物爲一體是仁之後事。做一方便事也，是仁。不殺一蟲也，是仁。三月不違也，是仁。要識仁之意思，是一箇渾然温和之氣，則天地陽春之氣，其理則天地生物之心。仁者，仁之本體；禮者，仁之節文；義者，仁之斷制；智者，仁之分別。仁爲四端之首，而智則能成終。仁智交際之間，乃萬化之機軸。欲真見得仁，須從「克己復禮」做工夫【一】。聖人都不説破，在學者以身體之而已。恕則仁之施【二】，愛則仁之用。

小學

小學是教之以事，如事君、事父、事兄、處友等，《大學》是發明此事理。

總論爲學

聖人教人只説孝弟忠信、日用常行，如心性等字，到子思、孟子方説得詳。學者須是

【一】須從克己復禮做工夫　「己」原作「仁」，據文淵閣本改。

【二】恕則仁之施　「恕」原作「怒」，據文淵閣本改。

立志，如《論語》説學而時習之，且自看是曾去學不曾去學，曾去習不曾去習。學是學箇甚麽，習是習箇甚麽。曾有説意思是無説意思。人多言爲事所奪，此不能使舡嫌溪曲者也。遇富貴就富貴上做工夫，遇貧賤就貧賤上做工夫。今人不肯做工夫，如退産相似，甘伏批退。人須是剛方做得事，斷以不疑鬼神避之。

按：此類説田單滅竈，乃孫臏事，誤也，合改。

論知行

聖賢説知便説行，知行常相須，如目無足不行，足無目不見。論先後，知爲先。論輕重，行爲重。知有此病必去此病，覺言語多便簡默，意思疏闊便加細密，輕浮淺易便須深沉重厚。如孟子之求放心，已説緩了，心不待求，警省便見。孔子曰：「我欲仁，斯仁至矣」、「爲仁由己，而由人乎哉」，其快如此。

按：此類有辨田子方不明樂者一段，竊意先生天姿高，無所不知，故云耳。田子方自是告君之正論。

讀書法

何必讀書然後爲學？子曰：「是故惡夫佞者。」古人亦復讀書，始得書也只是熟讀，雖孔子教人只是學而時習之。聖賢説話各有指歸，如揚子於仁也柔，於義也剛，到《易》中又將剛來配仁，柔來配義。如《論語》「學不厭，智也；教不倦，仁也」，到《中庸》

又謂「成己仁也，成物智也」，此等各隨本文，意自不相礙。

持守

此心本自光明廣大，只提省便了，不要苦着力。今説求放心，説來説去，却似釋、老説入定一般。莊子亦云：「用志不分【三】，乃凝於神。」他都無義理，只是箇空寂。

按：此類别有降伏字，亦涉異端，當以此説爲正。又此段説察字最輕，習字最重，恐孟子説「習矣不察」本意又不如此，蓋各一義也。

力行

先就氣禀偏處克治。

大學

主於一身者謂之心，有得於天而光明正大者謂之明德。明德未嘗息，時時發見於日用之間，當因其所發而推廣之。一念竦然，自覺其非，便是明之之端。物莫不有理，人莫不有知。不説窮理，却言格物。理無捉摸，言物則理自在。如讀書而求其義，處事而求其當，接物存心察其是非邪正，皆是也。

理有正有權，如娶妻必告父母，不告自是不是。如君匡救其惡，是正理。伊川説納約自牖，又是一等。如孔子説危行言孫，春秋時如此。今見聖人有此語便守定不移。

人所以能視聽言動，非天而何？

【三】用志不分　「志」明本、文淵閣本作「力」。

陸子靜從初亦學佛。佛説萬理俱空，吾儒説萬理俱實。今學佛者云識心見性，不知識是何心，見是何性。

謝氏常惺惺之説，佛氏亦有此語。

論語

孔子教人，只言居處恭，執事敬，與人忠，含蓄意思在使人自求之。孟子便指出了性善，早不似聖人了。近日學者好高，讀《論語》未問「學而時習」便説「一貫」。

孟子

道理須是剛硬，方能有成。孔子晚年得曾子，曾子得子思，子思得孟子。其工夫只在自反常直，仰不愧天，俯不怍人。

中庸

《中庸》説下學處少，説上達處多，初學者未當理會。

易

《易》本卜筮之書，聖人因之以明教。想當初，伏羲畫卦之時，只是陽爲吉、陰爲凶，如今珓珓相似，使之趨利避害，以成天下之務，未有文字可傳。至文王、周公方作彖爻之辭，使人得此爻者觀此辭之吉凶。至孔子，又恐人不知其所以然，又逐爻解之，謂此爻所以吉者，以中正也；所以凶者不當位也。明明言之，使人易曉，至如《文言》之類，是就發明道理，非作《易》專爲説道理以教人也。今學者諱言《易》爲卜筮作，須要説爲義理作，殊不知其吉凶悔吝皆有理，而其教人之意無不在也。

聖人不曾教學者看《易》，如先王順《詩》、《書》、《禮》、《樂》以造士，不及於《易》。

孔子教人只説《詩》、《書》執禮，不教人去讀《易》，但有一處説「五十以學《易》可以無大過」，是孔子自説。

卜五即龜也，雨即水，霽即火，蒙即土，驛即木，克即金。占用二即蓍也，曰貞、曰悔即內外卦。卜法，今無傳人。有五兆卦，將五莖茅自竹筒竅出，直向上爲木，橫爲土，向下爲水，斜向外爲火，斜向內爲金。如文帝大橫庚庚，是得土之象，庚庚是庚然豹起。

《左傳》載卜筮，有能知數世後事，只子孫欲僭竊，爲此欺上罔下爾。

京房卦氣用六日七分，太玄紀日而不紀月，天地間只有陰陽二者。太玄有天元、地元、人元，以三數乘之，筭不着。潛虛，只是吉凶臧否平，王相休囚死。

尚書

《書》有兩體，伏生《書》多艱澀難曉，今文。孔安國壁中《書》却平易易曉。古文、東晉方出。先將文義分曉者讀之，堯之所以爲君，舜之所以爲臣，皋陶、稷、契、伊傅輩所言所行，紬繹玩味，體貼向自家身上來，其味自別。

毛詩

《國風》是民庶所作，《雅》是朝廷之詩，《頌》是宗廟之詩。《王風》是他風如此，不必説是《雅》之降爲《風》，《二南》亦是採民言而被樂章爾。

六義，風雅頌乃樂章之腔調，至比興賦又別。如直指其名、直叙其事者，賦也；本要言其事而虛用兩句釣起，因而接續去者，興也；以物爲況者，比也。

《詩》只熟讀涵泳，自然和氣從胸中流出，其妙處不可得而言。今人不以《詩》説《詩》，却以《序》解《詩》。大率古人作詩與今人作詩一般，亦自有感物道情，吟詠情性，幾時盡是譏刺他人？只緣序者立例，篇篇要作美刺，將詩人意思盡穿鑿壞了。鄭、衛詩正是淫昬相戲之辭，豈有刺人之惡而反自陷於流蕩？《子衿》詞意輕儇，亦豈刺學校之辭？《有女同車》等作，皆以刺忽，考之於忽，所謂淫昬暴惡皆無其實。至目爲《狡童》，豈詩人愛君之義？唐自是晉未改號晉時國名，便牽合謂此晉也，而謂之唐，乃有堯之遺風。《行葦》之序，但見「牛羊勿踐履」便謂仁及草木，但見「戚戚兄弟」便謂親睦九族，見「黄耇台背」便謂養老，見「以祈黄耇」便謂乞言，見「介爾景福」便謂成其福禄。《甫田》諸詩，無詆譏之意，皆以爲傷今思古。《昊天有成命》幾曾是郊祀天地。被序者如此説，後來遂生出一場事端，有南北郊之事。《序》出於漢儒，古本自別作一處。向見鄭漁仲有《詩辨妄》，力詆《詩序》。某作《詩傳》，去小序，自作一處，盡滌舊説，《詩》意方活。

孝經

《孝經》只有前一段，後云廣至德要道，都是湊合演説。汪端明嘗疑此書是後人僞爲，如《禮記》有好處，可附於《孝經》。

春秋

《春秋》大旨，誅亂臣、討賊子，内中國、外夷狄，貴王賤伯而已。聖人光明正大，不應以一二字加褒貶於人，當初只直寫那事，是非使人自見。如何却説聖人予其爵、削其爵、賞其功、罰其罪？是甚説話！荆楚初稱國，後進稱人稱爵，乃是初間不敢驟交，故從卑稱，後漸大。吴、楚盟會不書王，恐是自稱王於國，與諸侯盟會則未必稱。「衛侯燬滅邢」，説者以爲滅同姓之故。今經文只隔「夏四月癸酉」一句，便書「衛侯燬卒」，恐傳寫之誤亦未可知。今只眼前朝報，尚未知朝廷意如何，況百千載下而欲逆推百千載上聖人之心。知命格則知《春秋》之例矣。

《春秋》十二公，時各不同，如隱、桓時，王室新東遷，號令不行，天下都星散無主。莊、僖時，伯政自諸侯出，天下始有統一。宣公時，楚莊盛强，夷狄主盟。成公時，晉悼公出，楚始退去，繼而吴、楚又入爭伯。定、哀時，政自大夫出，終春秋之世，更没奈何。春秋之末，與初年大不同，然無甚大殺戮，及戰國爭雄，便多胡殺。

《三傳》惟《左氏》近之，是秦時文字，分明曾見國史，考事頗精。只是不知大義，好以成敗論人，文章浮艷，更無事實。駒支之辨，既曰言語衣服不與華同，又能賦《青蠅》，何也？申生伐皐落氏，諸公議論如此，獻公更舉事不得。季札觀樂，是《左氏》粧點出，齊一再傳而爲田氏，烏在其爲未可量也。《公羊》、《穀梁》考事甚疏，然義理却精。

吕居仁《春秋》甚明白，劉原父《春秋》亦好，沙隨只有説滕子來朝一處最好。滕子以侯禮見，則所供者多，故自貶以子禮。胡文定《大義》正有牽强處，知得聖人意是如此否？然議論有開合精神，説元年不要年號，若無號，契券能無欺弊乎？薛常州解如何説諸侯無史？《内則》尚有閭史。東萊有《左氏説》亦好，是人記録。胡安定、孫泰山、石徂徠説雖有疏略，推明治道直凛凛可畏。聖人是要率天下諸侯尊齊、晉。自秦檜和戎，諱言内外，而《春秋》大義晦矣。楚在春秋時非桓、文遏之，則周室爲其所并。

《春秋》劈頭一箇「王正月」，便説不去，六經無建子月，惟《禮記·雜記》有「正月日至可以有事於上帝」最是。《孟子》「七八月之間旱」，乃今五六月。「十一月徒杠成，十二月輿梁成」，乃今之九十月。見《國語》夏令。若以爲改月，則與《孟子》、《春秋》合，而與《詩》、《書》不相合。《詩》一之日，《書》元祀十有二月。若以爲不改月，則與《詩》、《書》相合，而與《孟子》、《春秋》不相合。如秦元年以十月爲首，末又有正月，又似不改月。此段用《詩》、《語類》併抄。

禮

古禮難行，且是要理會大本大原，禮，時爲大，亦且得隨時裁損爾。孔子從先進，恐已有此意。

河間始得《禮》五十八篇，至唐尚在。唐有開元、顯慶二《禮》，顯慶已亡。本朝修開寶《禮》，多本開元而加詳備。政和修《五禮》，又不如開元。《儀禮》舊與六經並行，王介甫始罷去。祖宗有開寶通禮科，禮官用此等人爲之，介甫一切罷去。

古人無受拜禮，雖兄亦答拜。君亦然，但諸侯見君則兩拜還一拜。朝禮每日拜跪乃秦法。

妾母只得稱母，五峰稱妾母爲少母，南軒亦然。

姪字本非兄弟之子所當稱，當稱從子爲是。自曾祖而下三代稱從子，高祖四世而上稱族子。

周禮

先生曰：「不敢教人學，而今且把來説看。還有一句干涉吾人身上事否。」胡氏父子以爲王莽令劉歆撰此，恐不然。恐是周公立下此法，不曾行得盡。

陳君舉進制度説，道井田是《周禮》、《王制》、《孟子》三處皆通。他説千里不平，直量四邊，人突出圓算【四】，則是有千二百五十里。方五百里，是周圍五百里，徑只百二十五里。然《職方氏》本文方千里之地，以封公則四，侯則六，伯則七，子則二十五，男則百，已有定數。此説如何可通？

【四】人突出 「人」文淵閣本作「有」。

鄉遂用貢法，縱横爲溝洫川澮，寓設險之意。限車馬之衝，則以五爲數，家出一人爲兵，以衛王畿，役次必簡，如《周禮》，挽匱則用之。都鄙出助法【五】，八家同溝共井，以四爲數，四井爲邑，四邑爲丘，四丘爲甸，五百一十二家，共只出七十五人，可謂甚少。然有征行，則發。鄉遂是長連排去。井田是方底。如曰「周制皆井」者，此欺人之説。六軍只是六鄉之衆，侯國三軍亦是三郊之衆。蔡季通説車一乘不止士卒七十五人，更有二十五人將重車在後。

黨正，一命齒于鄉里，再命齒于父族，三命不齒。古人貴貴長長並行而不相悖，自別設一位，如今之掛位然。

載師云：宅不毛者有里布，爲其爲亭臺也。田不耕者出屋粟，爲其爲池沼也。凡民無職事者出夫家之征，所養浮泛之人也。此以待士大夫之有土者。閭師又云：凡民無職者出夫布。此方是待庶民，前重後輕。

古者教法，樂尤親切，蓋樂有節奏，學他底急也不得，慢也不得，久之，都換了他一副當情性【六】。祀樂無商音，謂之殺聲，鬼神畏。

小戴禮

若欲觀《禮》，須將《禮記》節出，《曲禮》首三句是從源頭説來。人身大節目只是箇容貌言語，又以毋不敬爲本，如《樂記》謂天高地下，萬物散殊，而禮制行矣。流而不息、

【五】都鄙出助法　「出」文淵閣本作「用」。

【六】都換了他一副當情性　「當」文淵閣本作「常」。

合同而化，而樂興焉，必是古本流傳得此箇文字。

大戴禮

《大戴禮》冗雜，其好處《小戴》採做《禮記》了。武王盥槃銘似船銘，想因水起意。《保傅篇》冠昏喪采賈誼策爲之，亦有孝昭冠辭。

冠昏喪

隨家豐儉，簡則易從。冠禮，三加之辭，易以今俗語易曉乃佳。昏禮事屬兩家，恐難行，亦須第二日見姑舅，第三日廟見，乃安。喪禮墨衰，能不出則不服之，亦好。有出入治事，只得服。墓壙切不可太大，墎内實以和沙石灰，墎外四圍上下，實以炭末，厚七八寸。

雜儀

今之朝服乃戎服。隋煬帝數遊幸，令百官以戎服從。皂鞋乃上馬鞋，唐人謂之便服，然嘗見唐人畫十八學士，裹幞頭，公服極窄，畫裴晉公諸人則稍闊，及畫晚唐王鐸輩則又闊。唐人有官者，公服幞頭不離身，以爲常服。朝服猶着禮服。唐人幞頭初止以紗爲之，後以其軟，作木山子襯起，名軍容頭。其説以爲起於魚朝恩。其先四角有脚，兩脚繫向前，兩脚繫向後，後來遂横兩脚以鐵線張之，然惟人主得裹，世所畫明皇者，比今甚短。後來藩鎮僭用，想士大夫因此亦用。本朝以藤織者易木山子，近方易以紗。

宣和末，京師士人行道間猶着衫帽，渡江戎馬中變爲白涼衫，至後來軍興又變爲紫。

古時隔品則拜，今著令從事郎以下庭參不拜，則以上者不庭參可知，豈有京朝官復降階之禮？今朝士見宰相只是客禮，見監司、郡守如何却降階？

漢初，右丞相居左丞相之上，史中有言「無出其右」，是右爲尊也。後又却以左爲尊。老子曰：「有上將軍處右，而偏將軍處左。喪事尚右，兵，凶器也，故以喪禮處之。」如此，則吉事尚左矣。漢初豈習於戰國與暴秦之所爲乎？

伯玉之使，孔子與之坐。陶淵明籃輿用其子與門人。子路之負米，子貢之埋馬，夫子之釣弋，有若之三踊於魯大夫之庭，而同三百人中當國士也。冉有用矛却齊以入其軍，而樊須雖少能用命也。古人執干戈衛社稷，躬耕稼與陶漁之事，皆是也。後世驕侈日甚，反以臣子之職爲耻。

太祖問范杲古者女子拜，他舉《古樂府》長跪問故夫，以爲伏拜，然只説長跪，不曾説伏拜。古人坐也是跪，拜亦容易。婦人首飾盛多，自難俯伏地上。周天元令命婦爲男子拜，史官書之，表其異。古者婦人拜不至地，可知也。

祭

釋奠有伯魚而無子思。舊看古禮注，春用二月上丁，秋用八月下丁。先生新書院成，釋菜，宣聖居中，顔氏、曾氏、孔氏、孟氏西向配北上。並紙牌子。

無後，祔食之位，古人祭於東西廂。某家只位於堂之兩邊，正位三獻畢，然後使人分獻一酌，如學中從祀然。

上谷郡君謂伊川曰：「今日爲我祀父母，明日不復祠矣。」是亦祀其外家。

降神亦似僭禮，大夫無灌獻。

樂

劉歆爲王莽造樂，樂成而莽死。荀勗造於晉，即有五胡之亂。和峴造於周世宗，時世宗亦死。太祖神聖，令降一分，其聲遂和。

黄鍾九寸，最濁，清聲則四寸半。黄鍾君象，非諸宫之所能役，故虚其正而不用，所用祇其再生之半者，就再生之變又缺其半。宫聲，筵席不敢用，用則賓主失歡。樂忌臣民陵君，故商聲不得過宫聲。啞鍾不擊，以避宫聲。

雅樂中絶，隋文帝時鄭譯得之於蘇祇婆，乃自西域傳來。

古聲只是和，後來多以悲恨爲佳。温公與范蜀公，胡安定與阮逸、李照爭辨，其實都自理會不得，不曾去看《通典》。《通典》説得極分明，古樂在唐猶有存者，故他取而載之書。唐末，黄巢亂後遂失其傳。

蔡京主張喻世清作樂，作中聲、正聲，如正聲九寸，中聲只八寸七分。只是杜撰，至今用之。

孔子只説忠信篤敬，孟子又趲進一着，如惻隱、求放心之類，至周子説太極，大段分明指出矣，若看得太極分明，則盡見天下道理皆自此出。

若能得聖人之心，則言語各别，不害其爲同。如曾子説話比孔子自不同，子思比曾子亦不同，孟子比子思又不同。然自孔子以後，得孔子之心者，惟曾子、子思、孟子而已。如揚子雲《法言》倣《論語》，王仲淹《中説》亦倣《論語》，言愈似而去道愈遠。直至程子方略明得四五十年，爲得聖人之心，一傳之門人則已皆失其真矣！

聞伯夷、柳下惠之風者，頑廉薄敦皆有興起，此孟子之善想像者也，孔子元氣也，顔子和風慶雲也，孟子泰山岩岩之氣象也，此程夫子之善想像者也。今之想像大程夫子者，當識其明快中和處；小程夫子者，當識其初年嚴毅，晚年又濟以寬平處。豈徒想像而已？必還以驗之吾身者如何，將併與其風範氣象皆得之矣？

周子書太極圖

「無極而太極」，無中自有此理，而字輕，無次序故也。動而生陽，元未有物，静而生陰，然後萬物各正性命，則有漸次。分陰分陽，兩儀立焉。方渾淪未判，陰陽之氣混合幽暗。及其既分，中間放得寬闊光朗，而兩儀始立。邵康節以十二萬九千六百年爲一元，則是十二萬九千六百年之前又是一箇大闢闔。小者，大之影，只晝夜便可見。五峰謂一氣太息，震蕩無垠，海宇變動，山勃川湮，人物消盡，舊迹大滅，是謂洪荒之世【七】。常見有

【七】是謂洪荒之世　「謂」原作「渭」，據文淵閣本改。

高山有螺蚌殼或生石中，此石即舊時之土，螺蚌即水中之物，下者變而爲高，柔者變而爲剛。此事思之至深，有可驗者。陽變陰合，初生水火，次生木金。水火自生，木金則資於土。聖人立人極，不説仁義禮智，即説仁義中正者，中正尤親切，中是理之得宜處，正是智之正當處。

通書

太極圖得《通書》而始明。

拙賦

天下拙，刑政撤。其言似莊、老。

程書

係依《近思録》次第。

張子之書

横渠謂「天體物而不遺，猶仁體事而無不在」。此數句是從赤心片片説出來，如説「心統性情」，説得的當。如伊川謂「鬼神者，造化之迹」，却不如横渠所謂「二氣之良能」，良能之義是二氣之自然者耳。云「天左旋，處其中者順之，少遲則反右矣」，此説好。「清虚一大」却是偏，獨於《西銘》見得好。大底即事親以明事天。謂「井田期以十數年，不刑一人而可復」，且恁講，若平世誠爲難行。

邵子之書

康節嘗於百原深山中闢書齋獨處，王勝之常乘月訪之，必見其燈下正襟危坐。養得至靜之極，能包括宇宙終始古今。故明道謂其觀天地之運化，然後頽乎其順，浩乎其歸。若曰渠能知未來事，則去道遠矣，其知康節者末矣。康節之學，其骨髓在《皇極經世》，其花草是詩。看他詩，只説樂有自私自利意思，所以明道有「要之不可治天下」之説。

《皇極經世》，一元統一十二會，十二會統三十運，三十運統十二世，一世統三十年，一年統十二月，一月統三十日，是十二與三十迭爲用，是他見得一箇盛衰消長之理。謂如今日戌時，從此推上去至未有天地之始，從此推下去至人物消盡之時。

程子門人

吕與叔深潛縝密，資質好，又能涵養，文字極是實。上蔡高邁卓絶，有過當處，自禪門來。龜山朴實簡易，文字却弱，先看《莊》、《老》熟了，游定夫學無人傳，晚年嗜佛。張思叔敏似和靖，持守不及和靖。和靖不觀他書，只是持守得好。郭仲晦，西北人，重厚淳固，但見識不及侯師聖，麄疏。

羅氏門人

李愿中謂常存此心，勿爲事物所勝。終日危坐而神彩精明，却不曾著書。

胡氏門人

張敬夫見識極高，却不耐事。説性善者，歎美之辭。

楊氏門人

羅仲素，嚴毅清苦。蕭顗，字子莊，浦城人，朴實。廖剛，字用中，南劍人，助和議，幸不爲檜鷹犬。胡珵，字德輝，爲李伯紀宣撫幕客，能詩文墨隸。胡文定爲荆門教授，龜山爲代。文定爲湖北提舉，上蔡爲本路一邑，文定從龜山求書，見上蔡。文定之學得於上蔡者爲多。其子五峰胡仁仲又從侯師聖，作《知言》，謂天理人欲同體異用，如此知是性可爲善，可爲惡。作《皇王大紀》，説北極如帝星紫微等皆不動，説宫聲屬仁，不知却屬信。致堂説求仁多好處。

自論爲學工夫

初師屏山籍溪，屏山見了老，歸讀儒書，以爲與佛合，作《聖傳論》。籍溪學於文定，又好佛、老。某年十五、六時，亦嘗留心於此，二十四、五始見李先生，極言其不是，只教看聖賢言語。日復一日，覺得聖賢言語漸漸有味，回頭看釋氏之説，漸漸破綻。某當初講學也，豈意到這裏？某於《大學》用工甚多，《論語》、《孟子》、《中庸》却不費力，得力則未若《論》、《孟》之多，《易》與《詩》中所得，似雞肋焉。

論自注書

修身大略，小學備矣。義理精微，《近思録》詳之。某許多説話，是《太極》中説已盡。

外任

爲同安簿，賦税出入之簿，逐日點對簽押，每點追必先期偏貼，云：本廳於幾日點追甚鄉分税，限日近時，納者紛然。爲南康，舊有千人禁軍，額到之日纔有二百人。歲有租米四萬六千石，以三萬九千石上供，餘止七千石，僅能贍三月之糧。如斛面加量之屬又盡，則預於民間借支。壽皇行下招填，終無錢糧，只得挨過上供外七千石。轉運使每歲行下樁留，某報去云累政即無顆粒見在，不若與之豁除，若守此虚名而無實，徒爲吏輩賄賂之地，不聽。某不管公庫送遺，立爲定例，人將書來須留喫湯，當面拆書，無他，方令其去。有躍馬者踏了小兒，以屬知録，云已拷治。回至軍院則某人冠屨儼然，遂將吏并犯者訊。次日吏杖脊，勒罷。爲浙東倉，有繼母接脚夫破蕩其家業，其子來訴，其情甚切，遂委楊敬仲。敬仲深以子告母不便。某告之曰：「父死，妻輒棄背，與人私通而敗其家，不與根治，其父得不銜冤乎？」浙東旱，有徐木者獻策，逐鄉推排有米者，不曾行。若行之，一縣甚易。賑濟無奇策，不如講水利。爲漳州，禁民禮佛朝嶽。教軍以戢盜，分三番，每月輪番入教挽弓，及等有賞；不及等留射，及等而止；終不及則罷之，兩月間翕然都會射。每聽詞狀，集屬官列廳上，均分判去。若易事便集衆較量斷去。擬判爲畫一樣子。休日刷起，一旬事都要了。支官俸示期日，防邀索之弊。

漳州舊與信、處二州抱上供錢易衣絹，何不令兩州以上供錢輸絹左藏，只令漳州以錢散軍。本州鬻鹽最爲横賦，至即先罷瀕海十一鋪，至鹽錢充塞，見得與郡計無預，前後官功作支破，欲盡罷，而行迫無及矣。知潭州，州中僚屬易知，只縣官無由得知。每月版帳錢，令縣官輪押來試以公事能否，皆不得而隱。

丙任

孝廟朝，言置將之權旁落閹寺，寧廟朝，爭不當祧僖祖。及實録院無統紀，欲以事目分之，葉正則不從。及言山陵事。

雜記言行

親戚託人求舉，曰薦人於人亦須薦賢始得，於墳墓所託之鄉人必加禮。

論治道

今法極繁，若欲盡除，徒有煩擾。要之，因祖宗之法而精擇其人，亦足以治。如薦舉、科場、銓試、廂禁、屯戍軍亦只是就其法整理，至於大家其假借之。

取士

《吕氏家塾記》云：未立三舍前，太學只是一大書會，今士人所聚多處風俗便不好。太學真箇無益於國家，只均太學解額於諸路便無事。今日上之人分明以盜賊遇士，士亦分明以盜賊自處，動不動便鼓噪作鬧，以相迫脅，非盜賊而何？只是嚴挾書傳義之禁，不許繼燭，自汰了一半。只上之人主張分别善惡，擢用正人，使士子少知趨向，人心自變，亦有可觀。須是罷了堂除，及注授教官，請本州鄉先生爲之，非四十以上不得任教官。學法始於熙寧之李定，成於崇、觀之蔡京。

論兵

宜散京師之兵，却練諸郡之兵。依太祖法，更戍衛邊。今日患在主兵之員多，但當責之郡守練習。

論刑

酒税僞會飢荒竊盜之類，以情原輕重。

民

浙中全是白撰，戒飭州縣不過虚文。

財

今財賦分三項。凡諸路之入總領者，户部不得預。凡好名色易取者，皆歸内藏庫、封樁庫，故户部所得皆是枷棒箠楚得來，愈見匱乏。某人曾記得，在朝文臣每月共支幾萬貫，武臣每月共支幾萬貫，武臣及内侍五六十萬貫，宗室俸給一年多一年，在法止爲孤遺。

論官

宰相擇長官，長官擇其寮，監司每路只置一人，太守自治州事，而刺史得舉刺一路，樞密可罷。

訓門人上

上古無閒民，學者須是有業次。閑散是虛樂，不是實樂。佛氏要空此心，道家要守此氣。聖門無此法，只是常要提撕，令胸次湛然分明。魂與魄交而成寐，心在其間，依舊能思慮，所以成夢，只日間做事亦形於夢。

訓門人二

同周舜弼遊屏山，曰：「園雖佳，而人之志則荒矣。」處鄉黨宗族，見其有礙理處，只得無忿嫉之心。

訓門人三

古人詠歌舞蹈，動盪血脉，流通精神。今既無之，專靠義理，須是豁開胸次，令磊落明快。

日間看有甚事便做工夫，著些精彩便聳拔。

淳問與點一段，曰：「某平生便是不愛人説此話。《論語》一部自『學而時習之』至『堯曰』都是做工夫處。」

訓門人四

近世儒者，不將聖賢言語爲切己可行之事，必於上面求新奇可喜之論。比見浙間朋友，或自謂能通《左傳》，或自謂能通《史記》，將孔子置在一壁。仁義禮智，這是源頭，如拽轉亦快。

訓門人五

深長意味，涵泳自見，熟後更讀，方滋味出。

做得一事便是一事工夫，時文中亦自有工夫。

自有天地便只是這物事在這裏流轉。聖人定之以中正仁義，便是主張這箇物事，而今自家喫他着他受用他，起居食息都在這裏，離他不得。人生與天地一般，無些欠缺處。

書只貴讀，自然心與氣合，舒暢發越，曉不得底自然曉得，曉得者越有滋味。荀子云誦數，即今人讀書記遍數也。讀書須立下硬寨，誓以必曉徹爲期。

訓門人六

人役役於不可必之名利，故本原固有者日加昏蔽。士不幸遇亂世不必仕。

見理分曉，自無雜慮，順理而行，雖動亦靜，動靜如船之在水。

訓門人七

有事時，敬便在事上。若自朝至暮，客來不已，不成不接他。人在世上無無事時節，有事無事自家敬元未嘗斷。

訓門人八

陸子靜正是不要許多。王道夫乞朝廷以一監書賜象山，此正恐其所忌。伯恭却以《語》、《孟》爲虚，教人看史。君舉要理會經世之學。某不是要人步步相循，只要教人分別是非，教明白。

晁以道在經筵，不要講《孟子》，由此遭論去國。孔子直曾去以道家做先生，因此與《孟子》不足，論四端，説得未是。諸葛誠之常言説性善緩，不如説惡底較好。李泰伯也要罵孟子。不知只管要與孟子做頭抵做甚，你且揀箇小底來罵也得。

訓門人九

浙間一般學問又是得江西之緒餘，只教人合眼端坐，要見一箇物事如日頭，便謂之悟。才説一悟字便不可窮詰，不可研究，不可與論是非。一味説入虚談最爲惑人。夫子所以不大故説心【八】，只説實事便自無病。

爲學當如救火追亡，猶恐不及，如何説出去一日便不做得工夫？正是出路上好做工夫，便不記得細注字也。須時時捉起經正文在心，須是得這道理入心不忘，而今這種子只在地面上，不曾入那地裏去，不曾與那土氣相接着。

【八】夫子所以不大故説心　「故」文淵閣本作「敢」。

校勘記

卷三十八

讀本朝諸儒理學書六

晦庵先生語類二

東萊

伯恭少時多使性氣，後讀「躬自厚而薄責於人」，遂不復如此。

伯恭於經不甚理會，《繫辭精義》編得雜，《詩記》只説得箇可以怨，乃主張小序之過。嘗戲伯恭爲毛、鄭之佞臣。《少儀外傳》多瑣碎，《文鑑》編得泛。《館職策》不直截，《大事記》多主張《史記》。

陳君舉

君舉有《周禮類》數篇，又説漢、唐好處與三代暗合。陳同父才高氣粗。葉正則只杜撰，進卷可見，戴肖望《湖南語説》卻平正。

陸象山

象山言「本立而道生」，多卻「而」字。言顔子克己於意念起處克去。言顔子悟道後於仲弓。言《易辭》決非夫子作，言孟子無奈告子何。言人不惟不知孟子高處，也不知告子高處。言告子論性强孟子。言荀子性惡之論甚好，使人警發，有縝密之功。言自得於己，不爲文義牽制是集義，若以此義從而行之，乃求之於外，是義襲而取。如「孝弟爲仁之本」一章，都不看。他只説一箇心，上面便着不得一箇字，是實見得箇道理恁地，所以不怕天，不怕地，一向叫喊。教人合下便是，教莫要讀書，以爲此意見，以爲此閒議論。只是不知有氣稟之雜，把許多麄惡底氣都做心之妙理，合當恁地自然做將去。

老氏

老子只退步柔伏，占得十分穩方做。莊子事事識得，又却蹴踏了以爲不足爲。老子猶要做事在，到莊子都不要做了。列子平淡疏曠，莊子全寫列子，又變得峻奇。列子語，佛氏多用之。老子占姦，故爲其學者多流於術數，如申、韓之徒是也。其後兵家亦祖其説，如《陰符經》之類是也。及後米賊張陵、海島寇謙之之徒遂爲盜賊。今世道術用印乃「陽平治都功印」，張魯起兵之所用。

谷神不死，是爲玄牝。谷之虚也，聲達焉則響應之，乃神化之自然也。玄，妙也。牝是有所受而能生物者也。至妙之理有生生之意焉。

楊朱即老子弟子，後世佛學亦出於楊。

神象

佛所謂法身者，本性也；　報身者，德業也；　肉身者，真身而實有之人也。今分爲三像而駢列之，既失矣。道家復倣其所爲，尊老子爲三清而昊天上帝反坐其下。玉清元始天尊既非老子之法身，上清太上道君又非老子之報身。設有二像，又非與老子爲一，而老子又自爲太清太上老君。況莊子明言老聃之死，則聃亦人鬼，豈可僭居昊天上帝之上哉？

釋氏

釋書初只有《四十二章經》，其説甚平，止説修行。到東晉，便有談議，如遠法師、支道林皆義學，此是齋戒之學，一變遂説道理。及達磨入來，又翻窠臼，説一切掃除，然初間也只是外間麄説，士大夫未甚信向。及六傳至唐中宗，六祖禪師專就身上做工夫，直要求心見性，士大夫向裏者，無不歸他。然到其後，一向説無頭話，如乾矢橛、栢樹子之類，只是胡鶻突人。它最怕人説這「理」字，本言盡去世間萬事，到了他做得不徹。桀黠底又撰出一話，如「實際理地不受一塵」、「萬法叢中不捨一法」等語，所謂「遁辭知其所窮」。

絶滅人倫

大率是説若父母爲人所殺，無人一舉心動念，方始名爲初發心菩薩。以父母、兄弟相親愛爲有緣之慈，虎狼與我非類却有愛，如以身飼虎，却是無緣之慈，以此爲真慈。更不分善惡，只尊向他便是好人，背他底便入地獄。若殺人賊一尊了他，便會生天。自浮屠氏入中國，善之名便錯了，渠把奉佛爲善，齋僧立寺爲善，善安在？前輩説除却浮屠祠廟，天下便知向善。人既不溺於彼，自然孝父母、弟長上、做好人，便是善。

試將《法華經》看，便見其誕。開口便説恒河沙數幾萬、幾千、幾劫，更無近底年代。如受記某甲，幾劫後却成佛。有神通便成就他做佛，何故待闕許久？又如住世羅漢猶未成佛，何故許多時修行無長進？釋書日添月益，皆是中華文士相助撰集，如晉、宋間自立講師，孰爲釋迦，孰爲阿難，孰爲迦葉，各相問難，筆之於書。大抵多是竊《列子》「骨骸反其根，精神入其門，我尚何存」語。列子説耳目口鼻舌心體處有六件，佛家便爲六根。如《楞嚴經》前後只是説呪，中間皆是唐房融添入許多道理説話。如西天二十八祖所作偈，皆有韻。佛祖皆西域夷狄人，如何有此，分明是後人增加。又如僞作《韓歐列傳》之類。正如盜賊畏捉事人，故意攤賊耳【一】。唐之韓文公，本朝之歐陽公以及關洛諸公皆嘗闡明正道以排釋氏【二】，而其言之要切，如傅奕本傳、宋景文《李蔚贊》、東坡《儲祥觀碑》、陳后山《白鶴宫記》【三】，皆足以盡見其失。向見人陷於異端，不每以攻之爲樂，勝之爲喜。近惟覺彼之迷昧爲可憐，而吾道不振之可憂，誠實痛傷，不

【一】故意攤賊耳　「攤」文淵閣本作「難」。

【二】本朝之歐陽公以及關洛諸公皆嘗闡明正道以排釋氏　「排」原作「徘」，據文淵閣本改。

【三】陳后山白鶴宫記　「白」原作「西」，據《朱子語類》卷一百二十六改。

能自已。

祖宗

太祖有聖人之材，做事先其大綱，節目可因則因。

仁宗朝濮議，歐公不是，温公又於禮數太薄。先是，仁宗有詔云：朕皇兄濮安懿王之子，猶朕之子也。此甚分明，後來只以濮國主其祀，天理自然，不待人安排。

神宗鋭意於治，初用富鄭公，甚傾信。及鄭公顧二十年不道用兵字，説不合。後傾信王介父，終坐此病，只好用兵。熙河之敗，喪師十萬，神宗臨朝大慟，自此得疾而終。後來蔡京又以爲不可弃之，用兵復不利，又事幽燕，遂至傾覆。使神宗得一真儒用之，那得來。

徽宗朝言林靈素有幻術，其實也無，所作《天人示現記》皆集衆人之妄。徽宗因星變，即令衛士仆姦黨碑，云莫待明日引蔡京又來炒。明日，蔡京以爲言，又詔云：雖仆碑，而黨籍仍舊。

欽宗朝飢荒極了，若虜人不來，盜亦難禁。

高宗朝魏公已勉車駕到建康。魏公因吕祉事見黜，趙相忽發回蹕臨安之議。胡文定被召，將至，聞還臨安，遂稱疾轉去。

孝宗受人言，未嘗有怒色。合下若有一人夾持，定做多少事。

祖宗法制

唐殿廷種花，國朝惟植槐、楸。唐制，坐朝有二宫嬪引，敬宗時罷，今用小黄門。舊日，主上每日不御正殿，然自升朝以上皆去立朝，候宰相奏事畢，來押班兩拜。舊時，閤門引從殿下舞蹈，今只殿下兩拜便上殿。古有册命禮，至漢武封三王始復之，宰相用竹册，本朝宰相不敢當，只命書麻詞于誥以賜之。宣麻乃是揚庭問其人可否，非宣與宰相也，失古意矣。給事中，蓋在内給事，或差除不當，要在裏面整頓了。今報出方繳駁，乃是給事外也。節度使俸給優厚者，蓋太祖初奪諸鎮兵權，故極優厚，以收其心，後來除授者自可殺減。今見任者請俸寡，家居守閑者請俸却大。唐初，每事先經由中書門下，雖有繳駁，依舊又上中書，尚書省但主書填「奉行」而已。神宗倣此制，事多稽滯，故渡江以來，執政事皆歸一。起居郎居左，屬門下省，起居舍人居右，屬中書省。唐制使與州各分曹案，本朝併州院、使院爲一。婦人封號，有夫爲秦國公而妻爲魏國夫人者，蔡京皆改從夫號。後人以其出於京也，不問是非，一切反之。

律是歷代相傳，勑是太祖時修。勑中上刑重而下刑輕，如勑中刺面、編配，律中無之。如律中杖一百，勑中則折爲二十。今世斷獄只用勑，勑中無，方用律。律極好，律即刑統。勑令格式，罪皆太重。乾道、淳熙《新書》更是雜亂。設於此而逆彼之至謂之格，如五服制度之類。設於此而使彼效之謂之式，如磨勘、封贈之類。禁於未然謂之令，如不得爲某事，違者有罰之類。治於已然謂之勑，如已結此事，依條斷遣之類。

王介父始拘州郡禁軍缺額錢，陳亨伯創經總錢，韓球創總制錢。紹興十一年經界行，印典多，倍有得，以此年立額。

國初至慶曆用人

祖宗以來，名相如李文靖、王文正諸公，只恁地善，至范文正便大屬名節【四】，振作士氣。呂許公爲相，張安道爲御史，王拱辰之徒皆深嫉之，罷逐一空。立事須是擔當，如韓魏公立英廟，死生以之。

本朝道學之盛亦有漸，自范文正已有好議論，如山東有孫明復，徂徠有石守道，湖州有胡安定。到後來，遂有周子、程子、張子出，故程子不敢忘此數公。

李仲和之祖與包孝肅同讀書一僧舍，出入必經由一富人之門，未嘗往見之。後招飯，李欲往，包公正色曰：「彼富人也，吾徒異日或守鄉郡，今日妄與交，豈不爲他日累乎？」後十年，二人果相繼守鄉郡。古謂言行必稽其所終，慮其所弊也。

熙寧至靖康用人

本朝廟論主於安靖，英宗即位，已要改作。神宗繼之，性氣越緊，却又撞着介甫。到元豐間，又却不要荆公，皆自做。温公當路，急欲救世，韓師朴、曾子宣却要和會。後韓欲擠子宣，遂引蔡京。京既入，和二人皆打出。京爲相，如學校法、安養院、漏澤園，凡可要結士譽、買覔人情者，率皆建明，時論往往歸之。又增衛士食錢，皆是取悦上下，爲竊權之

【四】至范文正便大屬名節　「屬」，文淵閣本作「厲」。

計。四次入相，終始只用「不患無，則患不能理財」之説，其原自荆公。當時執政大臣皆他門下客，伯紀亦所不免。李泰發甚次第硬，亦爲京所羅致。趙挺之繼京，便做不行。挺之固庸人，張天覺亦無所措手足。京在政府，問人才於族子蔡子應，以張直柔名觷。對，招以門館，教京子弟習走。京愀然，召與語。張遂薦龜山楊公諸人。宣、政間，凡「危」、「亡」、「亂」字皆不得用，不得説，只説「治」，安得無後來之禍？却有一種妖言，如葉夢得、宇文虚中，每進言必勸正心修身，正如鬼念《大悲呪》，所謂妖言也。靖康執政徐處仁曾忤蔡京，舊做方面有聲，後却錯繆。孫傅略得，又好六甲神兵。張孝純守太原，被圍，遣子激往救，却徘徊不進。張叔夜首領勤王之師以入，亦不合入城至於扈從北狩。宗澤在東京收拾豪傑甚衆，澤死，散爲盜。後來諸將立功者，往往皆此時招降之人。

南渡至今日用人

李公入，整頓一番，方略成朝廷。李去位，恰汪、黄用事。魏公亦嘗論列，李初赴南京，亦主汪、黄。魏公初以何㮚薦爲太常簿，趙忠簡時爲開封推官，相得甚懽。魏公先達，力相汲引，一向超擢反在魏公上。魏公劇談秦會之可用。趙云：「此人得志，吾輩安所措？」秦初與吕安老並相，爲吕所傾。當時秦所引皆是好人，而立朝無過，人皆不平。高宗欲罷其相，行詞者求御批以疏其罪。及趙公左，張公右，忽報兀术深入。張出視師，下令督戰。劉光世屯合肥，私請於趙退師。已而柘皐大捷，趙不安，遂去。魏公獨相，乃力薦會之爲樞密使。酈瓊叛，魏公不安，亦求去。高宗問誰可代，魏公復薦趙，不薦會之。及趙再相，會之讒魏公於趙，久而趙公安之，復深信之，又薦之並相。並相之後，復不敢專，唯諾而已。一日，高宗怒唐暉，趙爲辨。檜云：「如暉人才，不難得。」又一日，趙奏恩平郡王乃建王弟，吴乃大都會，不宜壓兄。檜察上意，以慈壽意主恩平，遂奏曰：「也不較此。」因此高宗深眷之。趙罷，遂拜左相，力主和議。虜以河南歸我，未幾敗盟，檜大恐，用張巨山計，召諸將攻戰。已而劉錡順昌大捷，檜復專其功，高宗遂悉以國柄付之。舉朝無非秦之人，高宗更動不得。有張扶者，請檜乘副車，吕愿中作《秦城王氣圖》。檜治趙相之子，欲加族誅，若做到這裏，其勢須如曹操去，幸文字未上，檜死。高宗告楊郡王云：「朕今日始免得這膝褲中帶匕首！」乃知高宗平日常防檜之爲逆。檜死後，用沈該、万俟卨、魏道弼，皆當時説和議者。未幾，又下詔云：「和議出於朕意，故相秦檜只得贊成。」後因逆亮起，方少驚懼，用人才。孝宗初，起魏公用事，湯進之居左，凡事遂爲所沮。魏公失利，遂用湯，建議和親，以四州還之，而虜復犯淮。上怒，免官削爵。施全刺秦檜，先生云：「舉世無忠義，這些正義忽然自他身上發出來。」

夷狄

楊割大師生阿骨打、吴乞買，乞買生完顔亶。阿骨打死，立吴乞買。乞買死，欲立阿骨打之子宗盤，不可，復立乞買之子完顔亶，而以宗盤爲相。宗盤怨望，遂殺宗盤，盡誅二十七王。亶又爲弟完顔亮所弑，亮敗，葛王璟立，一向以仁政自居。初入中國，破京師，斡離不、粘罕也。斡離不早死，粘罕勸立劉豫。及兀朮、撻懶廢劉豫，粘罕爭之不得，悒怏而死。兀朮大入，有淮上二士人説之曰：「韓世忠渡江，遺棄糧草甚多。」遂急來淮上，則空無所有。先是，已敗於劉錡，錡在順昌扼其前，進退不可，遣使求和，此庚申年六月。

初，約女真同滅契丹，既女真先滅契丹，遂竭府庫換燕山空城，又以歲幣二百萬，遂敷民間，云免往燕山打料草。人三十貫，共得六百餘萬貫文。契丹相郭藥師以常勝軍來降，又有義勝軍來降，皆厚廩給。時中國已空竭，邊兵廩絶，飢寒欲死，兩邊遂相殺。及虜入中國，常勝、義勝軍先往降之，爲嚮導。又，徽宗先與阿骨打盟誓，兩邊不得受叛降，契丹敗將，朝廷又皆文之【五】。有張穀者，知平州，欲降，徽宗親詔招之。契丹亡國之主天祚在虜中，徽宗又親寫招之，由是虜人大怒。

論史

越棲會稽，本在平江。楚破越，其種散，故後號爲「百越」。今浙間是南越，閩、廣是東越，南豐《送李柳州》誤謂柳爲南越。

楚地最廣，今襄、漢皆是。齊、晉若不更伯，楚必吞周。緣他强大，所以桓公不將僭王猾夏之事責之，恐無收殺。至晉文城濮之戰，依舊委曲還他許多禮數，然此處亦足見先王

【五】朝廷又皆文之　「文」文淵閣本作「失」。

不忍戕民之意未泯也。

樂毅伐齊

只是戰國之士，只是鹵掠，只是田單會他，不奈他何。

歷代

西漢有質實底意，宿衛皆用子弟。必亡之勢未有如東漢末年，曹操合下便知據河北，此着被袁紹先下了，尋得箇獻帝，爲令諸侯之舉。學者皆知曹氏爲漢賊，而不知孫權之爲漢賊也。若權有意興漢，自當與先主協力，如何先主纔整頓得起，便與壞倒？平時與先主交通，姑爲自全計爾。晉元帝無意中原，王導只周旋人過一生，大抵改新法度是世界一齊更新方做得。漢衰魏代，以至六朝相代，亦只遞相祖述弊法。直到元魏、北齊、後周居中原時，生靈死於兵寇幾盡，所以宇文泰、蘇綽做得租庸調，隋、唐因之。周世宗天資高，尋得箇王朴，做許多事業，大均天下之田。如本朝太祖，直是明達，創法立度，節拍一一都是世宗，全是得接續。某嘗欲寫出蕭相、韓信初見高帝時一段，鄧禹初見光武時一段，武侯初見先主時一段及王朴《平邊策》，編爲一卷。

諸子

荀子有好處，勝似揚子。雄之學似出於老子，如《太玄》曰：「潛心于淵，美厥靈根。」《測》曰：「潛心於淵，神不昧也。」漢儒惟董仲舒純粹，賈誼雜有戰國縱横之風。王通也有好處，只是無本原，却要將秦、漢以下文飾做三代，他便自要比孔子。孔子有荷蕢等人，它也有許多人，便是粧點。如説家世數人，史中並無名。又自叙盡是誇張。考其年數，與唐煞遠，如何唐初諸名卿皆與説話？史傳中如何都不見説？考其事迹，亦多不合。劉禹錫作《歙池江州觀察王公墓碑》，乃仲淹四代祖，碑中載祖諱多不同。及阮逸所注并載關朗等事，亦多不實。王通大業中死，自不同時，如推説十七代祖，亦不應遼遠如此。唐李翺論《中説》可比《太公家教》，則其書出已久。伊川謂文中子有些格言被後人添入壞了，究其議論，只從莊、老來。韓文公於仁義道德上看得分明，却無近於老子底説話。

作文

六經，治世之文。《國語》，衰世之文。《戰國策》，亂世之文，然有英偉氣，非《國語》比。楚、漢間文字真是奇偉【六】，《離騷》無小窒礙，司馬遷、相如等只是恁地説出，班、揚以下皆是做文字。漢末以後，只做屬對文字，直至韓文公出來盡掃去了，方做成古文。到得陸宣公奏議，只是雙關做去。如子厚亦自有雙關之文，向來看道是他初年文字，後將年譜看，乃是晚年文字，做世間則劇耳，文氣衰弱，直至五代，無能變。到尹師魯、歐公出來，一向變了。其間亦有欲變而不能者，然古文自是古文，四六自是四六，却不衮雜。歐公力變舊習，老來照管不到，爲某詩序，又四六對偶，依舊是五代文習。晚年自做《六一居士傳》，宜其所得如何，却只説有書一千卷，《集古録》一千卷，琴一張，酒一壺，棊一局，與一

【六】楚漢間文字真是奇偉 「是」文淵閣本作「可」。

老人爲六，更不成説話。東坡晚年，文雖不衰，然亦疏魯。如《南安軍學記》，海外歸來作，有「弟子揚觶而序點者三」之語，序點是人姓名，其疏如此！過海做《昌化峻靈王廟碑》，引唐肅宗時一尼恍惚升天，上帝以寶二十三枚賜之，云國有大災，以此鎮之。今此山如如意必有寶，更不成議論。觀於海者難爲水，游於聖人之門者難爲言。貫穿百氏與經史，乃所以證驗是非，明此義理，豈特欲使文詞不陋而已？義理既明，又能力行不倦，則其存諸中者，必也光明四達，何施不可。發而爲言以宣其意志，當自發越不凡，可愛可傳矣。今人只於枝葉上粉澤，如舞訝鼓然。石林云今世安得文章，只有減字换字法爾。

楚些，沈存中以些爲咒語，如今釋子念娑婆訶三合聲，而巫人之禱亦有此聲。

陶淵明詩平淡，自豪放。李太白豪放，亦有雍容和緩處，終始學《選》詩。杜子美詩好者亦多是效《選》詩，漸放手，初年甚精細，晚年横逆不可當。李賀較怪，不如太白自在。玉川子雖險怪，自有混成氣象。作詩先用看李、杜，如士人治本經。蘇、黄只是今人詩，然蘇才豪，一衮説盡，黄費安排，巧好無餘，自成一家。後山雅健，强似山谷，然氣力不似山谷大。今人多學山谷詩，然又只學得不好底。今人不去講義理，只去學詩文，已落第二義，況又不知學好底，便學得十分好把做甚麽用。

本朝蔡忠惠以前字皆有典則，至米元章、黄魯直諸人，便不肯恁地，便是世態高下。石曼卿書筆真所謂「顔筋柳骨」。曼卿胸次極高，非諸公所及。

秦焚書只是教天下焚之，朝廷依舊留得。

今一升即古之三升，一兩即古之三兩【七】。

古人作甲用皮，每用必漆。

廬山光怪，其下有寶。

西川便是「景朝多風」處，所謂「漏天處」，恁地便是天地不甚闊。

山本同而末異，水本異而末同。冀都是天地中，好箇風水。山脉從雲中發來，山脊以西水西入龍門西河，山脊以東水東入海。前面黄河環繞，右是華山，爲虎。自華來至中爲嵩山，爲前案。遂過去爲泰山，聳於左爲龍。淮南山第二重案，江南山第三重案，五嶺第四重案。

古人營屯如井形，十字處置火候。

漢祭河用御龍、御馬，皆以木爲之，此是紙錢之漸。紙錢起於玄宗時王璵，蓋古以玉幣，後易以錢。玄宗惑於王璵，鬼神事繁，無許多錢埋，璵作紙錢易之。唐禮書載范傳正言，唯顏魯公、張司業家不用紙錢，不知紙錢、衣冠有何間别。

本朝有南劍太守林積，收張天師子獄中，而奏云其祖乃漢賊，不宜使子孫襲封。

【七】三兩　「三」原作「一二」，據文淵閣本、《朱子語類》卷一三八改。

臨安鐵箭，只是錢王將此摇動人心。

覺範本是醫人。

府君、夫人，漢碑已有，只是尊神之辭。

晦庵先生語類續集

太極天地

十二萬九千六百年爲一元，一元有十二會。一萬八百年爲一會，一會有三十運。三百六十年爲一運，一運有十二世。第三會謂之開物，人物方生，此時屬寅。到戌時，謂之閉物。到得一元盡時，天地又是一番開闢，終而復始所以無窮。

日月相會時，日在月上，不是無光，都載在上一邊。

天地即是包得許多氣在裏，衮一番便生一番物。天地之形，如人以兩椀相合，貯水於内，以手常常掉開，則水在内不出，稍徐手則漏矣。

氣積爲質而性具焉，性已兼理氣，善則專指理。

動物首向上，是親乎上，人類是也。植物本向下，是親乎下，草木是也。禽獸首多横，所以無智。本康節説。

鬼神

耳目之能精明者，爲魄。口鼻之能嘘吸者，爲魂。月黑暈是魄，其光是魂。想人身魂魄也如此。老子云載營魄是以魂守魄，蓋魂熱而魄冷。死謂魂魄，生謂精氣。

性理

聖人教人，大槩只是孝弟忠信，日用常行。

學

開卷便有與聖賢不相似處，豈可不自鞭策？

人若辨得十來年讀書，甚書不讀了。

知行

天高地下，萬物散殊，流而不息，合同而化。天地間只是這箇道理流行周徧。

大學

知止是識得理之所在，定是有倚靠，靜是不動摇，安則純熟矣。由是發於思慮，則無不得。

《大學》最是兩章相接處好看。

論語

《集注》中，胡氏是致堂，曾氏是文清公，黄氏是黄祖舜，晁氏是晁以道【七】，李氏是光祖。

《論語》首云：「人不知而不愠，不亦君子乎？」終云：「不知命，無以爲君子也。」此

【七】晁氏是晁以道　「晁」原作「是」，據文淵閣本改。

深有意。若這裏信不及，見利便趨，見害便避，如何得成君子？

《學而》篇皆先言自修，而後親師友。「有朋自遠方來」在「時習」之後，「親仁」在「入孝出弟」之後，「就有道而正」在「食無求飽，居無求安」之後，「毋友不如己者」在「不重不威」之後。

孟子

孟子説「仁」字義甚明，孔子都不曾分曉説。譬如沙糖，孟子但説糖味甜耳，孔子却將那糖與人，肯喫則味之甜自知。

中庸

「健順五常之德」，五常乃五行，「健順」乃「陰陽」二字。

楊龜山言飢食渴飲、手持足行便是道，是認欲爲理也。

易

天須包乎地之外，而氣則迸出乎地之中。地雖一塊在天之中，其中實虚，容得天中氣迸上來。

《易》擲錢以甲子起卦，始京房。

自一畫而二，二而四，四而八而八卦成。八而十六，十六而三十二，三十二而六十四而重卦備。故有八卦則有六十四矣，此康節所謂先天者也。若《震》一索而得男，以下乃是已有此卦了，就此卦生出此卦【八】，皆所謂後天之學，凡今《易》中所言皆是。

尚書

以百姓爲百官，程謂古無此説。《後漢書》云部刺史職在辨章百姓，宣美風俗。辨章即平章也。

唐、虞時以灊山爲南嶽，五嶽亦近。

人心如船，道心如柁。道心用，人心方得。人心易從惡處去，所以下箇「危」字。

浙江源疑出今婺源折嶺下。

惟斆學半，蓋初學得者是半，推以教人，亦因此温得，是教之功亦半也。

詩

温柔敦厚，《詩》教也。使篇篇皆是譏刺人，安得温柔敦厚？

伯恭欲主張小序，煅煉得鄭忽罪不勝誅。

《周禮》、《禮記》，史不掌詩。

春秋

不過如今之史書，直書其事，善者、惡者了然在目。觀之者知所懲勸。而今却去一字、半字上理會褒貶，如何知得他肚裏事？

禮

【八】生出此卦　「此」，文淵閣本作「彼」。

有二件極大事循襲，一是天地同祭南郊，一是太祖不立特廟。

聘是命圭通信，享是獻圭、璧、琮、璜。庭實是皮幣、輿馬陳之於庭。覿是聘享禮畢，以私禮參見。

孔孟周程

孔子後無聖人，只緣氣日薄。

程門

上蔡家極有好玩，後來爲克己學，盡舍之。

胡文定少時性最急，盡寫經傳中「寛」字觀玩。

李愿中居處有常，不作費力事。又性卞急，發不中節者，當於平日言語動作間以緩持之。

朱子

在南康，纔見旱便刷庫中，得三萬來貫，準擬糴米，添支官兵。却去上供錢内借三萬貫糴米賑糶。旱時糴得，却糶錢還官中解發。出榜放客船米自便，不糴客船米。浙東得石天民，關集大保長盡在一寺，令供出人之貧者，量道遠近就僧寺或莊宇，置糶米所。

虜問使人云：「南朝朱先生出處如何？」對以本朝見擢用。既歸，即白堂，所以有長沙之命。

不問官大小，每日詞狀須置一簿，穿字號録判語。到事亦作一簿，每日勾號，一日事都了。

做教官没意思。

訓門人

禪學只是於自己精神魂魄上認取一箇有知覺之物，把持玩弄，至死不肯放。

舉子程文此是一厄，人過了此一厄，當理會學問。

吕東萊

伊川發明道理之後，到得今浙中有一般議論，只云不要矯激，遂至凡事回互。揀一般偎風朶箭處立地，却笑人慷慨奮發，以爲必陷矯激之禍。如嚴子陵是矯激分明，吕伯恭作祠記，須要辨其非矯激，想見子陵聞之亦一笑。

陳君舉葉正則

永嘉之學又不及金溪，戴少望尚有些實説，葉正則都是閑説。

陸子静

金溪與胡季隨書，説顔子克己處，以忿欲等皆未是己私，而思索講貫却是大病，乃所當克治者。釋氏之學，大抵謂若識得透，應干罪過即都無了。然則此一種學，在世上乃亂臣賊子之三窟耳。

釋老

禪如秀才家舉業相似，與行己全不相干。近世如宗杲，做事全不通點檢。

本朝

河東最難取者，本是他家裹底，所以太祖以書諭之。渠答云不忍劉氏之不血食也。呂夷簡最是無能底人，弄得天下事日入於昏亂，及一旦不奈元昊何，遂盡挨與范文正公。

檜末年皆與光堯爭勝。光堯作崔府君廟於玉津路上，檜設計移之。曹筠言水漲，光堯逐之，檜除他從官。周葵欲言梁汝嘉，檜不待光堯應便改除。

歷代史

南北史除《通鑑》所取，餘只小説。

《晉書》皆爲許敬宗寫入小説。

温公無自節《通鑑》，今所有者是僞本。

歷代諸臣

齊、魯兩生只是不肯從叔孫通。漢之四皓只是智謀之士，願爲太子死，亦脅之之意。二疏見元帝不可輔導，亦是避禍而已。

諸子

梅聖俞説歐陽永叔，它自要做韓退之，却將我來比孟郊。王通便是如此。

作文

韓不用科段，歐、曾却各有一箇科段。陸教授謂伯恭有箇文字腔子，才作文字便將來入箇腔子，故文字氣脉不長。柳文有許多物事，要就些子處安排，簡而不古，如《伐原議》極局促，不好，東萊不知如何喜之。

歐公文章及三蘇文好處，只是平易説道理，初不曾使差異字換尋常字。曾南豐尚解使一二字，歐、蘇全不使一箇難字。李泰伯文自大處起議論，氣象好。陳后山文有法度，李清臣文飽滿，荆公文暗。

愚苦多忘，凡讀書必略記所見，至讀《朱子語類》則如仰觀造化之大，莫知所措辭。然嘗詳之，夫子作六經，後來者溺於詁訓，未害也。濂、洛言道學，後來者借以談禪，則其害深矣。此無他，凡近者猶可進，而至於高明，一流於高空，則恐無復可返之期，誤人未央也。乃今朱子解剥濂溪之圖象，裒列二程之《遺書》，以明道學之正傳者如此。窮極釋氏之作用爲性，辨詰諸老之流入禪學，以明其徒之似是而非者如彼。使道學之源不差，而夫子之道復明，此其有功天下萬世。較之施於用世者，撥亂反正，豈足喻勞烈之萬分一哉？

至若謂《易》本卜筮，謂《詩》非美刺，謂《春秋》初不以一字爲褒貶，皆曠世未聞之高論，而實皆追復古始之正説。乍見駭然，熟輒心靡，卓識雄辨，萬古莫儔，而世俗猶以一時異論之士對言之，何耶？嗚呼！此固難與世俗言也。

門人所記，或主靜坐，或以靜坐爲非，或主博覽，或以博覽爲雜。均一朱子之言而相反類如此，蓋隨其人之病而藥之耳。要之，靜而可施之動，博而必求其要。此中持其衡之説，觀者謹毋執其一爲據。其間亦有門人記録之太過者，又當參以朱子平日自著之言。

晦庵先生年譜

先生自二十四爲同安簿，聲望已卓。出歸而山居講學，天下學者翕然師尊之。至四十一，胡銓始不過以詩人薦。越三年，雖用丞相梁克家薦，改合入官，執政已議其少通。又三年，雖用參政龔茂良薦，除祕書郎，内批已疑引虛名士，恐壞朝廷。及南康之政赫赫彰彰，辛丑過闕始得進對。求其遇合之實，猶未焉。

寧廟在東宮，黄裳爲講讀官，所學大進。光宗大稱賞，裳謝以必欲進德修業，追蹤古先哲王，當擇天下第一等人。上問爲誰，以先生對，自是寧考寤寐思見。今日踐阼，明日詔，自長沙入侍講。而丞相趙忠定實先生平生知己，方洗日虞淵，思佐太平，可謂千一之奇逢矣。奈何韓侂胄以名家子孫，自詭太后親屬，謂可得教旨以竊弄威福，丞相乃信之不疑。先生已預憂其將几肉我，丞相不寤，故先生卒以讒間歸，而丞相亦及焉。向使忠定能用先生，言當主聽，未惑疽根未結時，談笑而去之，雖太平未必不可致，亦何至爲其挑敵禍民，鋤去無策？天誅出於權變，政柄從而下移，積弊既深，庸繆踵發，靡靡至于今，未知振起之日哉！此事關世道最大，固非獨先生一身之窮達也。然先生自十九歲登第，至七十歲致仕，五十年間僅歷同安簿，知南康軍，提舉浙東常平茶鹽，知漳州潭州，凡五任九考及經筵四十餘日而已。翱翔未幾，垂翅輒歸，君恩方隆，讒間已至，窮固甚矣。乃得以其餘閑，精究孔、孟之正傳，爲千萬世道學之宗主。雖使先生出將入相，功著一時，以彼易此，孰得孰失耶？故愚嘗妄謂孔子窮而在下者也，故能集堯、舜以來列聖之大成。晦翁鬱而不伸者也，故能集伊洛以來諸儒之大成。似皆有造物者司其數於間，而窮者乃所以爲達。嗚呼，盛哉！

校勘記

卷三十九

讀本朝諸儒理學書七

南軒先生文集一

詞賦詩

《風雩亭詞》末章云：「希蹤兮奈何，盍務勉乎敬恭。」其布置歸宿，大率與晦庵《白鹿洞賦》相表裏，而可以救近世揣摩氣象流入空虚者之弊。

《唐帝廟詞》亦類晦翁《舜帝廟詞》。

《竹林迎神章》惟感慨而不及寇公身事最得體。

《遂初賦》爲發明復之意，方以義、文之復明收，而末句僅以一語及孫興公。此理之所在，亦文法也。

《續杞菊賦》云天壤之間，孰爲正味？厚或腊毒，淡乃其至。

《送鮮于大任入幕》詩：「莫邪雖云利，寧作囊錐露。」又《安國晚酌分韻》：「驅車萬里道，中塗可停輔。」其厲志如此。《道旁見穫者》詩：「姑寬目前飢，詎有卒歲樂。」其憂民如此，蓋同一所見之遠也。南軒詩大率主義理而語自工。

律詩

「人立千峰秋色裏，月生滄海暮雲邊」。又「萬里煙雲歸老眼，千年形勢接中州」。皆先生胸次所寄也。其《壽定叟絶句》云：「駟馬安車遵大路，正須緩轡不須忙。」正大之情如此，有用之則行氣象。

表

嚴州、江陵到任等表，皆平叙民情國事，文從字順，德人之言也。

經筵講義

講《葛覃》一詩，大略謂人心易動，貴驕易溺，使爲國者每念乎稼穡之勞，而其后妃又不忘乎織紝之事，則心不存焉者寡矣。口奏又謂：「或云要得立事，擾人不奈何，臣以爲此等議論乃壞國家元氣毒藥。」又進曰：「家法之美，無如我宋。光獻曹太后方英宗之初，有功社稷。宣仁高太后致元祐之治，號爲『女中堯、舜』。欽聖向太后建中靖國之初，有功社稷。欽慈孟太后靖康、建炎間社稷之功，又冠前古，實子孫萬世無窮之法。」愚按：此晦翁取而附此，以爲敬夫所以堯、舜吾君，而不愧其父師之傳者，所宜三復而深思。

答周漕啓

雖故歲之幸稔，尚前歉之未償，仁哉言乎！富人之窘宿逋，貪官之督零税者，豈復念及此乎？世有歲幸一稔，小民反以爲苦者多矣！

記

《學記》九篇，皆言人倫孝弟。惟《雷州記》明善與利，云自學校之教不明，爲士者亦習於利而已。静江、郴、雷三學皆撤廢寺爲之。

《嶽麓書院記》，開寶中，郡守朱洞創始，李允則言于朝，乞書。時山長周式以行義召拜國子主簿，使歸教授，詔以「嶽麓書院」名，增賜中祕書，時祥符八年也。紹興辛亥，兵火。乾道改元，劉侯復其舊。

《堯山灕江二壇記》，山川之所以爲神靈者，以其氣之所蒸，能出雲潤澤群物。後世固亦有山川之祠，而人其形，宇其地，則其失也久矣。

《楚望記》，江陵山雖去郡遠，然聯絡以屬于當陽、巫峽之間，其浸則如蜀江，瀰亘千里，爰築二壇，扁曰「楚望」。

《道永韶南康軍濂溪四祠堂記》，發明道學之原最詳。

《石鼓山諸葛武侯祠》，昭烈牧荆州時，侯以軍師、中郎將駐臨蒸。臨蒸，今衡陽縣也。有天地則有三綱，若汩於利害之中，而忘夫天理之正，則雖有天下不能一朝居。此侯所以討賊至死不悔。

《瀏陽楊龜山畫像記》，靖康爲諫議，追奪王金陵王爵，罷去配饗。

《昭州鄒侍郎祠堂記》，元符中爲右正言，直諫，貶新州。建中初，入從。崇寧二年，又貶昭州。四年，歸，没於常州。人臣不以犯顔敢諫爲難，而忠誠篤志之爲貴。士君子不以一時名節爲至，而以進德終身之可慕。公再位於朝，憂國彌切，重斥炎荒，凛不少沮。

《建寧游胡祠記》，游公，二程高第。元符三年冬爲監察御史，有《中庸》、《語》、《孟》説垂於世。胡公與游、謝、楊游，而講程説，所自得在《春秋》，執經入侍。

《静江題名記》，静江經略領郡二十五，其外則羈縻之州七十二，又其外則諸小蕃，羅殿、白杞、特磨、白衣之屬環之，又其外則交趾、大理等國屬焉。

《敬齋記》二篇，爲崔子霖作者，尤起發人意。

《拙齋記》，前論士病於不拙，人所易到，後論病學者之不拙，此意極有益於人。

《仰止堂記》，云人生天地之中而與天地同體，出乎萬世之下而與聖人同心，其惟仁乎？古之人，起居寢食之間，精察主一，不知有外物之可慕，他事之可爲；不知有富貴之可喜，憂患之可戚。蓋其中心汲汲於求仁而已。

《一樂堂記》，上饒徐衡仲，名安國，爲龔氏後。既第，感正本明宗之義，言于朝，歸徐姓。父母俱存，合百五十有六歲，伯仲季氏亦皆無，故以「一樂」名其堂。記略云：「民生莫不有父母之親、兄弟之愛，此性之所具而天之所爲也。苟惟强離其所繫，而合於其所不可合，是豈性也哉？是故神不歆非祀，民不祀非族，聖人書莒人滅鄫，豈不深切著明哉？」

《潔白堂記》，天地，其父母乎？父母，其天地乎？不以事天之道事親者，不得爲孝子。不以事親之道事天，不得爲仁人。

《名軒室記》，軒名時習，室名不貳。

《游東山記》，先生游永之山東，置酒僧寺之西軒。零陵張紓公飾預焉，嘆曰：「此范忠宣公故居也。公居此時，某始年十三四，先人辱爲公客，故某亦得侍公。公目疾，手執寸許玉摩按。某視之，旁有兒曰：『此石也。』公愕然，曰：『非也，此之謂玉。』公存誠，至於不欺孺子。又諸孫與僧戲，僧至詬駡，語微及公，公漠然若不聞。求之士有問范某於丞相爲何親，蓋斥文正公之名，公蹙頞，久而曰：『先公也。』又一日，問郡士登科者某人，獨未歸耶？或曰試學官也，公愀然曰：『吏事近民，精心於此，學之要也。始登科顧徒求便安耶？』」

序

《南嶽唱酬序》，乾道丁亥十一月，先生與晦翁游衡嶽，三山林擇之與焉。甲戌，宿草衣巖。山林川壑之觀，已覺勝絶。乙亥，抵嶽。丁丑，渡興樂江，宿霧盡捲，諸峰玉立。由馬跡橋登山，暮抵方廣，氣象深窈，八峰環立，所謂蓮花峰也。戊寅，穿小徑入高臺寺，門外萬竹森然，雪厚幾數尺，望石廩如素錦屏。出西嶺，過天柱，下福巖，歷馬祖庵，過大明寺,猶縈迂數里,乃至上封。山高,草木堅瘦,雲氣嘘吸其間。望祝融絶頂,褰裳徑往,群峰錯立,遠近異態。其外四望,渺然不知所極,如大瀛環海中,真奇觀也。湘水環帶山下,五折乃北去,蒼莽中洞庭在焉。己卯,同游仙人橋,再上絶頂,過南嶺。庚辰,游前嶺以下。凡七日,經行數百里,景物之美,不可殫叙。更迭唱和,倒囊得百四十九篇。方己卯之夕,中夜凛然,念吾三人數日間亦荒於詩矣,始定要束,翌日當止。是後雖有可歌者,亦不復見於詩矣。

《送張荆州安國》,告之以講學。《送曾裘父序》云:「天資秀美之士,往往爲他岐所陷溺。」《送方耕道序》云:「當觀氣質變化之淺深,而知學力之進否。」《送鍾尉》云:「氣質雖美而有限,天理至微而難明。」

靜江諭俗文

一,歸罪墳墓不吉,掘棺寄寺,名「出祖」。一,齋筵侈靡,不能辨者停喪。一,婚姻幃帳華靡,以至男女失時。一,生子多不舉。一,病不服藥,妄聽淫祀。一,誘他人妻販賣,謂之「捲伴」。亦緣細民興販不返,妻室無依。

史論

漢、楚爭戰,聽三老董公之説,三軍縞素,於是五十六萬之師,不謀而來從。使斯時,高帝不入彭城置酒高會,率諸侯兵窮引所至而誅之,天下即定。

蕭、曹，蕭何守關中，薦韓信。曹參雖不逮，然以摧鋒陷陣之氣，施之治民，能盡歛芒角，亦寬裕有識矣。至不知吕氏之禍已著，當逆爲之處。惠帝憂不知所出，但爲淫樂，而不能引義以强其君心，爲可罪也。

張子房有儒者氣象，五世相韓，篤《春秋》復讎之義，始終以之。愚謂復讎固其義也，以其人則智謀之士也，儒者氣象恐又别。先生之言蓋自有爲而發。

王陵、陳平、周勃處吕后事，如何？人臣之義，當以王陵爲正，二子者乃唯然從之。吕氏之欲篡漢，二子實助之也。二子方對吕氏時，特畏死耳！未有安漢之謀也。抑二子安劉氏之計，亦疏矣。使酈寄不可劫，北軍不可入，吕須之謀行，則亦殆矣。忠於人國者，顧如是哉。

文帝，入踐大統，知爲漢社稷非爲己，請建太子，則先示博求賢聖，請王諸子，則先推諸兄無後者。施惠於民，皆有誠意。其待夷狄一以實語，惜大臣不過絳、灌、申屠嘉之徒，獨賈誼爲英俊，而又多所可恨，卒亦不見用，故以帝之賢，僅爲小康。如淮南、薄昭之事，未免陷於刑名。至於怠肆，而新垣平邪説入之。然終以天資高，旋即悟，其終詔有曰：「惟年之久長，懼于不終。」可見帝之能察乎此矣。

賈、董，賈生英俊之才，然未免有激發暴露之氣。天人之對雖若緩而不切，然反覆誦味，淵源純粹。以武帝好大喜功多欲之心，使聽仲舒，則天下蒙福矣。

武帝，奢侈窮黷，然不至亂亡者有四事：高帝、文、景流澤滲漉，一也；表章六經，聘召儒生，二也；輪臺之詔，三也；審所付託，四也。

雜伯，王道如精金美玉，豈容雜？雜之，則是亦伯而已。自高帝取天下，固以天下爲己利。文帝亦雜黄、老刑名，設施動皆有術。至宣帝則桓、文之罪人也，西京之亡，自宣帝始。

丙、魏，魏相假許史爲重，進不以正，爲相奏異聞，《諫伐匈奴書》有可取者。丙吉德厚可稱，至韓延壽、楊惲之死莫能救，才識不逮相遠矣！

蕭望之、劉向，元帝初，外有史、高總朝廷之事，内有恭、顯制樞機之權，二子處其間，可謂危矣，而二子用人惟其附己，以鄭朋之傾邪，使之待詔，至華龍之汙穢，亦欲入其黨。不嚴如是，欲不敗其可得乎？史稱袁安、任隗素行高，梁冀未有以害之，斯言誠有味也。

漢儒，名節之稱起於衰世，衰世實亦有賴乎此。漢自叔孫通固以利禄爲事，至公孫弘取相印，學士皆歆慕之。其流至夏侯勝之剛果，猶有「明經取青紫」之語，宜乎王莽篡竊，貢符、獻瑞一朝成群，能自潔者，班班僅見也。光武力矯斯弊，桓、靈之後，亦君子維持之力。然則名節之稱，在君子則爲未盡，而於國家何負哉？

元、成以後大臣，漢末，大臣有正論者，王嘉、何武、師丹耳。然若不循其本，而姑因一人一事而指陳，無益也。故哀帝之末，董賢雖去，王氏即起，遂亡漢矣。

漢自高帝外諸將，漢將以趙充國爲最，凡將之病，患於勇而不詳謹。充國馳至金城而西戎坐消，此不特爲賢將，殆可相也。

光武比高祖，高祖洪謨大略，非光武所及。光武之善守，復非高祖所及。

光武不任功臣，寇、鄧、賈復識明而行修，量洪而器遠。以光武所用大臣論之，三子過之遠甚。顧乃執一槩之嫌，廢大公之義，是反爲私意而已。抑光武所責於大臣特爲吏事，故不知用大臣之道。

李固、杜喬，李固方舉於朝，即就梁商之辟，此其失之於前。方質帝之弑也，固爲首相，固獨推究侍醫等，此其失之於後。杜喬在九卿，若懷是見，必贊固爲之矣。及繼固爲相，已制命於冀，相與就死。李、杜二公精忠勁節，但恨節目間處之未盡耳。

東京黨錮，時不我用，既昧處困之道，進而居位，又失亨屯之法，使在聖門，當入仲由之科。陳太丘送宦者之葬，以此免禍，君子亦不貴也。郭有道足爲當世人物之領袖，然收斂之功猶未之盡。黄叔度氣象温厚，圭角渾然，使在聖門作成之，當居顔子之科矣。

竇武、陳蕃，宦者盤據其勢已成，而武等但欲速決，舉動草草，使之人人自疑。觀朱瑀所謂中官放縱者自可誅，我曹何罪，使蕃、武施之有道，則此曹亦心服矣。況武於靈帝踐祚之初，一門三侯，妄自封殖，故王甫後來亦得以藉口。蕃辭爵而不能力止武之封，是亦潔身之爲耳。任天下之重，顧止如此哉。

兩漢選舉，左椎之奏尤爲責實，當時雖以限年爲嗤，然是舉所得乃陳蕃、李膺、陳球輩，爲一代名臣。

晉元帝，元帝初以懷帝之命來臨江左，懷帝卒以蒙塵，迄不聞勤王之舉。愍帝再蒙塵，懼天下之議己，則陽爲出師之勢，終歸罪於運餉稽緩，斬一無辜令史，赤眚之異亦深切矣。夫受君父之委而覬幸以自利，三綱淪矣。

謝安淝水之功，玄有謀慮，善使人，而牢之勇鋭出衆。使玄將重兵于後，使牢之將精兵迎敵於前，秦兵既近洛澗，牢之直搏而勝之，奪其心矣。淝水之戰其勝筭已在目中，故安静而不撓，其矯情鎮物豈固爲是哉！至於却上流之兵，又其一奇也。得之不足以助益，而適足以銷薄聲勢，動揺人心，桓冲是舉亦無謀矣。若安者，其在東晉人物中傑出者哉！

温嶠，太真少時，嘗以孝友篤至稱，一旦奉劉琨之檄，將命江左，母崔固止之，不可，至於絶裾而就行。使太真能佐晉室，剋復神州，勳烈如浮雲之過太虚耳，豈足以塞其天性之傷。

仁説

人之性，仁義禮智四德具焉。其愛之體則仁也，是乃天地生物之心而其所由生者也，故仁爲四德之長也。人惟己私蔽之，以失其性之理，是以爲仁莫要乎克己。己私既克，愛之理無所蔽，則與天地萬物血脉貫通，而其用亦無不周。

記甘露李文饒事

曾畋所總丹陽類集，載熙寧中僧應夫治故殿基，得李文饒手記云：寶曆間創甘露剎，以資穆皇之冥福。文饒有《祭言禪師文》云：因甘露之降瑞，立仁祠於高標。與此記合，則文饒豈真知惡異教者哉！愚按：李文饒平生毁僧寺而獨創一甘露寺，恐無此理，或僧徒故爲此事以汙之，如僞撰韓文公作大顛書之類耳。

黄鶴樓記

武昌黄鶴樓以山得名，而唐《圖經》爲怪説，謂費文禕仙去，駕鶴憇此，閻伯理《記》中乃實其事【一】。或者又引梁任昉所記，謂駕鶴之賓，乃荀叔偉，非文禕也。此皆因黄鶴之名而妄爲之説。樓旁有石照亭，不知何妄男子題詩窗間，遽相傳曰吕洞賓所書。而蘇子瞻亦載馮當世之説，有羽衣着屐之詩。嗚呼！寧有是理哉？

書

與劉共父，近世再臨舊鎮者，聲望率減於前【二】，或曰上下玩習之故。某以爲不然，殆由在我者有忽之之心耳。某效職于此，佩「心誠求之」之訓，味「哀矜勿喜」之言，怵惕黽勉。諸變一以信義待之，如買馬一事，舊弊革去凡數十事。最苦是鹽銀，輒虧其輕重。

【一】閻伯理記中乃實其事　「理」原作「程」，據張栻《黄鶴樓説》改。

【二】聲望率減於前　「減」原作「城」，據文淵閣本改。

帥司先利出利銀之得【三】，其下官吏率從而減剋乾没。今先去出剩銀，招馬官先以此意出塞喻變落。舊來馬至二月末方有來者，而羅殿又四年不來。今方中冬，邕州已申羅殿將馬千七百疋近塞矣。蓋知忠信之可行，而在我者誠當自檢也。

與湖守薛士龍，聞欲招陳君舉來學中，此固善，但欲因程文而誘之讀書，則義未正。今日一種士子，將先覺言語耳剽口誦，用爲進取之資，轉趨於薄，此極害事。

與吴晦叔，仁右道左之説，右爲陽而用之所行，左爲陰而體之所存也。黄、老翕張取與之意，竊弄造化之機，故其説爲刑名。

與朱元晦七十三篇，蓋南軒平生所資，而期於明道救世者，晦翁一人而已。其規切晦翁之語，如曰：「聞兄在鄉里，因歲歉，請於官得米儲之，春秋償所取之息，不過備耗。或者妄有散青苗之譏。」兄聞之，作而言曰：「介甫獨有散青苗一事是耳。」奮然欲作《社倉記》，以述此意。某以爲此則過矣，是乃意之所加，不自知其偏者也。又來者多云會聚之間，酒酣氣散，悲歌慷慨。如此等類，恐皆平時血氣之習未能消磨，不可作小病看。又慮元晦學行爲人所尊敬，眼前多出己下，平時只是箴規他人，見他人不是，覺己是處多。他人亦憚元晦辨論之勁，排闢之嚴，縱不所疑，不敢以請。深恐諛言多而拂論少，異日流弊不可免。念世間相知孰踰於元晦，切磋之義其敢後於他人。其論晦翁著述云《論語章句》精確簡嚴，足詔後學，《中庸大學章句》極涵蓄有味，《太極圖解》析理精詳，《西銘》之

【三】帥司先利出利銀之得　「利」，文淵閣本作「剩」。

論甚精，《克齋銘》、《敬齋箴》皆當書之座右也。其自以所著述資晦翁者，云語説涬荷指論，極爲開警。奉教以禮書中不當去冠禮事，甚當其言。所與同時諸儒云：「伯恭近來儘好説話，於蘇氏父子亦甚知其非。」又云：「伯恭愛弊精神於閑文字中，徒自損何益？如編《文海》，何補於治道？何補於後學？徒使精力困於翻閲，亦可憐耳。承當編此文字，亦非所以承君德。」又云陸子壽兄弟如何，肯相聽否。澧州教授傅夢泉，乃是陸子靜上足【四】，其人亦剛介有立，但所談學多類揚眉瞬目之機。子靜此病曾磨切之否。其於胡氏之學則曰：知言疑義，開發甚多，不是指摘前輩也。又云胡氏《春秋傳》多有合商量處。又云《讀史管見》病敗不可言，看來多是爲檜設，言天下之理而特爲譏刺一夫，不亦隘且陋乎？因晦翁論武后事，既立長子難誅其母，則云：中宗雖是武后所廢，然嘗欲傳位與后父，是得罪宗廟，不可負荷五王。若能正大義，於唐家見存子孫中公選一人以承天序，告于宗廟，誅此老媪，則義正理順，唐有泰山之安矣。其論當世人物，則云劉共父，今日達官似皆不能過之。又云今日所謂正人端士固有之，惟是不知學，不可望以向上事業耳。其自言廣右之政，謂自靜江之外，諸郡匱缺，願與憲漕通融均濟之。偶兩臺闕官時暫兼攝，遂乞增撥諸州一分鹽息錢，及增邊州米錢，又請以見在三十萬緡專充漕司買斡鹽本，三十萬緡專備借諸州搬鹽本。此乃一路性命所繫，幾爲小人盡刮以獻。又云：本路鹽法，正緣諸州荒寒，全仰漕司撥鹽息。往年行客鈔，賣數極不多，却有折米錢甚重，民深

【四】乃是陸子靜上足　「上足」文淵閣本作「一流」。

病之,改爲官般而罷折米。廣東不便而爭之,再行客鈔。然所賣數多,鈔大積壓,於是復行官般,但漕司撥得息少,則抑賣增價之事生,故論奏增給。大抵此路窮薄,祖宗時全仰外路應副,今每歲反應副外路鄂渚大軍錢、靖州歲計錢及買馬錢合二十一萬緡。此路盜賊之多,緣配隸之人萃焉,比嚴首捕之科,收其强壯爲效用,故少戢。其自言江陵之政,謂今軍事在都統司,財賦屬總司,帥司所當以固結民心爲本。帥司兵但有神勁馬步合千人,荆鄂大軍屯營在此者,亦萬五千餘人,務以信義待之,號令則不可少犯。此間乃吴、蜀腰領,自襄陽至此僅六百里,要當以死守之。往年劉信叔號名將,張安國素豪俊,然爲帥時,聞少警便要爲移治江北之計,此乃大繆。又云義勇民兵是爲荆渚之衛,近來振激之,使受縣宰節度,共父與免役極害事,今亦修正之。辰、沅等五郡刀弩手,比列上爲久遠計。堤岸繫一方之命,近城十數里最所恃者,今爲久遠之計,不敢草草也。其泛及民事,云見李壽翁侍郎,申明乞依舊法,義米各積穀在逐鄉都分中,户部固已沮之矣,望兄試爲畫項見教。

與吕伯恭,衣冠不整,舉止或草草,此恐不可作小病看。外之不肅,而謂能於外,可乎?以不當憂責爲幸,此意殊不厚。存心既爾,若一旦臨事,豈復更有力乎?大抵老兄平日似於果斷未足,雖是過於厚,傷於慈,爲君子之過,然在他人觀我,則觀過可以知仁;在我自檢點,則終是偏處。仁義之道常相須,若於義不足,則所謂仁者亦失其正矣。去年聞從學者甚衆，某殊謂未然，若是爲舉業而來，先懷利心，豈有就利上誘得就義之理？今已謝遣，甚幸。

答胡季隨，元晦所編《遺書》皆存元本，其間真僞，在我玩味之，久自識別之。

答陳擇之，異端自謂直指人心，而初未嘗識心也。使果識心，則君臣、父子、兄弟、夫婦是乃人道之經，而本心之所存也，其忍斷棄之乎？

答陳平甫，言自己工夫。

答沙市孫監鎮，楚乃伍員之宗國，豈有假手於讎覆其宗國快心於其君耶？狄梁公乃與大禹、太伯一例存之，前輩嘗謂梁公偶未之思耳。今勑額在吴，以慰吴人之思可也，在楚則不可以施樂。祀典有功德於民則祀，員於此地，何止無功德而已哉！

答陸子壽，講學不可以不精也，元晦卓然特立，真金石之友也。

答李賢良，盛名之下難居，而問學之方無窮。責人者易爲言，而克己者難爲功。

答胡直夫，世固有不取異端之説者，然不知其説乃自陷於異端而不知。又云君子亦豈無欲乎？而莫非天命之流行，不可以人欲言？常人亦豈無一事之善哉？然其所謂善者，未必非人欲也。愚謂二者皆本原上精明之語。

答俞秀才，論飢食渴飲、晝作夜息是義，云孟子只去事親從兄上指示最端的。釋氏只認運水搬柴爲妙義，而不分天理人欲，此不可不知。

答喬德瞻，惟二程説話完全精粹，其次則尹，又其次則楊，方到謝上蔡。

與曾節夫，舊祈禱無我理，盡除之，只到社壇、風雷雨師壇，及於湘南樓望拜堯山灘江，遣官奉祝版瘞山投江而雨大集，庶使邦人益信土偶之非所當事，而山川是爲神靈也。又云舜廟堂廡有庳之神在焉，武后亦勦入廡下。又僧伽一部亦在焉。即日投畀江中，庶幾一廟之内四門穆穆耳。又云保伍法先行於静江，非惟弭盗，亦且息訟。因漸教以相親睦扶持之意。諸邊蠻獠一以爲赤子，一以爲龍蛇，豈容少忽。察偏矯習常有新功，《中庸》謹獨，《大學》誠意，乃下工夫要切處。長物之説正所欲聞，近來只是買得一石屏及一觥，其他皆向來几案間日用者也。懽攝事如廣中用八路法，但可差在本路得替寄居待闕官。潭城諸倉已有米近八萬斛，勸陳帥借此濟民，却一面奏聞待罪，至獲罪，十數萬生齒已活矣。況不必獲罪耶？【五】

答問

答吴叔晦以《孟子》「乃若其情」之「若」訓「順」字，恐合考。

胡伯達問：「明道以天命之性屬人，伊川通人物，而言不同，如何？」答云：「明道之説，蓋明性之存乎人；伊川説性之通體，無乎不在。」

答朱元晦説「執其兩端」，如始終、本末、大小、存薄之類，識其全體，執其兩端，然後可量度取中。答云：「此説雖巧，恐非本指。如當剛而剛，則剛爲中；當柔而柔，則柔

【五】此條以下至本卷終，元本多有錯簡，下不一一出校。

爲中。」愚恐南軒之説，又似執其一端耳。經文自明白，無他求可也。又「夫婦之愚」一章云：「若專指夫婦間人所不睹不聞者，却似未穩。」愚意南軒之説是矣。經旨「夫婦之愚」對聖人而言，特指匹夫匹婦之愚者耳。

答胡廣仲主謝上蔡「心有所覺爲仁」之説，云：「知覺是知覺此，又豈可遂以知覺爲此哉！」

答陳平甫主「晝作夜息爲天理」，云：「異教中亦拈此。孟子只拈出愛親敬長之端，最爲親切。」答其欲經紀明道、横渠之後，云：「此有位者之責，不當竊取而任之。若與之相識，則或周之助之可也。」

答宋伯潛問舜「明於庶物」之「物」，云：「道外無物。」愚恐太寬。

答吕子約問「敬鬼神而遠之」，云：「《遺書》中亦未説到深遠處。且大綱説敬。」愚謂鬼神事，夫子此一語盡之矣。又本旨在務民之義，若説到深遠處，恐便與夫子不同。《答俞秀才》云：「周公欲代武王死，是渾全誠意。其謂《金縢》策祝之詞，不無妄傳，則似不必疑也。」

跋

《跋孫子》，《西漢·藝文志》載武所著《兵法》八十二篇，圖九卷。杜牧謂武書數十萬言，曹操削之爲十三篇。

《跋王介甫帖》，例多匆匆草草，丞相平生何有許忙迫時耶！

墓誌

《少傅劉子墓誌》公初侍其父忠顯公韐守越，守真定。及京城不守，忠顯死之，公義不與共戴天，佐張忠獻誅范瓊。陝西之失，用吴玠守大散關。公知興元，遷守三泉，爲壁潭毒山上，卒全蜀。張公罷，公貶白州。起知泉州，又坐張公貶漳州。起知鎮江，秦檜罷之，歸。子珙克世其家。初，朱松以家事托，公教其子熹與己子均，是爲晦翁。

吏侍李公浩，建昌人，不見年魁秦熺，其後論者爭言檜時事，公言蚩尤五兵，李斯蒙隸，苟便於世，不以人廢。知台州，破豪民鄭憲之家，爲其訟寃，賴劉珙免。知靜江，浚靈渠，爭買馬，市象事。

工書廖公剛，順昌人，居鄉喻盜使反業，堂名世綵。

章惇之追貶，封還章傑、章僅補外之詔。在臺多所論列。自公之去，言事者多承望，而搢紳竄逐相繼矣。

司諫王公縉，其先自嚴家於明。知英州，盜過其墳無犯。朱勝非當國，故卿監官至都堂，亦使趨庭自列。公不肯入堂，言多採用。公之存，子孫悉從吏部選，無詣堂者。

祕閣詹公至，嚴州人，初爲河州士曹。薄寨主王淵之罪，後淵顯，張浚、韓世忠皆其舊部曲。其言爲諸將所信，故張忠獻任之，凡軍事非文檄所能傳者，必公往諭意。嘗佐世忠解濟州之圍，行至熙河，請駐山陽，世忠不從而敗。劉光世解兵柄，料吕祉浛之必敗。教授劉靖之，述其撤近歲太守部使者之祠，而祠濂溪以訓學者義理。其文甚悉。吴監廟，述其望得官而不露。魏元履，名掞之，舉遺逸，任太學録，請去王安石父子而進爵程氏。又白太學豈當專以浮言取人？臨終戒用僧。凡五招晦庵，以終事爲託。鮮于廣，少母安人常氏，廣襁褓時去其家。既冠而知之，則常氏没矣。廣追念哀疚，屬南軒爲哀詞。

勸農文

首告以勤，吾力既盡，至豐歉則天焉。而亦由於人事，此則太守與官屬之責，而亦有繫於百姓者焉。文字宛轉，周於事情。

祭文

祭虞雍公，云論有異同，正惟公義之報。

漢丞相諸葛忠武侯傳

傳後云或謂侯勸昭烈取荆州爲不義，不知劉琮既已迎降於操，則荆州固魏之荆州矣！于以取之，豈不正乎？惜昭烈之失此機也。又或謂魏延之策，惜侯不用。不知夫天將昌漢，以侯之舉措，掃禽亂賊，直餘事耳。行險僥倖，非侯志也。嗚呼！秦、漢以來，士狃於戰國之餘習，張子房爲拔出者，而猶未免乎雜以伯術。若侯真豪傑之士，無文王猶興者耶！然使侯得游於洙泗之門，講學以終之，則其所至又非予所知也。又曰朱元晦以予不當不載以管、樂自許事。謂侯爲後主寫申、韓、管子、《六韜》之書及勸昭烈取荆、益，可見其所學未免駁雜。然方曹氏篡竊之際，侯以身從帝室之胄，允執大綱，終始不渝，使侯當齊侯時，其肯自富其國而忘天下之大訓乎？使侯當燕昭時，其肯志在土地珍寶，而自以爲功莫大乎？故不欲書以惑觀聽，拔本塞源之意也。予讀《出師表》所以告後主，一出於正，殊非刻核陰謀之語，故於手寫申、韓等書之事，疑則可闕也。侯在草廬，一見昭烈遂定取荆、益之計。蓋以興復漢室爲己任，則諸侯内懷他圖者，得以正名而討之。然昭烈小不忍而妨大計，故劉琮降操，荆、益可取而不取，是侯之策，昭烈未能盡從也。及狼狽而遁，藉吴敗操，又迫於吴而入蜀，以譎計取之。予知侯有不得已者，非草廬所以告昭烈之本意也。然侯於學未足，故昭烈譎取劉璋終爲有媿。若夫開國建后，大事也，而奉册所立者，乃亡國之宗婦。以日易月，後世之大失也，而昭烈之喪，冢宰所贊者乃固繆之禮。然則當斷之曰：若侯者，體正大而學未至者也。

謹按：先生講學專主涵養、持敬，謀國專主致君、讎敵，居官專主恤民、練軍。乾、淳諸儒議論與晦翁相表裏者，先生一人而已。晦翁之言，精到開拓，足集諸儒之大成。先生之文，和平含蓄，庶幾程氏之遺風。晦翁精究聖賢之傳，排闢異説，所力任者，在萬世之道統。先生將命君父之間，誓誅讎虜。所力任者，在萬世之綱常。元氣胥會，二儒並出，其更相切磨，友誼卓然，又足使千載興起。嗚呼！此其所以爲乾、淳之盛歟。

南軒先生語録

論語類

謂學而時習，不特效人之善，如觀「天行健，則自强不息」之類皆是也。愚謂此於「學」字上推廣，若本旨又重在「時習」上。

射不主皮，與爲力而射者不同科。愚意似不必添「與」字，只作爲其力之不同，亦自明白。

論敬鬼神而遠之，因言横渠挂夫子像，見而不拜又不可，遂卷起。

夢見周公，五峯謂必曾於畫像中見之，所以夢見。愚謂世之不識其人，而夢之者甚多，但夢中以爲某人耳，如子孫之於祖先亦然。此何足怪而轉生畫像之説耶？大抵夢境所見，與青天白日識認人面目不同。夢見周公，何可議論？

論夫子與上大夫下大夫言，云最是更端處難。蓋以爲一時之間，既與上言又與下言也。愚意隨應而不同，亦未必同是一時。

論鄉原，自以爲是便休，是以終身爲原人。愚謂此説極平，又有益於後學。

龜山云：惠及困窮之人，是爲天禄之終。愚謂此雖一説，恐改了經文耳。

猶之與人，訓「猶」爲「若」。愚恐「之」字無着處，且合依古註訓「俱」。

中庸類

君子居易以俟命，非專俟其通。

易類

蠱之上九，不事王侯，只是不立其朝爾。人却言天子不得臣，諸侯不得友，是無人倫。

詩類

《振鷺》取其潔，亦謂其翔而後集。愚按：《詩》本喻《有客》之容，餘皆推廣爾。

禮類

曾子易簀，季孫以人情賜之，曾子以人情受之。若以此終，則不可。

冠禮見於母，母拜之。只不坐受其禮，皆謂之拜。今小兒便穿秉，是以名器爲戲玩。

既冠，可也。

喪祭，既不用浮屠，蚤晚臨之類，不可不備。

神主，神所依，「主」子無出處【六】，但恐古者貴賤有少别爾。

【六】主子無出處　「子」文淵閣本作「字」。

春秋

德壽問長勺之戰，對曰：「曹劌所論，特血氣之勇，所以易竭。若報父兄之怨，雖百鼓不竭。」愚按：劌所言是臨陣一時之事，先生乃借以言胸中忠赤之藴。

孟子

氣次焉，次焉者，繼之謂也。無是餒也，不可使此餒也。

道學

或逞利欲，不知天地不只生爾一箇，何不將此身在天地間公共看？

恐利害倉卒之間，錯了路岐。

廷對須直言。蓋士人初見君父，此時可欺，則無往而非欺。

附麗匪人，如黥、如劓，雖欲湔洗而痕跡尚在，夫人得而指之，不復爲完人矣。

遭人謗，謗得是，固當改，謗得不是，必思何以致此。

性理

良心豈無發見之時？引而伸之，涵養而擴充之，天理自明，人欲自消。因循怠惰，此人欲所以肆也。

吴晦叔説惻隱，曰：「有所惻然隱於吾心。」東萊曰：「此正如説隱着脚相似。」

本朝諸子

濂溪學問如此，而舉世不知，爲南安掾，程太中始知。可見無分毫矜夸，方是朴實下工夫人。

温公自陝歸洛，以俸餘買布，洛布賈高，即以陝賈買之。先生曰不如伊川塌麥。有來問麥賈者，曰依市賈。欲損之，不答。先生曰：「若減賈，便是近名。」

康節云：君子贏得做君子，小人枉了做小人。先生言贏得是有利心，不若改云君子本分做君子。愚謂詞義於此乎益精矣。然欲警切人心，使其鋭於爲善，恐仍不若本語之精神。孔門云惠而不費，亦不以計較爲嫌也。

康節與韓魏公游龍門，憩櫟林，見墜枝而知其將伐。

磨而不磷，涅而不緇，須還孔子。吾人只當學子路。

龜山見明道，歸，再與揔老語。揔老曰：「必曾遇異人來。」更不敢與爭辯。龜山晚年一出，自處地位大高。

南軒初見五峰，五峰辭以疾，以其家學佛。再見，乃授業焉。

文海事，伯恭錯承受。昔温公作《通鑑》，似不爲無益，前輩猶謂其枉用心。

陸子靜謂不當編《程氏遺書》，晦叔曰：「若如其言，六經可燒。」先生曰：「是。」

古君臣

霍光天資重厚，如朝謁進止，常不差尺寸，似乎知學者。

唐太宗《政要》中載孔明語云：吾心如秤，不能爲人作輕重。

一士大夫不畏死，常風浪中過鄱陽湖。晦庵聞之曰：「當時溺湖中，當得甚高節。」先生曰：「元晦説極是，若舍生只得死何用？」琴張欲弔宗魯，孔子曰：「齊豹之盜、孟縶之賊，女何弔焉？」琴張只見宗魯死，便以爲難事，不知其不義也。子路爲孔悝死，始初不知所擇，雖謂之不得其死可也。自古不曾見聖人被役。

人有靜而死不亂者，有赴死如歸而死不亂者，有信其死去之西天而死不亂者。

武昭儀稱制，褚遂良諫，不聽。孰若高宗初幸尼寺，取才人入宮之時，大臣一言可去，與楊妃事同。

維州事，李德裕初固不當受，牛僧孺後所處亦非。彼悉怛謀乃慕義而來，當先與吐蕃約，以金帛贖其罪，然後歸之。致堂讀史論維州本中國地，德裕受之是。

陸宣公奏議善開明人主，及爲相却與爲詞臣不同，當奏白而行之，不從則去，不應復抗疏累千言。若宣公只是詞臣，無宰相才。

本朝人物，范文正公本朝第一等人。《寄元均帖》云此去南陽亦且讀書，涉道貴深，退即自樂，非升沉之可摇也。忠宣公豈能及？觀其救蔡確，謂逆曾參反爾之言，違老氏好還之戒。又語同列以不當開此路，是論一己利害，平生心術見於此矣。司馬温公改新法，或勸其防後患，曰：「天若祚宋，必無此事。」更不論一己利害。

君相不當惡士大夫之好名，惟朋友相切磋則不當好名耳。

鄒道卿貶昭州，氣終不衰。胡澹庵大節極好。趙忠簡人品甚高，黨籍至，忠簡始除。汪聖錫不妄假人以詞色，得大臣體。李巽巖議論，如雪中檜栢。

治道

莫易於宰相，形便勢利，有人可以任事；莫難於宰相，少有私意便隔絶矣。施設不過舉其大綱，先使官得其人。君子聚於朝，中人皆可化而爲善。小人得用，中人皆被引去。

大農盡知州郡之財，盡數括取，而不恤州郡之有無，官兵俸給於何取之？祖宗朝置江南六路發運，與錢六十萬貫爲糴本。如某路某州熟，則依時價糴之。某路某州旱潦，則發幾千萬石減價糶之。故京師不告勞而江南終無水旱飢荒之厄。前此茶鹽皆無鈔，只是某州綱舡到，則發鹽載回某州賣，本錢歸發運司，利則潤州郡。自胡師文爲發運，以本錢爲羨餘獻之，其後却就諸州再括六十萬爲糴本，而法始弊。

屯田，用軍中子弟，分之田畝，假之農具。更一説可募百姓。

當今天下之勢，擇一人帥建康兼兩淮制置，一人帥興元兼四川制置，一人帥荆南兼襄漢制置，使自選屬，治兵積穀。劉共父在建康甚好，更得元晦發脱得必又顯焕，伯恭可佐之。因又及治内，汪聖錫可參政，元晦可御史中丞兼侍讀，伯恭可諫議大夫兼侍講。虞人聞之必喪膽，太平可期矣。

東漢無數君子，其亡尤速。

立朝

先生每登對，必自盟曰：「切不可見上喜便隨順。」

張説除簽書，先生極論其不可，又責宰相虞允文曰：「宦官執政，自京、黼始。近習執政，自相公始。」允文謂同僚難論列。先生曰：「張九齡論牛仙客，陸贄論裴延齡，非同僚耶？」允文不能答。曾覿除某官，中書舍人趙雄當制在假，先生戲其爲樊須。雄由是深怨，與允文表裏，譖先生於上，謂其目獻壽爲胡舞，欲竄之。上於是出先生知袁州。

政事

戒約州縣，以誠相待，或言武人難駕御，先生曰：「不如開懷待之。」

訓門人

不爲吴晦叔誌墓，云：「依妻家。」

《答鄭自明書》云：「工於論人者，察己常疎；狃於能直者，所發多弊。」

文章

作詩不可直説破，須婉而成章。

退之《聖德頌》先斷腰膂處，子由非之。先生曰：「退之筆力高，欲藩鎮聞之耳。」

異端

宗杲問先生，如何是「一以貫之」？時先生年甚少，曰：「某今未敢便與爾説一以貫之，且道如何是忠恕。」宗杲歎服。

不接僧道，曰：「公廳豈見異教之所！」

雜類

「弓調然後求勁，馬服然後求良士，必誠慤然後求智能」，傅夢泉對先生云。

門人、門生乃學者所稱。愚按：周曰士，秦、漢曰生，皆指學者。《漢書》載：學於其門者爲門下生。唐世採譽望而取士，凡投文字而獲選者，因稱門生。今世獲薦舉者亦循其例稱門生，雖理所不必，要之，生亦士之通稱也。近或不明其義，以生爲卑謙之名，靡然爲諂者，則必稱門生；介然自立者則羞稱門生，達爲貴官者，則又嫌人之稱其官而欲其稱先生。不知生即士之稱，先生即老士人之稱。此何異事，而舉世視此爲輕重？僭因南軒之説而及之。

讀南軒議論，當觀其天性忠孝，以義理發爲政事處。

卷四十

讀本朝諸儒理學書八

東萊先生文集

詩

《送丘宗卿守嘉禾詩》，「簿書高没人，迎筆風摧枯。自許豈不豪，歲晏終何如」。此戒乘快無惻怛之心也。

表

《代張嚴州謝免丁錢表》，自昔邦家惟欲編氓之繁阜，于今閭里反憂孫子之衆多。

狀

《爲張嚴州作免丁錢奏狀》，嚴州即南軒也。本州承平時，每丁官給鹽一斗，計五斤，每斤計三十一文二分省，共計一百五十六文，納絹一丈二尺八寸，内一半折錢一百六十文，又折帛錢如其數，兩項共三百二十文，以鹽價百五十六文比折，外貼納百六十四文，亦未見其害也。蔡京變鹽法、賣客鈔，又復給丁鹽，徒令納絹。絹價復長，舊每匹一貫，今二貫。以故貧民規脱，丁口不敢裹頭，生子亦往往不舉。旋奏減得請，有先生爲《南軒謝免丁表》。

劄

《乾道輪對劄》，第一論聖學，謂希進之人妄變典章。第二論恢復大事，不可輕信迎合。

《淳熙輪對劄》，謂獨運之説，不可不察者五事。又對劄謂國朝寬大忠厚，禮遜節義遠過前代，當愛護勿替。

《進編次文海劄子》，《文海》元係書坊刊行，先生乞就裁損，斷自中興以前，凡六十一門百五十卷。

《館職策》，謂賈誼先外後内，治原殆未深講。姚崇不能格心而務力邀君，埒之誼非匹矣。詞鋒横出，讀之起人意。先生時年三十五。

記

《台州修城記》，州歷慶曆之水、宣和之盜、乾道之火。趙公汝愚爲守，新其城。

《撫州浮橋記》，橋作於乾道初郡守陳森。淳熙二年水，趙景明復新之。

《秀州陸宣公祠堂記》，城東橋以宣公名，相傳公生之地。學故有祠，郡守吕正己復新之。

《泰州修桑子河記》，范文正作捍海堰，起海陵，屬鹽城，衡百餘里。淳熙初，潮大上，圮者半，旋築之。獨桑子河以南徑如臯，繚許氏莊後，文正規略所未及，歷陽魏欽緒併爲之堰云。

《白鹿洞書院記》，唐李渤所隱居，我太宗驛置九經，俾諸生肄業。與嵩陽、嶽麓、睢陽爲四書院。晦翁淳熙六年爲守，得廢址，乃興今書院云。

《重修釣臺記》，謂使先生微有意於傲世立名，一再傳之後，且將爲西晉之清虛矣。至於節義之弊過於亢激，特時無皇極之君，均調消息，非造端者之過也。祠之前羊裘軒，其東客星閣、招隱堂。

序

《戴衍字序》，以衍在中之義，字在伯。

《洪無競字序》，洪名哀然，更名無競，而字求仲。蓋不欲爲科目是羨，而求人所不求之坦途也，文意煒然。

《李仲南集古録序》，堙壘沉鼎，頹趺仆碣，布濩於莽蒼之濱，餘款墜刻流落人間，財以侑几案，娱賓客而止耳。歐陽公始輯之，李丙仲著録千卷，文字陽予而陰抑之，以觀物者必於其會。爲説尤精奇。

《大事記序》，周敬王三十九年以下歷代史。

《書薛畏翁詩後》，元祐諸公，以簡靜無求爲家法。

《書趙路分行實後》，無所歆羡而爲善，無所創艾而不爲惡，此天下實德君子。路分當是福王之父。

《代宰臣謝御書崔寔政論》，推明不可過嚴之意。

《題通鑑本末後》，謂袁機仲躬其難，而道學者以易，學者毋徒樂其易，而深思其所以難，則幾矣。

《題近思録》，謂首卷陰陽性命之説，特使之知有所嚮望而已。餘卷講學之方其有科級，若躐等陵節，流於虚空，則豈所謂近思者耶？

《書許吏部詩後》，吏部去國，極意探討前輩源委，以尃殖經世久大之業。非獨以一時與秦丞相異同爲諒也。

《題紫微翁與曾信道手簡後》，謂吾家全盛時，與江西諸賢特厚，其歷叙曲折處極可觀，有關世變。

書所定古《周易》，費氏《易》在漢最近古，最見排擯，而今獨存。自康成、輔嗣，合《彖》、《象》、《文言》於《經》，學者遂不見古本。近世嵩山晁氏編《古周易》或以爲未安，今一以古爲斷。

祭文

祭曾文清與祭南軒文，委折可觀。

行狀

待制王居正行狀，其先仕蜀，後徙維揚。公不用《三經義》、《字説》，流落不偶餘十年。其後登朝，著《三經辨》，學力排王氏。嘗論省費，謂於一二日少駐蹕之須，以數路、數十州土地之所出，欲盡爲向者一百七十三年之事，不忍暫有所廢革。嘗知婺州，力請免貢羅及辦供御炭用胡桃鵓鴿文之説。初善秦丞相，後排之，屏居羨陽而終。亦嘗排坐講之議云。

誌銘

朝散潘好古墓誌，紹興丙辰歲侵，公既發廩，復致他郡粟，下其直十之三以貸之。秋稔，民勸趣償，視初貸復詘其一。甲子水，舟人獨載公，公諭舟人先載餘人。婺田恃陂塘，公有塘，曰葉亞，聽民取之，斥田以廣潴蓄。子景、憲，景愈知名。

義烏徐君誌，言擇地失葬之弊。

祔韓氏誌，先生兩娶韓元吉之女。

薛常州墓誌銘，公名季宣，字士龍。其父徽言，從胡文定學，終起居舍人。公少孤，妻父荆帥孫汝翼，迎袁溉爲之師，溉及登程夫子之門。公少爲武昌令，虜亮叛盟，公説汪澈，令成閔乘得蔡破竹之勢，下潁昌，徑陳、汝，趍汴都，虜内顧且驚潰，不能用。而陳、蔡新附諸城接踵復爲虜矣。江淮仕者大抵無固志，公獨留家不遣。念除盜莫如聯保甲，疆陲有事，惟素整者可不亂，所以整教者甚悉，訖虜退，人心不摇。嘗部餫信陽，隊伍次舍悉倣行軍。役罷，死者纔一人。虞丞相允文白遣公行淮西，安流民，授田墾築，具有法。入覲，言外事無足道，而深憂近侍陰擠正士。出守湖州，禁祠傷神者，死獄大減。初，陳亨伯割諸道留州錢輸大農，號經制，翁彦國復總制。至是，户部令提刑司以曆付場務，一錢以上皆分隸經總。公獨言於朝，曰：「自經總制立額，州郡鑿空取盈，若復隸額外征掇其强半，郡調度顧安所取，殆復爲他謬巧，民何以勝？」户部鐫譙愈急，公爭愈强，遂收前令不布。改知常州，未上，卒於家，年四十。公之學，博覽精思，於經無不合，於事無不可行，言兵變化若神。《詩》、《書》、《春秋》、《中庸》、《大學》、《論語》皆有義訓，《九州圖志》之屬，藁方立而未究云。

金華王氏誌，言氏族反爲昏姻病，由卑援高者，厥咎僭，厥罰常辱，厥妖婦乘夫；由高耦卑者，厥咎貪，厥罰常驕，厥妖夫虐婦。

金華汪君誌，言義役。

嚴陵方君誌，唐末，處士方干居白雲原，至今一原數百家，衣冠人物爲盛，銘云雲來四世。愚恐雲來在四世之外。

金華曹將仕誌，司録而下，三傳曰隨、曰傳、曰介，五傳曰詔，六傳而得公。余謂此叙世系省文法也。公嘗升辟雍，蓋三舍法之制。

永康王君誌，太學生王頤之父名恬，自少至老以畏謹持門户。有奪攘者，曰：「吾豈以尺寸地敗宗姻恩意哉？」

時德輔誌，德輔名汝翼，先墓蕪廢，次第經緝。自始祖而下十餘處，春秋帥其族灑埽。

邢邦用誌，既舉進士得官，盡弃故學，偏從先生長者游，汲汲求踐其所聞，自任者厚。

朝散潘好謙誌，娶陳少陽女，得官，靖厚淳質。陸九淵爲之碣銘。

陸先生誌銘，先生名九齡，陸出嬀姓，陳敬仲適齊，别其氏爲田。田氏有國，宣王封少子通於陸鄉，又别爲陸。唐乾寧宰相希聲之後，居撫之金谿。有居士賀者，以學行爲里人所宗。有子六人，先生居第五。秦檜當國，無道程氏學者，先生獨委心焉。爲太學録，先之以身，正之以漸，行之以無事，雖跌宕見鐫譙者，退亦心服。登乾道四年進士第，教授興國軍，以家難去官。調全州，未上，以疾終。先生和順不違物，而非意自不能干，簡直不徇，人而與居久益有味。方其勇於求道，憤悱直前，蓋有不由階序者矣，然其所志者大，所據者實。公聽並觀，却立四顧，弗造於至平至粹之地弗措也。所謂仁以爲己任者，於此見之。

金華時澐母陳誌，母囑毋徇葬，師先生，因而歷叙古禮，及後世卜葬之弊。

家傳

東萊公家傳，國朝知泗州吕龜圖生蒙正，相太宗、真宗。龜圖弟龜祥，知壽州，生大理丞蒙亨。蒙亨生夷簡，三相仁宗。夷簡生公著，相哲宗。公著生希哲，爲滎陽公。希哲生好問，是爲東萊公。好問生子本中而下五人，孫大器而下九人，曾孫祖謙而下十六人。祖謙，東萊先生也。自滎陽公以道學爲世宗，東萊公早得其傳。黨論起，嘗阨困者二十年。欽宗立，驟用之圍城中，備嘗艱難。力勸張邦昌復辟，而嘗受邦昌僞命，論者及之。迨三世而後先生爲之傳，蓋白其本心云。

集録

《入越集》，陰晴變化，凡一草一木，接於見聞者，無不模寫其生意。如曰：「老梧離立道旁，茂灌如青玉榦。」如曰：「雲稻風葉，皆鮮鮮有生意。」如曰：「秋水平岸，菰蒲青蒼，會稽、秦望、雲門諸山，互相映發。城堞樓觀跨空入雲，耳目應接不暇。」凡皆其游樂之趣也。謂蘭亭曲水，必非流觴之舊。謂禹穴乃大石中斷成罅，殆非司馬子長所探，此爲考古。謂大能仁寺閣宏壯光麗，然益知民力之困也，此爲警語。謂自五雲門重堤隱然，達曹娥五六十里爲省塘。異時，有意復湖者，第修省塘，則盜湖之田不待廢而自爲陂濼矣。此爲有益世道，蓋可補《南豐鑑湖記》之所未及也。

《入閩録》，訪晦翁於五夫，而録不全。

日記

《庚子辛丑日記》，蓋病中編《詩記》《大事記》也。晦翁跋其後，云氣候之暄涼，草木之榮悴，亦必謹焉。

宗法

集《大傳》、《曾子問》及《橫渠記解》爲之，謂上治祖禰，尊尊也；下治子孫，親親也；旁治昆弟，治整齊也。五世祖免，六世親屬竭，但同姓而已。欲約小宗之法，異宫同財。又爲宗法條目，以家廟爲主日與朔望時祭，皆約爲定式云。

葬儀

古禮稱哀子不稱孤子，非有親服不致奠。凡讀祝，吉禮出左東向，凶禮出右西向，卒哭後用吉禮。

古者但設奠具，漢以來設酒食。自唐藩鎮競侈靡，始縛祭帷至高數丈，廣數十步，作鳥獸、花木、輿馬、侍從，衣以繒綺，靈輀過則焚之。國朝令勑不得於街衢致祭。右先生在嚴陵，爲潘叔度將《儀禮》、《開元禮》、《書儀》參定，各有條目云。

廟制

士一廟，且於所居之左蓋祠堂一間兩厦。祭用分至，取氣之中，時之均。

學規

乾道四年，規約以孝弟忠信爲本。五年，規約以明理躬行爲本。

官箴

以覓舉求庇獻書爲第一戒，以下條目甚詳。

事涉權貴，平心看理。又《舍人官箴》尤詳，云當官先以暴怒爲戒。

擇善

先生舊所編書名也，録《左傳》以下諸史謙厚之事。如薛宣密封楊湛姦贓狀，使自圖進退；如卓茂舉善而教，訴亭長受米肉者云，「遺之而受，何故言？」如史弼答鈎黨云，「它郡自有，平原自無。」其它甚多，一一可觀省爲法。

尺牘

與南軒、晦庵講義理者，極可玩味，而與晦庵者尤多。其與南軒多自反之説，若曰：於要的處或鹵莽領略，於凝滯處或遮護覆藏，爲學不進，咎實由此。又曰：積蓄未厚而發用太遽，涵泳未足而談説有餘。其與晦庵多相規之説，如曰頗乏廣大温潤氣象；如曰最當於矯揉氣質上做工夫；如曰齟齬頗多，皆誠意未孚之咎；如曰吾徒講學，政須於日用間就事上商量；如曰稟賦偏處須融化得盡方可。若其它論理説經處，往往多質難之辭。愚按：先生於南軒、嚴陵同寅朝列【一】，同巷平居，最相得，於晦庵則彼此訪求以求真是。晦庵以千載道統爲己任，排斥異説，毫髮不恕，禍福是非一切以之，有泰山岩岩氣象。先生并包融會，以和爲主，故常規警晦庵。然道不直不見，啓一時紛紛之辨者，晦翁也。垂萬世昭昭之訓者，亦晦翁也。顧後學於諸老，自當參觀耳。若其與他人書，則極爲

【一】先生於南軒嚴陵同寅朝列　「於」，文淵閣本作「與」。

晦庵回護。

與周丞相子充諸書，其勸勉丞相，謂從容調娛，裨益元氣，非若匹士以潔身爲諒。又謂實有裨益則不必蹟之外見，事有次第則不必人之遽乎。又謂消長安危所繫，當念兹在兹。其自謂則曰：「讀書視舊，頗不鹵莽。」又曰：「至五十以後，乃稍趍約。」其言晦翁則曰：度不能俯仰。謂沈叔晦直諒確實，謂陸務觀疏放。

與陳君舉書，所見少差，流弊無窮者，往往皆高明之士。

與陳同甫書，云留建寧凡兩月餘，復同朱元晦往鵝湖，與二陸及劉子澄諸公相聚切磋，甚覺有益。元晦英邁剛明，而工夫就實入細，殊未易量。子靜亦堅實有力，但欠開闊耳。又嘗與邢邦用書云：與朱元晦相聚四十餘日，復同出至鵝湖。二陸及子澄諸兄皆集，甚有講論之益。近嘗與子靜詳言之，講貫誦繹，乃百代爲學通法。學者緣此支離泛濫，自是人病，非是法病。見此而欲盡廢之，正是因噎廢食。

讀易紀聞

六位時成，應時而成先天後天，聖人與天無間。【二】

己丑課程

趙良曰：五羖大夫相秦六七年，三置晉君。注云納晉惠在僖九年，納晉文在二十四年，相距十九年。

【二】此條原闕，據耕本補。

樂毅伐齊，曰若不遂乘之，待彼改過卹下則難慮。注云：推此言，則世之論毅者其然乎？

春秋講義

亦少年之作，但不至如博議之太刻耳。

左傳手記

視講義稍不衍文。

讀史綱目

以紀綱體統機括爲説。

辨《史記》十篇有録無書，謂非皆無書，余嘗附其略於《古今紀要》。

讀漢史手筆

所記及賊莽之奸欺，豈以示有國家之警戒耶？然愚嘗謂君尊如天，地道無成，凡天下之功皆人君之有，人臣固無預也。漢末名爲諸儒者，以苟順成風，頌莽功德，置君何地？末流之弊勢有必至者，雖莽初心不至是也。此亦不可不揭之爲萬世戒。

謂文帝於匈奴來則禦之，未嘗窮追，正嚴尤所謂中策，而尤獨遺文帝，何哉？愚謂文帝，三代所以待夷狄者也。

謂陸賈使其子析居分財，敗俗傷化。愚謂賈不忍仕吕氏，分財兒曹，東西遊息，此寓之飲食燕樂，而誅吕安劉之功藏焉者也。觀豪傑，自不當責其細。

與朱侍講答問

晦庵言太極、中庸處，東萊皆質難，但出於平心講求耳。答朱子問仁，謂愛指其用，公指其理，覺指其端。孟子曰：「仁，人心也。」此仁之體，程子以爲性者，特仁屬性爾。

答南軒語孟疑

簡明，可玩味。

答學者所問

其説多可觀，惟云陳平之事，雖使未濟而死，獲謗後世，君子不憾也。此説却須契勘，蓋吕氏自東萊公失節於張邦昌，故先生於議論古今出處名節處，率多陰爲回護，使不相形迹。緣此習熟之久，亦每覺弱了一兩分，下筆時亦覺放寬一兩分。此意熟味自見，然用之於處世接物，極爲和平。若論事到極處，則當觀晦庵、南軒之説。陳平何人斯？而乃謂世之譏其阿意王諸吕者爲謗耶？不寧惟是，吕許公，名相也，而不免權術；吕原明，名儒也，而不免佛學。故先生於文字議論間未嘗譏權術，排佛、老。雖其德性之寛和，必亦陰有所礙，學者所當諒其心。

策問

一問晉之北伐，二唐之方鎮，三晉之人物，四立政之官，《周官》所無，及《詩》、《春秋》官稱亦與《周官》不合。皆稽其顛末而詰以意所可疑。

問淮之水利，夫差城邗溝，自南通北，今射陽湖末口、廣陵韓江皆不可不稽。魏文自譙循渦，自北通南，今精湖、廣陵故城皆不可不察。曹之芍陂、孫之濡須，齊垣崇祖之守壽陽而堰淝水，梁武帝之堰淮水以灌壽陽，他如雞鳴、召伯、西陵、柳浦，若海陵之堰，皆淮之水，當考。

周之天官，舍其卿士大夫，獨計府史胥徒，猶三千六百有奇，以一例六，殆踰數萬，千里之入何以贍之，至於賓客之費，歲以三百子男國計之，爲斛者六十四萬有奇，爲束者八十一萬，上之爲公侯伯，加之爲飧饔餼費，益不可勝計。漢自佐史至丞相，九十三萬二百八十五員，月廩踰百萬斛，他費尤不可計，而貫朽粟腐，復大可疑。

宏詞進卷

《建隆編敕序》，五代爲一切之法，以求勝民，千機萬穽罔民而納之死。我藝祖以四卷之簡而馭億萬生齒之繁。昔之法多而犯愈多，今之法少而犯亦少，治果在此不在彼也。

拾遺

佚老庵記，勸富人惠鄰里。

爲人作論旱劄子，云困厄危迫之狀，十僅達其三四。自朝廷觀之則似過甚，自旱荒之邦觀之則猶恨其有所未盡也。

附録年譜

紹興七年丁巳，公外祖文清公曾幾轉運廣西，公之父倉部侍游。三月十七日，公生於桂林甥館，年十二歲以祖駕部致仕恩，補將仕郎。十九歲從三山林少穎游，二十歲魁福建漕薦。明年中銓，授岳祠。二十四歲從藉溪胡原仲名憲及汪公應辰。二十六歲薦於浙漕，明年中禮部第六名，賜及第，又中宏詞科，授睦宗院教授。三十一歲講授於招明寺，明年作博議。三十三歲添教嚴州，三十四歲除太學博士兼國史編修。三十五歲改宣教郎，試館職。明年考省試，以病歸。明年習講《尚書》，又明年編《讀詩記》。三十九歲訪晦翁，輯《近思録》，同會諸儒於信州鵝湖。四十歲再會晦翁於三衢，復編《詩記》，除祕書郎。四十一歲校正《文海》，四十三歲考殿試，除著作佐郎，尋遷禮部郎。凡除皆兼史如舊。明年以病歸，復修《讀詩記》。四十歲初作《大事記》。四十五歲，當淳熙八年辛丑七月二十九日終，弟祖儉誌其壙。

祭文

晦翁發明盡之，一時諸儒或各主所見，辛稼軒本以吏能稱其言，獨曰：「厥今上承伊洛，遠泝洙泗，朱、張、東萊屹鼎立於一世。」陸象山則曰：「鵝湖之集，適後一歲，輒復妄發，宛爾故態。公雖未言，意已獨至。」又曰：「更嘗頗多，觀省加細，追惟曩昔，麄心浮氣，徒致參辰，豈足酬議？」於此，亦足以占象山所學與鵝湖會議時不同，而世之承襲者尚祖初説，自外正論亦弗思矣。善乎！陳謙之祭有曰：「諸老異同，兼包并容。」於是知當時東萊平心調護之功居多，而後之學者所當遐想云。

賜謚

婺州丘壽雋申請援朱、張爲比。孔煒謚議亦謂朱、張與公互相劘切，其曰：「有自負其能，高視一世，壁立倚天者，及見公，降心屏氣、斂鍔藏鋒，脱去故習，若未嘗有挾者焉。」此言公調娱象山最爲切。覆議丁端祖則曰：「得晦庵朱氏、南軒張氏、東萊吕氏，續濂溪二程之傳，而大道以明，人心以正。謚法：開物濟務曰成，通達强立曰成，謚之以成夫何慊。」此萬世公論，異端自高者退聽矣！實嘉定八年指揮。

易説

諸卦皆備，殆類全書，多是發明義理，可以玩味，然特出於門人集録，非先生親筆，亦間有語未瑩處。如天在山中，大畜，云山安能畜天？以方寸能留藏八荒，則亦有此理。愚恐經文只是山中見天耳，非必包天於山，如洞天之云也。如大過，獨立不懼，云常人數百年所不見，必大驚駭，無一人以我爲是，非大力量何以當之？愚恐經文只説自守之堅耳，若人大驚駭而我獨不懼，王金陵執拗可監也。如君子以虚受人，云：聖人無邪無正，皆受之。語亦微過於寬，邪正恐難兼受。學者所當斟酌。至若首句云：讀《易》當觀其生生不窮處。極後解《繫辭》，生生之謂易，云生是新鮮變動之意。此先生看《易》之大綱，學者當隨事意會。

詩説

首句云：「詩者，人之性情而已，只以平易觀之。」此深得説詩之法，然皆其門人所録，語亦有未瑩。如《漢廣》「秣其馬，秣其駒」，此正思以禮，而云欲念數起，如《柏舟》「不能奮飛」，此正其鬱悶，而云非不能奮飛，特不忍去；如《還》詩刺荒，而云田獵中自有精神，不知精神正其荒處也；如《碩鼠》詩「誰之永號」，而云它處無復號泣，不知其預言去後，無永號於此者，乃惻怛戀舊之心，非言他處也。其他别生意義，皆平易之反，先生本説未必如此。至《將仲子》一詩，謂莊公待其弟之惡稔，此却是先生以《春秋》説《詩》，用法太深處。竊意莊公當其母偏愛叔段，事極難處，隱忍順從乃其真情，事變至極，豈能預料？後世徒見其後來之克段，遂逆料其初心之殺段，不知莊公不幸遭母子兄弟之變，當人心天理未變之初，其情有可念者，讀《將仲子》之詩可見也。

周禮説

言比閭、族黨、州鄉爲成周疆理天下之法。言大司徒荒政十有二，如散利須更考太府、天府等掌賦之官【三】，簿征考九職、九賦，九貢，緩刑考司寇、士師。言土均所均，即大司徒所掌之土而斟酌損益之。又言師氏詔以德教國子，大司樂掌成均之法，以樂德教

【三】掌賦之官　「賦」文淵閣本作「錢」。

國子甚詳。

禮記説

多説《曲禮》、《學記》等進修之法，於「幼子常示毋誑」一章，責孟母買肉啖子，一誑成兩誑，最是入小人之徑路，其論精矣。然孟母當時買肉以實其戲言，乃是悔過而善處之，所謂仁術之類，入君子之徑路也。其解「五帝憲三王乞言」一章極精確有味，云憲者瞻儀容，觀起居，不待乞言。三王則從容款曲，忠敬誠慤。其説《學記》七者之教，云九分是動容周旋，洒掃應對，一分在誦説。今全在誦説，了無涵畜工夫。皆反本之論，訓學者最爲深切。

論語説

愚嘗謂聖人言語極分曉，所待訓釋者字義耳。又天下之義理無窮，前賢天資高，則領會又别，故書之以詔後世耳。若此外衍説，則不必也。朱、張《論語説》皆有成書，惟東萊數條僅出於門人集録，然猶賴此可與朱、張參考互發。獨其説「始吾於人」「今吾於人」，與「先進於禮樂」「後進於禮樂」，與「深則厲，淺則揭」，於本文明白之中别生新意，恐集録者之誤。又鄉原，德之賊，不過以鄉黨中謹愿之人，見善非明，用心非剛，而柔善爲衆所悦，或者因以爲然，則反爲德之賊。今直謂鄉原之心，要牢籠盡天下人，不獨鄉原之本心不如此，竊意夫子譏鄉原之意亦未必如此。前輩各爲辨説，雖皆義理所在，各足以警世，而後學因之爲新説，至近世尤甚，謹書以自防。

孟子説

「見梁惠」一章，云以仁義爲天下，何利之足言？説王天下，自是正理。

「太王事狄」一段，云人事盡，然後可以付之天。

子路人告以有過，云子路之心，專是求益。

《孟子》「致爲臣而歸」一段，云：方其未出，使人君欲見不可得。及言不用，道不行，使人君欲留不可得。如是，然後可任道之輕重，保社稷之安危。自古人君本未嘗輕士，自是士自輕。

他如謂匡章能有悔心，而獨處自省。謂《易》之消息盈虚，《春秋》之褒貶是非，爲時中之義。謂孔子不與陽貨辨而與少正卯辨，孟子不與申、韓辨而與楊、墨辨，爲深明乎疑似之際，皆警切簡明，他不勝記。但謂樂正子一爲餔啜，已入陷穽，則似未安，蓋樂正子，孟氏高第，孟子所望捄世行道者也。從子敖來而不能有益於子敖，故孟子甚言以警之，曰「徒餔啜」，徒者，止於如此，而他無所補之辭，如飲食而已，素餐之謂也。今世俗輕薄，借以譏嘲，誤以徒然之徒爲圖求之圖，而《集録》亦意其貧乏依附，以干禄爲比，幾何而不實世俗之誤耶！善乎先生之諸子喬年題其卷曰：聽者之深淺，記者之工拙，則覽者當自得，蓋必有窺門人之誤者矣。然一仍其舊，不敢竄易，尤足以見先生家法之厚，而吕氏之代有人。

先生又載陳瑩中説，使王氏之門有負恩之士，則漢之宗社不至於亡。謂了翁本蔡卞所薦，其後每事力爭。又云漢闕下之士，皆以莽爲周公再生，而讀《漢史手筆》，亦終始載新莽事獨詳焉。先生豈以士風浸弱頗類西漢，因以寓其憂患之心者乎？

集録史説

云温公《通鑑》正欲續《左氏》編年，《左傳》之終云知伯貪而愎，故韓、魏反而喪之。左氏終於此，故《通鑑》始於此。

又云温公論才德自分明。愚謂尚有當推廣者，未可見其分明而不察也。蓋才德皆天所賦之善，以其有用則謂之才。如所謂天之降才，元凱謂之才子，而吾夫子歎才難是也。以其自得則謂之德，如謂有諸己無待於外之謂德。顔、閔謂之德行，而吾夫子欲崇德是也。才德可分賢否哉？智巧小人於德謂之凶德，則於才謂之不才，如四凶稱不才子是也。今温公以智伯爲才，而以才專屬之小人，以智伯亡德，而以德專歸之君子，此恐指後世誤認不才爲才者言之耳。況謂德勝才爲君子，才勝德爲小人，則是君子亦有小人之才，小人亦有君子之德，特以分數多寡爲君子、小人之分，而才不才之辨，吉德凶德之異，殆不暇察。此又公因智伯之聰察，一時立論云爾。且以才德兼全爲聖人，聖人爲君子之魁，又爲小人之魁乎？世之賢者固多，兼有才德而分量尚有差等，豈得盡謂之聖人？而愚人亦何至才德之兼亡耶？農工之業一有濟於用，皆才之類，而家庭之事一有合於理，皆德之屬。區區之見如此，尚得俟明師而請之。

論李克對魏文侯問相，云不在朝廷而論朝廷事，正可泛論大體，對言亦然。

左原爲郡學生，犯法見斥。郭林宗慰之，謂蘧、顔不能無過。先生云所以開其善心。

華歆少與衆避亂，有獨行者願俱，歆獨曰：「無故受人，不知其義。」及其人墜井，歆又獨曰：「已與俱矣，弃之不義。」先生云歆少年處事子細，然其後輔操傾漢，有資質無學問也。

邴原至遼東，清議以格物，管寧恐其招禍，密遣西還。此善處朋友。

劉巴輕張飛爲武人，孔明戒之。先生云：文武只一道。自東京末高自標榜，故劉巴猶有餘風，宜見弃於劉備。

孔明死，蔣琬代。琬死，董允代。允死，費禕代。先生云：後之爲相者，身在尚不能無失，而亮死後猶足以維持二十年，緣當初收得人才在。

王昶戒子，願其效徐偉長，毋效郭伯益，略如馬援。先生云：教子本不欲其言人過，而已反自言。

孫權疾張温名盛，而駱統表理之，裴秋以爲揚膏熾燎。先生云：田蚡正怒灌夫，竇嬰乃言夫勇冠三軍；宣帝正怒蓋寬饒，鄭昌乃言猛虎在山，藜藿不採。此不善解人者。霍光怒田千秋擅召中二千石，杜延年歷數其罪，然後言丞相故用事，不可遂弃。鍾期言不中，以琴撞秦始皇。始皇怒，或曰：「悍人也。」又曰：「幸遇明君，如遇桀、紂則不免禍。」此善解人者。

後魏源懷巡北邊，與故人元尼須爲鎮將者飲酒。明日，檢其罪，與蘇章同。先生謂不覆護哀矜，見其刻薄。

楊椿戒子孫，有忠厚遺風。後魏楊氏，累世孝友。

雜説

左、右廂起於唐，本李靖兵法。自府兵變爲彍騎，謂之禁兵，諸道變爲長鎮，謂之鎮兵。昭宗之亡，禁旅盡矣。朱全忠以鎮兵得國，京師始分四廂，諸軍分兩廂。自周世宗於方鎮寄招禁軍，由是州郡始有禁軍。太祖專治禁軍，而廂浸廢爲卒矣。

孔子告顏子、仲弓問仁。先生謂亦不是孔子自説，出於左氏。愚意左氏似後於孔子，安知非引孔子之言耶？

王湛年三十，宗族皆以爲癡。王述年三十，未知名人，或謂之癡，先生稱其質厚韜晦。君臣之間不是不可説話，此皆士大夫愛身太重，量主太淺。

殺百萬生靈，亡數百年社稷，皆生於士大夫患失。

王韶初下西邊，魚行水面，彼人不食故也。

「國是」二字乃不祥之語。

錢荒，當以力農愛粟帛救之。

管仲才高，只是辦不得个不做。

本朝大綱目，如不殺，如衃力役，如賑凶荒，如納諫諍，如幸大臣第。其中仁厚寬衃處皆是。至熙寧王氏用事，掃去盡矣。

楊炎併租庸調爲二税，二税外不許誅求一錢，它却不知保不得後來。大凡治財，最不可壞舊法，最不可併省名目。

不愧屋漏，凡口然而心不然，念慮間有萌動皆是。

辭受之際，不須與人商量。若受，却商量。

人二三十年讀聖人書，一旦遇事，便與閭巷人無異。或有一聽老成人之語，便能終身服行，豈老成之言過於六經哉？只緣讀書不作有用看故也。或問爲學多爲事廢，曰：「事未到時心先忙，事已過後心不定，所以占時節多。」

張荆州教人以聖賢語言見之行事，因行事復求聖賢之語言。

爲學須是一鼓作氣，間斷便非學，所謂再而衰也。用工夫人纔做，便覺得不是，覺得不是，便是良心。

人有干求，可不可便説。

處兩不足之間，凡應和語，須對兩人皆可説。聽人語不中節者，擇其略可應一語，推説應之。權職便當以正官自處，但不可妄有支用。

南軒曰：「心在焉，謂之敬。」

處家固不可不正且肅，然不可不放一分。

先生以理學，與朱、張鼎立爲世師，其精辭奥義豈後學所能窺其萬分一？然嘗觀之，晦翁與先生同心者，先生辨詰之不少恕；象山與晦翁異論者，先生容下之不少忤。鵝湖之會，先生謂元晦英邁剛明，而工夫就實入細，殊未易量。謂子静亦堅實有力，但欠開闊。其後象山祭先生文，亦自悔鵝湖之會集，麄心浮氣。然則先生忠厚之至，一時調娱其間，有功於斯道何如耶？若其講學之要，尤有切於今日者，學者不可不亟自思也。蓋理雖歷萬世而無變，講之者每隨世變而輒易，要當常以孔子爲準的耳。孔子教人以孝弟忠信躬行爲本，至子思則言誠，至孟子則言性，已漸發其祕，視孔子之説爲已深。至濂溪則言太極，至横渠則言太虚，又盡發其祕，視子思、孟子之説爲益深。一議論出，一士習變。至晦庵先生出，始會粹濂、洛之説，以上達洙泗之傳，取本朝諸儒議論之切於後學者爲《近思録》矣。然猶以無極太極、陰陽造化冠之篇首，則亦以本朝之議論爲本也。東萊先生乾道四年規約，以孝弟忠信爲本，明年規約，以明理躬行爲本。至其題《近思録》卷首，則謂陰陽性命特使之知所嚮，講學具有科級，若躐等陵節，流於虚空，豈所謂近思？嗚呼，學者可以觀矣。然人情好高，誰守科級？先生之垂訓雖嚴，而學者之談虚滋甚。嗚呼，此吾孔子之所以不輕泄其祕歟！抑諸儒亦豈得已而泄其祕歟？嗚呼！士乎奈之何不近思？

象山天資超悟，才辨雄絶，眼空萬古無可人，而獨靡然於東萊。雖東萊德性和平之感召，亦其識象山文，於數千稠衆中擢之上第。稔習之機有漸，而邁往之氣爲消。東萊因得而調娱之，斯道之賴爲多，嗚呼，非天歟！

勉齋先生文集

書

與李敬子，博文易而約禮難，後來學者專務其所易，而常憚其所難。人藏其心不可測度，欲一窮之，捨禮，何以詞氣容止之間、應事接物之際，察其中理不中理，十得七八矣。

愚按：此本爲琢磨朋友而發，然後學可用以自治，故録之。

復葉味道，《語録》所載與《四書》不同者，便徑削去，則朱先生所集程先生《語録》，胡爲兩説不同而亦皆采之耶！朱先生不敢自安，而學者乃率然如此耶！朱先生一部

《論語》直解到死，今亦有未安處。不亦君子乎是第一段，幾番改。今觀程子云不見是而無悶，乃謂君子，是不愠然後君子也。朱先生云：故惟成德者能之，則是君子然後不愠。如「敏於事而慎於言」，朱先生云：敏者勉其所不足，慎者不敢盡其所有餘。用《中庸》「有餘不敢盡」之語，然「慎」字本無不敢盡之意。事難行，故當勉；言易肆，故當謹耳。志道據德依仁，不當作次第説。若作次第，則游藝有所不通。此一段乃近見一朋友語録中所載，又可以其與《四書》不合而删之乎。

與李制帥，招軍不若使自結爲保伍，其頭目人命之以官，且使守護鄉井，有急則調發應援，虜中所謂千户想亦如此。世宗取兩淮，所遣策應軍以數萬計者不知其幾。今兵弱如此，可不早圖之乎？又悉起諸郡配隷之人自爲一軍。

復楊志仁，謂形容此身，只是形、氣、神、理四字。形則一定；氣能呼吸，能冷暖；神則有知覺，能運用；理則知覺運用上許多道理。有形斯有氣，有氣斯有神，有神斯有理，只是一物。又書：道生一，一生二，二生三，三生萬物。老氏之所謂【三】，非吾儒之所謂道。天下之物，無獨必有對，若生一是獨也，一陰一陽之謂道，道何嘗在一之先？《易》有太極，是生兩儀，易即陰陽，何嘗生一而後生二？一動一静，生死呼吸，無往非二，二各有本末終始，故二分爲四，而五行立矣。又書：教官無鑒别，不來極善。此間朋友留戀椀飯，有乞人所不屑者，甚可鄙也。

【三】老氏之所謂　文淵閣本作「老氏之所謂道」。

復甘吉父，五行有生數，有行數。某嘗疑其只是一樣。天得奇爲水，故曰一生水；地得偶而爲火，故曰二生火；二之極而爲四，故曰四生金。一之極而爲三，故曰三生木；水者，初生之陽；火者，初生之陰；金者，極感之陰。木者，極感之陽；水火木金土，分其奇耦初終而言也。去私兄以爲火能克金，不應生金，土，五行之序也。水火木金土，借曰中央有戊己，土不知何月日屬戊己耶？土旺四季，何物非何故夏之後便爲秋耶？金本土也，以秋燥熱而生金，謂之火生金，惟其能生，所以能尅，又土所生？豈特金耶？某欲作三句論之，曰論得數奇耦多寡，則曰水火木金土；論始生之序，則曰水何疑焉？論相生之序，則曰木火土金水。如此，其庶幾乎。若謂先有水火後有木金，木火金土；則不成道理，亦不成造化矣。愚按：勉齋此説，與其師晦庵不同。然晦庵論生之序，似推測造化之初開闢而言，謂天地尚混，水始生而蕩滌其間，是爲天開其極，則降而爲山川。水極生火而炎爍其間，是爲地闢其極，則升而爲日星。於是陰陽又相摩盪其間，而五行備，人物生矣。今勉齋則主天地間造化運行而言，意恐各有在也。

復李公晦，《綱目》舊本，威烈前諸國征伐，至殺十數萬人者，皆不載。嘗以禀先生入得數段，後欲重修而未暇。如此大部帙，其間豈無疏漏？然其大法則正大的確，非前輩諸儒所能及。

復胡叔器，進道之要固多端，且刊落世間許多利欲外慕，見得榮辱是非、得失利害，皆不足道。只有直截此心無愧、無懼，見之動靜語嘿，皆是道理。

與潘謙之，天地之間無獨必有對。以天言之，則貧對富、貴對賤、窮對通、泰對否；以人言之，則出對處、進對退、隱對見、仕對止。古之人惟義所在，未嘗有所擇，比年士大夫只揀一邊好底，於己則利矣，如義何？此風一長，望其舍生取義、殺身成仁，決無此理。

復陳監酒，犒賞諸庫乃楊存中所私置，不過遣小小卒伍之長居之。後雖歸之朝廷，亦視爲至賤之職。

記

《安慶府廟學記》，嘉定癸酉，蜀人張嗣古所建。安慶，舊舒州也。文翁興蜀學，正舒之人，今以蜀之人興學於舒，用此爲結。其前用晦庵教人之説，而中叙事。

《南康修白鹿書院記》，淳熙八年，朱文公得洞學舊基而興之【四】。後三十有八年，當嘉定十年，公之子再守南康而增修之，招從公之學而通其説者講授焉。

《吉州永新縣學記》，嘉定元年，盗發荆、潭，禍連數州。越數年始定。永新當往來之衝，縣焚蕩無存者。事定，而縣尉范君建學。因叙慶元、開禧排士之修學者爲僞，輕啓兵端，東南困竭，州縣方且括民財，事苞苴，此盗之所由起。則弭盗安民，舍學何以哉？

《袁州韓文公廟碑記》，歷叙堯、舜相傳至孟子，而皋陶、伊尹、萊朱之倫亦與知道者列。自周衰至韓文公，始以道自任。天之所命之謂性，公則曰：「所以爲性者五，曰仁義

【四】朱文公得洞學舊基而興之 「基」原作「其」，據明本、文淵閣本改。

禮智信。」率性而行之之謂道，公則曰：「由仁義而之焉之謂道。」修道以導民之謂教，公則曰：「其法禮樂刑政，其位君臣父子。」觀公之所見，則公之以道自任可知矣。世之稱公者，既不足以知公之深，甚者則指公爲文人，而又以文爲道。愚按：知公之深，論公之的，至此記無以復加矣。東坡所作《潮州廟碑》，其文人之文哉！

《漢陽五先生祠記》，成均之法，擇有道德者使教焉。没則祭於瞽宗，謂之先聖先師。國無人則取諸其鄰，與其鄉鄰而嘗仕於其國者。二程生於黄陂，爲漢陽鄰壤，門人游氏嘗守是邦，而原其學之所自傳，周先生實倡其始，朱先生實成其終。

《鄂州四賢祠記》，四賢，濂溪、二程、晦翁也。此記極陳道原之自出以及道統之由傳，可以成誦。

《和靖祠記》，謂其歷險難而不變，處貴顯而不動，抱仁履義，終其身而不悔，爲程門退然如愚之顔子。

《徽州朱文公祠記》，文公禀高明之姿，厲强毅之學【五】，潛心密察，篤信力行，精粗不遺，毫釐必辨。至其德盛仁熟、理明義粗【六】，歷代相傳之道粲然昭著。

《李貫之祠記》，貫之，蜀人李道傳也。以不及執經朱先生之門爲恨，凡從先生游者，皆詘首與之交。篤信力行，卓然可敬。

《仰止堂記》，丞相正獻陳公招晦翁館其家，其子大府丞處嘗摳衣焉，思之而作此堂。

【五】厲强毅之學　「厲」文淵閣本作「奮」。

【六】理明義粗　「粗」文淵閣本作「精」。

《敬義堂記》，爲長溪楊吴老作。

《劉正之遂初堂記》，言子弟不淫於富貴之義，可讀。

《鄭次山怡閣記》，明兄弟之義。

《重齋記》，爲家抑作，言以宏毅任重。

《無欲齋記》，爲家擯作，發性靜無欲之義甚明。

《毋自欺齋記》，爲蜀李德進作，以精一爲知行，意甚明潔。

《樂斯庵記》，劉草堂舊居之旁，章貢曾堅伯所築。

《瑞蓮堂記》，蓮，花之君子也。蓮而瑞，君子道長之祥也。

《龍門庵記》，講學以充其所禀之氣，庶博碩宏偉，無負兹土之勝。

《挈矩堂記》，爲萍鄉社倉作。

《戒殺記》，若省食肉，亦覺志氣清明，用度自少，免分外過求。不可以其説類釋氏而不思也。

序

《輔仁録序》，朋友列於人倫，又所以紀綱人倫者也。

《鄉飲酒儀序》，鄉飲，教親睦也。今之群飲者，教侈也，誨淫也，慫欲也，無非所以敗人心，故爲明其義。按：此序叙儀物甚詳。

《會表兄弟序》，以正月十日、六月二十日酒肴相會，世俗俚下之詞，闤闠米鹽之賤，謹勿出諸口。

《送陳元平宰邵武序》，叙其氣豪而幸有志於學，願以志帥氣則氣足，以贊吾自治之決。且屬其式尚書黄公之間，其必有所感。夫春江渺瀰，兩涘之間不辨牛馬，而霜降水涸，蛟龍蟄藏者，乃天下之全功，君尚勉之。按：此序極可玩味。

《方明父歸岳陽序》，尊晦庵之學，蜀有李貫之，後得家本仲。今又得明父，而明父又言番易曾師魯之爲人，因告曾、孟以剛毅而傳。

《書龔夢錫編晦庵語録》，言之於口，不若會之於心者其旨深。玩之於書，不若體之於身者其理實。嘉定癸酉七月，書于臨川。

雜著

《磨銘》，上動下静象天地，前推一盪象六子。晝夜運行命不已，粗精紛綸物資始。

《醉牀銘》，責酒清易，責人清難。智者於酒可以反觀。

君子省身盍顧諟，無小無大本一理。

《陶器銘》，一綫之漏，足以敗酒，一念之差，得無敗所守乎？

《安慶勸諭榜》，周世宗攻兩淮，淮人結集保伍，截紙爲甲，號曰「甲軍」，大敗周師。蓋淮人忠實勇健，若能固習，雖有强敵，莫能爲患。又唐咸通間，浙東賊裘甫掠諸州，惟明州之人相與謀曰:「賊若入城,妻子皆爲葅醢,況貨財能保之乎?」相帥出財,募勇士,治器械,立栅浚溝,斷橋固守。賊不敢犯,況我淮民。

《臨川勸諭榜》,謂工於訟者,自絶天地,毁辱父母,破蕩家業,殃及後代。言甚精到,可爲世戒。

晦庵先生行狀,自「延平李先生學於豫章羅先生」云云,至「是殆天所以相斯文,篤生哲人,以大斯道之傳也」,共八板,當别録成誦。

墓誌銘

知果州李道傳誌銘,隆州井研人,逆曦見脅,君抗節不撓,進官二等。爲太常博士,請以周、邵、程、張五人從祀。知真州,築城,又築城外兩名埧,浚二濠,泱州之東北陳公塘,以水爲阻。築倉儲糴,補忠勇軍,按閲弩手民兵,請六合戍兵,取拓拔魏大武土木偶投江中。爲江東提舉,行屬部,劾貪吏十餘,黥逐胥吏百餘人,釋狴獄二百餘人,逮繫池陽戍將之杖統制官者,分賑宣、池、歙三郡。除兵部,辭。得果州,以劾歸,卒年四十八。愚按:君蓋蜀人,尊信文公道學之倡也。兄心傳以史學顯,弟性傳後仕至執政有爲。心傳後名獻可者,其子。

董叔重,番易人,名銖,晦庵高第。方僞學之禁嚴,學者多變節逃散,叔重正色諭之,翕然以定。晚年登第,仕止金華尉。

乾淳之盛，晦庵、南軒、東萊稱三先生。獨晦庵先生得年最高，講學最久，尤爲集大成。晦庵既没，門人如閩中則潘謙之、楊志仁、林正卿、林子武、李守約、李公晦，江西則甘吉父、黄去私、張元德，江東則李敬子、胡伯量、蔡元思，浙中則葉味道、潘子善、黄子洪，皆號高第。又獨勉齋先生强毅自立，足任負荷。如輔漢卿疑惡亦不可不謂性。如李公晦疑喜怒哀樂由聲色臭味者爲人心，由仁義禮智者爲道心。如林正卿疑大《易》本爲垂教，而伏羲、文王特借之以卜筮。如真公刊《近思後語》，先《近思》而後《四書》。先生皆一一辨明不少恕。甚至晦庵謂《春秋》止是直書，勉齋則謂其間亦有曉然若出於微意者。晦庵論《近思》先太極説，勉齋則謂名近思反若遠思者；晦庵解人不知而不愠，惟成德者能之，勉齋提云「是君子然後能不愠，非不愠然後爲君子」；晦庵解「敏於事而慎於言」，以「慎」爲不敢盡其所有餘，勉齋提「慎」字本無不敢盡之意，特以言易肆，故當謹耳。凡其於晦庵殁後，講學精審不苟如此，豈惟確守其師之説而已哉？若其見之行事，則如宰臨川、新淦，推行實政，守安慶、漢陽，慷慨事功，又皆卓卓在人耳目。然則晦庵於門人弟子中，獨授之屋，妻之女，奏之官，親倚獨切，夫豈無見而然哉？勉齋之文，宏肆暢達，髣髴晦翁。晦翁不爲講義，而勉齋講義三十二章，皆足發明斯道。其誨學者，嘗曰：「人不知理義，則無以自别於物。周旋斯世，自少至老，不過情欲利害之間，甚至三綱淪、九法斁，亦將何所不至。」其言哀痛至此，其爲天下後世慮也，亦遠矣。勉齋之生，雖在諸儒後，故以居乾淳三先生之次，明晦庵之傳在焉。

校勘記

卷四十一

讀本朝諸儒理學書九

龜山先生文集

詩

「此日不再得，頹波注扶桑。蹮蹮黄小群，毛髮忽已蒼。願言媚學子，共惜此日光。術業貴及時，勉之在青陽。」此《示同學》首章也，足以警惰。

《題釣臺詩》。謂東漢不任三公，故子陵不就其招，恐未必然。若子陵意果出此，合爲光武一言。《題吴國華釣臺》以璜溪嚴瀨對起，而總之云：「聖賢遇合自有時，潔身亂倫非所知。」以國華自作記，不取子陵也。又恐貶子陵太過。

《江上夜行詩》，「冰壺瀲灧接天浮，月色雲光寸寸秋。不用乘槎厲東海，一江星漢擁行舟。」

《望湖樓晚眺詩》，「斜日侵簾上玉鈎，簷花飛動錦紋浮。湖光寫出千峰秀，天影融成十里秋。翠鷂翻風窺淺水，片雲隨意入滄洲。留連更待東窻月，注目晴雲獨倚樓。」

書

上淵聖皇帝，略云自崇寧迄宣和，寬䘏之詔歲一舉之，宣之通衢而人不聽，挂之牆壁而人不視，以其文具而實不至故也。祖宗時，荆湖南北、江東西漕米至真、揚下卸，即載鹽而歸。自胡師文以糴本獻羡餘，而糴本乃取之諸路。昔每路鹽課無慮數十萬緡，自鈔法行，鹽課悉歸榷貨務，諸路一無所得。太宗嘗謂：倖門如鼠穴，不可塞；篙工柂師有少販鬻但無妨公，不必究問。自直達鈔鹽之法行，而回綱無所得，願捐數百萬以爲糴本，棄回運以養舟人。臣嘗任蕭山縣令，有錢清鹽場，亭户多逃亡，至追捕拘繫之。蓋鹽之入官，一斤不過四五錢，計其工力之費，十不償其二三。愚按：龜山當時事之艱難而陳民情之纖悉如此，救時者可觀矣。

奏狀

靖康元年正月，淵聖召先生置諫垣。七月乞致仕，得祠，時年七十四。明年高宗即位，召赴行在，除工部侍郎、侍講。建炎庚戌，致仕。凡奏狀皆其辭免狀。

奏議

謂童貫爲三路總帥，棄軍而歸，朝廷不問。梁方平、何灌相繼而遁，又置不問。使敵人善覘國，則勝負已決矣。又謂宰執首爲竄逸自全之計，亦宜稍正典刑。比聞士民伏闕詬詈大臣，無所不至，蓋國人之所共棄也。

姚平仲殺略相當，未爲大衄，寧忍坐視而不救。姚古、种師平、劉光世皆一時名將【一】，乞召至榻前，問以方略。

李邦彦、李鄴皆國人所共棄，今以平賊和議之功歸此二人，士庶讀者皆銜恨，乞收還榜示。

乞罷茶鹽，云：仁祖會榷茶【二】，淨利均爲茶租，使自興販。今茶租如故而榷法愈密，是榷之又榷也。周世宗以河朔鹽息均之人户。熙寧中，有議再榷者，朝廷不行。今鹽息如故，而又設官置司與他路等。江浙有蚕鹽，今蚕鹽不支而償絹不免。宜一遵祖宗之法，罷提舉茶鹽司。

乞出師，云金人駐兵磁、相，攻劫無有紀極，吾雖欲專守和議，不可得也。彼見吾高城深池，未易陵犯【三】，勤王之師四面而至。姚平仲與之交兵，忍而不敢怒，朝廷割三鎮二十州之地與之，是助寇而自攻也【四】。

乞罷趙野，云今自李邦彦而下廢罷殆盡，獨野居職如故。乃建請士庶名字有犯天王、君聖及以主字爲稱謂者，悉禁。上皇廢格不行，而野泰然自如。

乞黜責王雲等，云童貫、梁師成、李彦皆天下所共嫉，宇文虚中、王雲皆童貫腹心，韓駒諂附李穀，獻賦入仕，寅緣師成，躐典誥命。王子獻在京東，與彦爲姻好，依勢裒刻。近

【一】劉光世皆一時名將　「世」原作「出」，據文淵閣本改。

【二】仁祖會榷茶　「會」文淵閣本作「曾」。

【三】未易陵犯　「未」原作「宋」，據文淵閣本改。

【四】是助寇而自攻也　「攻」原作「巧」，據文淵閣本改。

見除向子韶爲京東漕，其人操守堅正，凡李彦黨與宜委之究治。

乞罷孫覿和州，乞用朱震充博士。乞追還元祐黨人舊職。乞誅姚古，正其逗留不赴太原之罪，以肅軍政。

謂王安石言「陛下若以堯、舜之道治天下，雖竭天下以自奉不爲過」。守財之言非正理，其後王黼應奉花石，竭天下自奉之説倡之也。安石釋《鳧鷖》守成之詩，謂以道守成者，役使群衆，泰而不爲驕，宰制萬物，費而不爲侈。其後蔡京輩輕費妄用【五】，專以侈靡爲事，蓋祖此説，則安石邪説之害豈不甚哉？望追奪王爵，毁去配享之像。

王黼伏誅，而蔡京父子止竄湖外，望取京父子與邦彦大正典刑，投之嶺海。其間爲蔡氏、邦彦所用之人，當一視之，察其賢而用，不賢而去。苟無事實，槩以黨附爲言者，是欲中傷，不可不察。夫以二十餘年之間，是數人者實秉國柄，天下之士不仕則已，其仕於朝者，皆其薦引也。非蔡則王，非王則李，若盡指以爲黨而逐之，是將空國無人矣。

與宰執劄子，慎令當於其始。

諸犯榷貨，不得根究來歷，違者以故入人罪論。自祖宗至熙、豐，未之有改，今茶法獨許根究。

書

答吴國華，王氏奉佛，至舍其居以爲佛寺。其徒有爲僧者，則作詩以奬。就其志，若

【五】其後蔡京輩輕費妄用　「費」原作「貫」，據文淵閣本改。

有羨而不及者。

寄俞仲寬，建、劍、汀、邵之民，多計産育子。吾郡五邑，惟順昌獨甚，富家不過二男一女，中下一男而已。

答吴仲敢，韓子曰：「仁與義爲定名，道與德爲虚位。」道固有仁義，而仁義不足以盡道，則以道德爲虚位者亦非也。愚按：吾儒言仁義道德，異端搥提仁義而專稱道德，故韓子之闢異端專於此辨之。天下無不善之仁義，故曰定名；道有君子之道，有小人之道，德有吉德，有凶德，故曰虚位。虚位云者，如一空椅子，好人也可坐，不好人也可坐。吾儒由仁義而爲道德，則實此虚位。道爲君子之道，德爲吉德，異端棄仁義而居之則反是矣。其説可謂工甚，而程門或以爲非。

答練子安書，古之爲貧者，豈特耕稼陶漁而已？今龜山之説專卑仁義而尊道，是正溺於老子之學耳。今使吾徒耕稼，能之乎？不能也。使之陶漁，能之乎？不能也。今是數者不能，將坐待爲溝中瘠而可乎？不然，則未免有求於人，如播間之爲也。與其屈己以求人，孰若以義受禄於吾君爲安乎？

先生《語録》，其間頗有失真者。與游定夫。《伊川語録》舊惟羅仲素編，今行李已遭賊火。與胡康侯。

與陸恩仲，聞吾友欲削髮爲僧，甚乖所期。中夜思之，寐不交睫。世之爲佛之徒者，將以爲道邪，則廢人倫、逆天理，將以求福田利益，則與世之行謁公門以邀名逐利者，無以異也。

上提舉，元祐差役，自二百五十畝以上充弓手，大抵十年兩役。《與翁子靜書》，云會佛與劉器之，夫物我異觀，不能通天下爲一，正今日學者之失。愚按：龜山之學，專欲物我爲一，此溺於佛氏「無人相我相」之於一，蓋心傳自到之學。説耳。

答陳瑩中，康節先天之學不傳於世，八卦有定位，而先天以《乾》、《巽》居南，《坤》、《震》居北，《離》、《兑》居東，《坎》、《艮》居西。又以十數分配，八卦獨《艮》、《坎》同爲三數，此必有説也。以爻當期，其原出於《繫辭》，而以星日氣候分布諸爻，《易》未有也。其流詳於緯書，世傳《稽覽圖》是也。揚子草《玄》，蓋用此耳。卦氣起於《中孚》，冬至卦也，《太玄》以中準之；其次《復》卦，《太玄》以周準之；《升》，大寒卦也，《太玄》以干準之。今之曆書亦然，則自漢迄今同用此説也，而先天以《復》爲冬至，《噬嗑》爲大寒，又謂八卦與文王異，若此類，皆莫能曉也。又書云，《太玄》之書，子雲覃思渾元，三摹而四分之，極於八十一首；旁則三摹九据，極之七百二十九贊。當期之日，又爲畸、贏二贊以盡餘分之數。其用自《天元》推一晝一夜陰陽數度星日之紀，與《泰初曆》相應。其爲書，蓋欲自成一家，初無意於贊《易》也，恐其書特《易》中之一事，與《易經》不盡相涉也。又云：温公自孔子而下，獨謂揚雄爲知道。雄之論孟子曰：「知言之要，知德之奥。」又曰：「諸子者，以其異於孔子也。孟子異乎不異。」夫雄以孟子不異於孔子，温公於孟子乃疑之，則雖以雄爲知道，而於雄書亦未盡信也。

與李泰發，車駕駐永嘉，若入閩中，則是舉中原棄之。近慶州又大擾，焚毁廬舍十八九，不知隆祐可以安居彼否。

與廖用中，上四州軍殘破特甚，亦不免科敷，每一錢産科借三文。福州爲不經殘破，每一錢産科借百文。

與吴守書，雖有船由海道去，不知領之者爲誰。一非其人則有害無補。

與胡康侯，斗綱之瑞，連貫營室，織女之紀，指牽牛之初，以紀日月，故曰星紀。五星起其初，日月起其中，其時爲冬至，其辰爲丑。三代各據一統，明三統常合而迭，爲首而還，五行之道也。周據天統，以時言也；商據地統，以辰言也；夏據人統，以人事言也。又云：若謂以夏時冠月，如定公元年冬十月，隕霜殺菽。若以夏時言之，則十月隕霜，乃其時也，不足爲災異。愚意災在殺菽，不在隕霜也。

朝廷著令，放税不許過三分，是預爲罔民之具，以資裒刻之吏耳，非令之善也。

答練質夫，向在諫垣，嘗論王氏之失。太學諸生安於所習，鬨然群起而非之。

記序

《陳諫議祠堂記》，初，蔡京爲翰林學士承旨，潛姦隱慝，未形於事，雖位通顯世，人莫知其非也。陳公瑩中力言京不可用，用之必爲腹心患。

《鄧文伯字序》，文伯初名平，夢神人曰：「子之名平，其字倒土，使子之困窮也。」乃以洵武易之，而先生字之文伯。

《送吴子正序》，云古之時，六籍未具，不害其善學。後世文籍雖多，無益於得。此篇序述極贍。

「應用」兩字，見《吴田曹文集序》。

《論語序》，以伯樂論馬爲證，謂道不可以言傳。愚恐以禪學陰移正論也。

子夏之後有田子方，子方之後爲莊周，見《中庸義序》。

策問

一鄉二千五百家，而卿大夫、士列於其間，無慮數千人，不冗且多乎？

答問

原壤，蓋莊生所謂游方之外者，故敢以夷俟孔子，然謂之爲賊而叩其脛，不已甚乎？而彼皆受之而不辭，非不以毁譽動其心，孰能至是？愚按：孔子告以幼不遜悌，至老而不死，是爲賊訓之也，非詈之爲賊也。以杖叩其脛者，蹙其夷踞使之起也，非杖之也。原壤放肆而孔子愛之以德，非毁譽也。龜山之尊原壤如此，蓋溺於方外之説，然方豈有外耶？

日録論辨王安石。

上問張端河北鹽議，對曰：「今且以變通財利爲先。凡利者，陰也，陰當隱伏；義者，陽也，陽當宣著。」論曰：取其所當取，則利即義矣，何宣著隱伏之有？若宣著爲善之名，而陰收爲利之實，此五伯假仁義之術，王者不爲也。故青苗意在取息，而以補助爲名，市易欲盡籠商賈之利，而以均濟貧苦爲説，正此意。

若不循理之人，敢爲妄言以阻亂政事，誠宜示之以好惡。陛下救今日之弊，誠恐不可以不勇。論曰：立法造事不爲衆論所與，以力勝之而欲成天下之務，未之有也。

上問：「程顥言不可賣祠部添常平本錢事，如何？」余曰：「顥所言，未達王道之權。賣祠部所剃三千人頭而可活十五萬人性命。」論曰：「鬻祠部取之力本之民，其徒益繁，其蠹益甚，未及賑饑，先困吾民。」

上問誠明，余曰：「能不以外物累其心者，誠也。」論曰：「誠者，天之道，非外物不以累其心者所能盡也。」

陳升之不肯簽條例司，余曰：「於文反后爲司。后者，君道也，司者，臣道也。人臣稱司，何害於理？」論曰：「口給禦人。」

興事造業，不顧流俗。周公彰善癉惡，柴世宗斬大將二十七人。論曰：「一有異己則指爲流俗【六】，而妄引周公、世宗以惑聖聽。」

朱越知建州，上曰：「若在京，好一見之。」余曰：「建州知州自來中書差遣，不足挂聖慮。若臣不足信，便改命忠信之人。」論曰：「於君臣之間，佷愎如此。」

永叔以韓琦爲社稷臣，不免附麗邪人，如吕公著象恭滔天。又云陳襄附下罔上，雖放流竄殛，自其常分。又謂永叔與一州即壞一州，留在朝廷則專主流俗。又云鯀以方命殛，共工以象恭流，富弼兼此二罪，止奪使相，誠未盡法。論曰：「自韓、富而下，皆元勳世臣，名儒碩德，天下仰之如泰山、北斗。一有異己則指爲姦邪，待以四凶。詆誣大臣，顛倒邪正，蓋自此始！」

保甲論曰：「井田法廢，民無常產。今欲什伍其民，以代募兵，則富者驕脆而不可用，貧者更番月閱轉爲溝中瘠，惰游姦凶散而爲盜，皆理之必至也。」

人主若能以堯、舜之政澤天下之民，雖竭天下之力以奉乘輿，不爲過當。論曰：「雖庸人知其不可。」

天地之大德曰生，然河決以壞民屋而天不恤【七】，任理而無情故也。堯使鯀治水，汩陳其五行九載，而堯晏然不以爲慮，此能爲天之所爲，任理而無情故也。論曰：「不知何所據也，以陛下憂恤百姓爲不知天所爲，則文王視民如傷，其不知天甚矣。」

愚按：安石勸人主以誅殛賢人，罔取民財，竭天下之力以爲奉，蓋備極自古小人之凶

【六】一有異己則指爲流俗　「己」原作「巳」，據文淵閣本改。

【七】然河決以壞民屋而天不恤　「恤」原作「血」，據文淵閣本改。

德矣。世猶以其詩文而列之士人，謂其清苦而目以賢者，不知正其濟奸之具也。中原傾覆，實由於此，何忍言之？

字説論

蟋蟀字陰陽，帥萬物以出入。蟋蟀能帥陰陽之悉者也。論曰：「陰陽非蟋蟀所能帥也。」紅紫字，紅以白入赤，火革金，從工。凡色，以系染也。夫有彼也，乃有此也。道所貴，故在系上。論曰：「不知此者何義。」愚按：字法不一，大要以音義合而成之。從悉從率者，音也。以其爲虫，故從虫者，義也。工與紅聲近，此與紫聲近，從工從此者，音也。從系者，義也，何有他説？而安石紛紛如此。如籠字從竹從龍，亦以音義共成之。安石謂若龍者亦可籠馬。而龜山辨云：「龍非可籠之物。」愚其聞真龍友對上，以聾字爲龍重聽，事出《山海經》，不知作《山海經》者，人也，未嘗與龍接談，何以知其重聽？如丘隴之隴從阝，龍豈在阝？朦朧之朧從月，龍豈近月耶？觀此可以類推。

跋賀仙翁親筆詩，詩即「有客來相問」四句。

身教者從，言教者訟。了翁訓諸子語。

行狀

先君行狀，南劍州將樂縣人，世爲農家，至先君始勵其子以學。葬石龜山。

李子均爲餘姚縣主簿，有茶商夜遇海船，鉦鼓皆鳴，更相疑爲盜，格鬬殺傷十餘人，繫蕭山。獄吏求主名不得，連年不決。趙清獻檄公治之，公曰：「犯時不知，在律勿問。」具聞于州，杖遣之。

李資政，黄履之甥，丞相李綱之父，爵至隴西開國，有政績。

御史游定夫，名酢，與兄醇俱以文行知名。歷守四郡，從二程，有《中庸義》、《二南義》、《語孟雜解》、《文集》藏于家【八】。

忠定公錢即吴越之宗屬，毗陵宜興人，守西邊有功，詆童貫均糴法，永州安置。上思其忠，起知青州太原府，量敵慮勝，動中機會，蓋邊將材【九】。

陸少卿愷既第，薦試學官。公曰：「吾困科舉二十餘年，晚得一官。朝廷不吾知，欲使之裹飯復入場屋，吾不能也。」

士不之教官之廬，而公之户外屨常滿。

向子韶，文簡曾孫，以相門后族富貴聞天下。二郡王日奉朝請。公幼游賢關，苦學不少懈，曰：「家門衰替，敢自惰乎？」知蘇州吴江縣，太守孫公傑欲一大保置一鼓樓，保丁五人，以備巡警，盜發則鳴鼓相聞。公執不可，曰：「鬭爭自此始矣。」除開封右曹，薄李彪欲論蔡京之罰。除夔路運判，力止開溪州及止移築瞿關。其後守陳州，巷戰，駡賊死，謚「忠毅」。

周憲之力疏童貫、蔡攸之罪，忤王黼，不交梁師成。

【八】文集藏于家　「集」原作「築」，據文淵閣本改。

【九】蓋邊將材　「材」原作「林」，據文淵閣本改。

樞密曹輔，初爲正字，言時政，王黼詰之，編管郴州。淵聖召爲御史，六遷至樞密。每爭和議及請決水灌虜營，唐恪不可。何㮚信妖人郭京用六甲兵，公力爭不從。虜以康王在外，令還京師。公密啓上止之。張邦昌脅公，不從，扈駕至南京，薨。

按：先生爲誌銘多渾雄平實，往往類歐、曾，獨其載人學佛，許以善知識，不可曉耳。

經解

《易》自《升卦》以後闕，餘皆全書。蓋先生平生最用工於《易》，於程門理義之學多有發明。惟其以潛龍爲顔子事，見龍爲孔子事，九三爲周公居攝事，九四爲顔淵未見其止，飛龍爲孔子猶天之不可階而升，似頗拘。又以「天行健，君子以自强不息」謂《乾》象非聖人不足以盡，故取其行健而已。似不必於本意上更探高一等耳。聖經何以求加爲哉？

《詩》、《春秋》、《孟子》略説數章，《論語》則經筵講義，每章歸君道言之。

世多疑龜山晚年一出，無益於事，甚至謂其不必出者。不知我宋之所以中興，多龜山之出之力也。方宣、靖間，群小滿朝，横政四出，夷狄乘隙，反欲以問罪借名。龜山一出而盡逐小人，盡革弊政，夷狄所欲以問罪借名者，至則盡無之矣。故雖無救一時已成之禍，而開明正論，慰懌人心，已足以肇異日中天之業。國於天地必有與立，不有君子，其能國乎？於斯信矣！蔡京小人，誤國大罪，尚能因張觷譏切之語，起龜山於羈困之極。蓋京之進身本以士人，天理之在其心，尚有豪髮不可泯没者。近世誤國者至狼狽而【中闕】者讀龜【下闕】。

龜山先生語録

學以聖人爲師，猶學射而立的。爲仁必自孝弟推之。六經不言無心。

管仲之功，子路未必能之。然子路範我馳驅者也，管仲詭遇耳。愚按：此論甚正。

《莊子·逍遥游》一篇，子思所謂無入不自得。《養生主》一篇，孟子所謂行其所無事。

按：《莊子》寓言，蕩空世事，與曾、孟正相反，不知龜山何見言此？

古人寧道不行，不輕去就。苟害於義，一介與萬鍾皆不可。諸葛亮、李靖之兵，不務僥倖。陸宣公當擾攘之際，説君未嘗用數。馬周言事，每開人主一線路，終不如魏徵之正。

右皆正論，可振流俗。

《常平法》：寺舍歲用有餘，以歸官賑民。

按：此法可救民命之萬一。今士大夫不惟不能行，反務黨僧寺以奪民産。

先生不敢解經，曰有勸正叔出《易傳》者，正叔曰獨不望某之進乎？

按：此説則近世紛紛解經者可戒矣。

試教授宏詞科，是以文字自售。既得官矣，又倖求榮進。

按：此可警流俗。

象殺舜事，是萬章所傳之謬，據《書》但云象傲而已。太公進退隱顯，各得其當。黄叔度學充其德，雖顔子可至。

按：此皆審理不以經史爲輕重。

聰明憲天，任理而已，揣知情狀，失君之道，謂之不聰明，可也。

按：此論人主可以深省。

謝安折屐，安知非偶然乎？人當無利心，以此自爲可也，以此責人，恐不勝責。君子以天地爲量。

按：此皆厚德之語。

《維摩經》云：真心是道場，儒佛至此實無二理。

按：龜山以伊川爲師，學孔子者也。其説如此，何哉？然世之不爲龜山者，寡矣。右荆州所聞。

《論語》言仁處，皆仁之方。《孟子》言仁，人心也，最親切。

按：此提掇最得要。

豐尚書稷言，雪竇教人惜福，云人無壽夭，禄盡則止。元厚之一飯，亦先減而後食，壽逾七十，以爲雪竇之言之驗。龜山曰：「此猶以利言也。」

按：龜山之言善矣，然人以氣之聚散爲死生，修短有數，已一定於此。氣稟賦之初，非奉養之厚薄能爲伸縮，而所養之厚薄亦自有定分，人不過順受其正，但奉養菲薄，自是有德之事，豈緣是而身可久存乎？元厚之減飯，壽亦不過七十，世享期頤之壽者，未聞皆因減飯而致。然則豐尚書不惟不當言利，初亦無利之可言，特信異端致泥耳。

《易》難解，聖人嘗釋其義，即解《易》之法。

按：《易》即是解矣。伊川附以義理，晦庵原其本始，《易》大彰明矣。今之解《易》者滿天下，是皆未知先生所謂難者耳。

堯夫言畫前有《易》，龜山以十三卦爲證，言此時十三卦未畫也。

按：《繫辭》作於十三卦已具之後，所云蓋取諸《乾》、《坤》云者，殆謂其義合於此耳。蓋者非定辭也，堯、舜雖聖，豈能未有此卦而預指定名以取象之乎？且堯、舜之時，八卦已畫，亦不可言畫前之《易》，而十三卦乃演卦，非畫卦也。畫前有《易》，堯夫不過言此理素具耳，何以證爲？

魯桓公六年生莊公，十八年始書「夫人姜氏如齊」，與《詩序》「人以爲齊侯之子」

不合。

按：《詩序》乃後漢衛宏所作，不可據。縱當時魯有此言，亦因而指斥以譏之耳，豈真以爲齊侯之子哉？

今日學法，荆公之法。由今之道，雖賢者爲教官，亦不能善人心。

按：學法始於李定，荆公所任也。再增於蔡京，久而弊益甚，豈但不能善人心而已哉？

宰我問三年之喪，此其所以爲宰我。

按：龜山嘗稱齊宣王自言好貨、好色，故孟子言足用爲善。古人朴實不欺始此，後世飾僞耳。

顔子屢空，聖人則一物不留於胸次，億則屢中，非至誠前知，故不取。

按：一物不留，恐類禪學，億則屢中，孔子亦取其中，非不取也。至誠可以前知，其義又别，孔子亦必不盡以此律人。

《易》言利見利用，終不言所以利，故孔子罕言利。

按：利見利用，止言卦爻宜如此耳！恐與罕言利之利不同。右京師所聞。

王氏修身，宜足化民，然卒不迨。王文正、吕晦叔、司馬君實諸人者，以其無誠意也。

先王經綸本之誠意，今《鹿鳴》、《四牡》諸詩皆在，若徒取而歌之，其有效乎？

按：論治如此，得其本矣。

平、勃兩人俛首以事吕后，其在平則或有謀，在勃軀之爲亂，亦固從之矣，此何可保？

按：龜山極守正，此論乃黜周勃之守正，容陳平之詭隨，恐亦一時偶然之言，否則録者誤耳！

章郇公中書坐處地陷，徐起，使人填之，還家亦不言。

按：此真有大臣器度，聞風者亦可黽勉，要在有定見。

權柄在手，不是使性氣處，何嘗見百姓不畏官人，但見官人多虐百姓耳！伯淳作縣，常於坐右書「視民如傷」四字，每曰：「常有愧於此。」觀其用心，應是不錯決撻了人。

按：此最爲士大夫從政之要。

中書偶倒用印，萊公勾吏人行遣密院亦偶倒用印。王文正公不勾吏人，云不可學他不是。

按：此平心處事，一惟其理，不特善處同官室嫌隙也。

東坡《影答形》詩云：「君如煙上火，火盡君乃别。」此説本佛夢幻之説。《九層臺銘》以衆竅呼吸爲天籟，此説本莊周地籟之説。

按：東坡才高而熟於釋、老，遂成左右逢原。如《赤壁賦》「逝者如斯而未嘗往也」亦本於佛氏之言性。

居養安濟，厲良民而養游手。

按：近世真有此弊，士大夫好名者多爲之，往往流患，但名曰「惠政」，革之亦難。

今法太嚴密，如何行得？

按：此語極中時弊，故愚從政以來，惟有酌情而已。

有僧入僧堂不言而出，或曰：「莫道不言，其聲如雷。」

按：龜山以此證知微之顯，却恐未然。近世徐霖以不語爲傳道，未必非此等語誤之。

蘇明允《權書》、《衡論》，意欲掃蕩二虜，然後致太平。龜山謂用兵只見搔擾，天下何時息肩？秦少游進卷，欲以五路，歲出一路擾夏人。龜山謂五路合攻尚有不支，歲出一路，其可當之乎？神考問朱公掞，欲再舉安南之師。公掞對，願陛下禽獸畜之。

按：載此三事，言兵者可以觀矣。

荆公以賜金付蔣山寺，龜山謂其賤君之賜。

按：龜山事佛者也，其言猶若此，可謂公論矣。然亦豈惟賤君之賜而已哉？厚夷狄以禍中國，自古惟武夫多殺與權臣多私，自視慊然，妄意福田爲可免罪而爲之。如兩浙田莊多歸僧寺，吾民無所謀衣食，又反爲其所殘。其禍始於吴越王，盛於張俊、楊沂中及韓蘄王，而增壯於嘉定之權相，未有清修士人而爲之者也。荆公士人而亦爲之，豈不悲哉？雖然彼方以爲善，用其君之賜，本非有賤之之心也。但蔣山輿而王氏滅，福田其安在？世俗終不反思，此爲可憐耳。

正叔云：古者四十而仕，今十四五便學綴文覓官，豈嘗有意爲己之學？夫以不學之人一旦授之官，使之事君長民治事，故多凡下不足道。

按：此極中時病，士大夫宜反求其所謂學。

作文字要只説目前説話，令自分明，孟子謂言近非聖賢不能。

按：此亦切中時病，要以明理爲主。

天下之習不能蔽，程正叔一人而已，只一箇是自然不墮流俗。

按：此提要處，指示人極明切。右餘杭所聞。

《圓覺經》言，「作、止、任、滅」是四病。作即所謂助長；止即所謂不芸苗；任、滅即是無事。

謂形色爲天性，亦猶所謂色即是空。

摠老言經中説十識。第八庵摩羅識，唐言白淨無垢。第九阿賴耶識，唐言善惡種子。「白淨無垢」即孟子之言性善是也。毗陵所聞。

龐居士云「神通并妙用，運水與般柴」，如許堯、舜之道，只於行止疾徐之間教人做了。蕭山所聞。

按：附會至此，可怪可駭。人心一至陷溺，是非即成顛倒。前輩尚不能免，後學可不自懼乎？夫龜山本程門之高第也。

龜山氣象和平，議論醇正，説經旨極切，論人物極嚴，事必于其正理，而凡挾數用術苟就功名者，決不許之。可以垂訓萬世，使不間流於異端，豈不誠醇儒哉？横渠思索高深，往往非後學之所宜先，似不若龜山之平直，動可人意，然其精到之語，必前此聖賢之所未發，斥絶異端一語不流。高明者多自立，渾厚者易遷變，此任道之有貴於剛大哉！

上蔡語録

問學佛者欲免輪回，超三界，於意云何？

按：此《上蔡語録》第一條首句也，異哉！

自孟子没，天下學者不識自家寶藏，被佛氏窺見一班半點，遂將擎拳竪拂底事把持在手，敢自尊大，輕視中國學士大夫，而世人莫敢與爭，又信向歸依之。

按：此何等法語，而發於程門弟子之口乎？捨曰尊佛闢儒，而姑歸罪於天下學者，其亦本心之理義有終不可磨滅，而婉其辭者乎？

孔子事君盡禮，當時諸國怎生當得聖人恁地禮數。

按：此人道之常，孔子安行，何張皇爲。

横渠教人以禮爲先，然其門人下梢頭溺於刑名度數之間。明道則不然，却從敬入。

按：教人以禮，非誤人之事。溺於刑名度數，門人過耳。程門教人以敬，而上蔡談禪，又將誰咎？且刑名度數特不可專於此而流於刻耳，要亦天下治具所不可廢之事，豈不尚愈於談禪乎？

所謂有知識須是窮物理，莊子曰：「去智與故，循天之理。」天者，理而已。諸子百家，人人生出一般見解，欺誑衆生，佛氏却不敢恁地做大。

按：知識亦佛説，與致知之知似是而非。去智乃異端黜聰明之説，與天理人欲之分亦似是而非。欺誑衆生，非士人語，佛氏不敢做大，與前條稱佛氏敢自尊大之説又自相反。

温公欲變法，伊川使人語之曰：「切未可。」未幾變之，果紛紛不能定。

按：温公若不變新法，恐天下遂亂，其後紛紛却是温公不久而薨。然雖紛紛，終賴元祐收回天下戴宋之心，迄濟中興。伊川若用事，勢須别有斟酌，以此少温公則未可。

王荆公作宰相，只喫魚羹飯。擬除人不允，下殿便乞去。

按：一語不合即乞去，伊川以山林士召入則可。荆公，大臣也，除擬未合宜，如趙韓王事太祖，再三以進可也。魚羹飯自是儒生之常，非要君之具。如荆公下殿便乞去，此無禮耳，執拗耳。上蔡謂其養得氣完也奇特。血氣何足尚而奇之耶？

吕晉伯與上蔡言仁，晉伯因悟曰：「公説仁字正與尊宿門説禪一般。」

按：上蔡之門，儒其衣冠而講説如此。

堯夫詩「天向一中分體用」，此句有病。

按：今本作「分造化」。

堯夫見得天地進退，萬物消長之理，便敢做大，於下學上達底事，更不施工。堯夫精《易》，然二程不貴其術。堯夫問今年雷從甚處起，伊川曰：「起處起。」如堯夫必用推筭，某更無許多事。」邵即默然。明道云：「要傳與某兄弟，某兄弟那得工夫。」明道聞説甚熟。一日，因監試無事，以其説推筭之皆合，出謂堯夫曰：「堯夫之數只是加一倍法。」堯夫驚。他日，伊川問明道曰：「加倍之數如何？」曰：「都忘之矣。」

按：上蔡論堯夫及公所載二程語，極有益學者。

明道善言詩，但優游玩味，吟哦上下，便使人有得處。「瞻彼日月」云云，思之切矣，終曰「百爾君子」云云，歸于正也。《詩》云：「鳶飛戾天，魚躍于淵。」猶韓愈謂魚水泳而鳥雲飛，上下自然，各得其所也。

按：此最得詩人之趣，但上蔡以「上下察」爲察見天理，不用私意。恐察非察見之察，察乃昭著之義耳，《孝經》曰：「天地明察。」

只如喜怒，逐日消磨，任意喜怒，都是人欲。

按：此上蔡自言用工處，極切。

子路、冉子被曾子將冷眼看他，只管獨對春風吟詠，肚皮裏渾没些能解，豈不快活？

按：孔子本以行道濟世爲心，故使二三子言志。子路、冉子之對，皆正也。曾點，孔門之狂者也，無心於仕而自言中心之樂。其説雖瀟洒出塵，然非當時問答之正也。孔子當道不行，私相講明，而忽聞其言獨異，故一時歎賞之，已即歷舉子路、冉有之説皆足爲邦，孔子之本心終在此而不在彼。學者必盡取一章玩味始末，然後孔子之本心可得而見。自禪學既興，黜實崇虚，盡《論語》二十篇，皆無可爲禪學之證，獨曾子浴沂詠歸數語，迹類脱去世俗者，遂除去一章之始末，獨摘數語，牽合影傍。好異慕高之士，翕然附和之，上蔡又演爲「獨對春風，没些能解」之言。且曾點此時特自言，意欲如此而已，何嘗果對春風？曾點又豈没些能解者耶？善乎！近世南軒先生作《風雩亭》之詞，曰：「希蹤兮奈何？盍務勉乎敬恭。」必若此，斯可明孔門之本旨，絶異端之影借。

佛家説大乘頓教一聞便悟，將乍見孺子底心一切掃除，須是他顏、雍已上底資質始得。

按：此謂天資如孔子，方可學禪。余不知禪，不曉其然否，然乍見孺子之心若何而可掃除耶？上蔡他日嘗告呂晉叔，世人説仁，只管説愛上怎生得仁，是則佛學欲割愛，故不欲以愛言仁，奈何孔子對問仁亦曰愛人耶。程子以愛爲情可也，情非心之發，而性非心之所具者乎！自程子一語，學者閧然謂博愛非仁，恐亦爲緇徒報仇昌黎耳。惻隱之心與生俱生，恐無可掃除之日，如可掃除，是無人心也。

與伊川别一年，只去箇「矜」字，伊川謂「此切問近思」者也。

按：此於進學爲切。

出辭氣，猶佛所謂從此心中流出。釋氏以性爲日，以念爲雲，去念見性，猶披雲見日。儒之仁，佛之覺。佛家有小歇場、大歇場，到孟子處更一作，便是好歇。釋與吾儒有非同、非不同處。曾點有甚事，列子御風事近之。儒異於禪，正在下學處。

按：凡皆以禪説儒。

嘿而識之，與書紳者異矣。

按：書紳是學者力行之事，不可以嘿識爲賢而少此。又默識是常在心，亦與禪學廢言語者不同，學者宜辨之。

四十萬人死於長平，皆命乎？曰：「可知皆是命，只被人眼孔小。」

按：此語亦忍矣，上蔡本儒者，而其言若此，正因禪以覺爲仁，而盡掃除乍見孺子惻隱之心，故不自知其言之至此。殺人之事，豈宜眼孔大耶？

荆公勝流俗之説，人能用此以行其所學，爲補不細。

按：天下之理一也，荆公勝流俗之説，既不可施之政，豈可施之學耶？其弊蓋自告子不動心來矣。

摠老嘗問一官員云「嘿而識之」，是識箇甚？「無入而不自得」是得箇甚？

按：識是志其所學而不忘，非識箇禪也。自得是中心義理不爲富貴貧賤所移，非得箇禪也。聖賢之言明白如日月。摠老欲移就陰暗處，變爲歇後險語作禪家影子耶。龜山再見明道而歸。摠老曰：「必曾遇異人來。」更不敢與爭辨。不知上蔡竟何如耶？《上蔡語録》始於「於意云何」一條，終於此一條，録者何人，注意如此。

上蔡信得命及養得氣完，力去矜誇，名利不得而動，殆爲百世師可也。第因天資之高，必欲不用其心，遂爲禪學所入。雖自謂得伊川一語之救，不入禪學，而終身常以禪之説證儒，未見其不入也。然上蔡以禪證儒，是非判然，後世學者尚能辨之。上蔡既殁，往往羞於言禪，陰移禪學之説，託名儒學之説，其説愈高，其術愈精。人見其儒也，習之，不知已陷於禪，此其弊則又甚矣。

《上蔡語録》雖多異於程門，而程門兄弟之格言多載焉。朱、吕二先生已取之入

《近思録》矣。

尹和靖文集

和靖諱焞，河南人。尹師魯之從孫也。八歲而孤，年十七，蘇昞告以科舉外更有學，遂往從伊川先生。十九應舉，策問誅元祐黨籍，不答而出，即弃科舉。大觀元年，年三十七，諫官范致虚攻其爲程頤羽翼。靖康元年，年五十五，种師道薦寘經筵，辭，賜和靖處士。明年，金人陷洛陽，其家殲焉，先生死而復蘇，匿山谷間。建炎二年，劉豫劫之，不屈，匿黑水谷中。紹興二年，隨楊彦中入蜀。五年，范冲再薦，除崇政殿説書，屢詔，津發至。七年，入見行在所，時年六十七，屢遷至權禮部侍郎兼侍講。屢辭，得差提舉太平觀，寓平江虎丘西庵。明年，七十，致仕。子壻程暐爲桐廬令，往依之。是年冬，子壻邢純爲浙東撫屬，又往依之，竟殁于會稽寓舍，年七十三。凡先生之始末如此，文集不過辭免狀與嘗手書聖賢之訓於壁者，其所謂文不過詩六首，書簡、跋語數首耳【一〇】，蓋先生平生未嘗爲文。此外僅嘗承詔解《語》、《孟》，其進《論語序》有曰：「先生遺書，雖以講誦而傳，或以解説而陋，況其所論所趨，不無差誤，豈惟無益，害又益焉。」蓋和靖恪守師訓，惟事躬行。程門之傳，最得其正，其餘論説盛行者，率染異端。先生此語，蓋有爲而發，然天生人才，分量各殊。如先生者，實德有餘，歷死生患難不變，惟兢兢然保其身

【一〇】書簡跋語數首耳　「首」原作「四」，據文淵閣本改。

於無過。使當承平，羽儀天朝，表厲風俗，可矣。南渡何時？忠臣勇將廢置不用，坐觀中原之傾覆而不救，一時大臣方且連年趣迫，强致先生，以文太平。建武投戈講藝之實，恐不其然，是豈先生之所樂聞哉？故其第十五辭免狀有曰：「方今國步尚艱，中原未復，進退人才，當明緩急。今日之務，無非繁劇，宜先俊傑以濟艱難，白首書生何益事功？」嗚呼！此先生痛心之言，豈尋常辭免之云？讀之令人太息。然先生去國，賴有《爭和議》一書，嘗與秦檜忤。

本朝理學，發於周子，盛於程子。程子之門人以其學傳世者，龜山楊氏、上蔡謝氏、和靖尹氏爲最顯。龜山不免雜於佛，幸而傳之羅仲素，羅仲素傳之李愿中，李愿中傳之朱晦翁，晦翁遂能大明程子之學。故以晦翁繼程子，而次龜山於此，以明其自來焉。上蔡才尤高而弊尤甚，其於佛學殆不止雜而已，蓋其所資者僧揔老，其後横浦張氏又復資僧杲老，一脉相承，非復程學矣。故以上蔡次龜山，以明源流，益别之自始焉。和靖雖亦以母命誦佛書，而未嘗談禪，能恪守其師説而不變。且高宗中興，崇尚儒學之初，程門弟子惟和靖在，故以和靖次上蔡以明斯道之碩果不食，而程門之學固有不流於佛者焉。和靖力辨程門之《語録》爲非，其後晦翁追編《語録》，又力辨和靖之説爲非。然晦翁搜拾於散亡，其功固大，和靖親得於見聞，其説尤的。今觀程録，凡禪學之所有而孔門之所無者，往往竄入其間，安知非程氏既歿，楊、謝諸人附益耶？是雖晦翁不敢自保。其於編録，猶深致其意，謂失之釐毫，其弊將有不可勝言者。然則和靖力辨《語録》之説，其可廢也哉。

卷四十二

讀本朝諸儒書十

横浦日新

《横浦日新者》，故禮部侍郎張公九成之語，門人郎曄所録。

《儒行》云：「其過失可微辨而不可面數也。」横浦曰：「不然，過失正儒者所願聞，安有不可以面數哉？人方求過，聞過則喜。子路所以喜者，是中其悔過之幾；大禹所以拜者，是中其好善之幾。」

名高則禍深，處之道曰「晦」。

楊龜山告廖剛《尚書》以「舜蹠」一章，剛即入見龜山。龜山曰：「子其詳之，恐子誤以利作善爾。」

歐公之文，粹如金玉；東坡之文，浩如江河。

用明於内，見己之過；用明於外，見人之過。此智愚所以分。

陳圖南謂种放他日必白衣作諫議。然名者，造物所深忌，天地間無全名，子其戒哉！愚謂圖南能知人，預憂放之敗名節而預戒之耳。此當歸其責於放，不可諉其數於造物也。

一念之善，則天神地示，祥風和氣，皆在于此；一念之惡，則妖星厲鬼，凶荒札瘥，皆在于此。是以君子慎其獨。又曰：「君子爲善，期於無愧而已，非可責報於天也。苟有一毫覬望之心，則所存已不正矣。雖善猶利也。」又曰：「觀大節必於細事，觀立朝必於平日。平日趨利避害，他日必欺君賣國矣。平日負約失期，他日必附下罔上矣。」凡皆橫浦精語，近世好事者刊鬻爲屏銘。右皆有益處。

首章曰：「不怨天者，能容天也。」愚所未曉。又曰：「所倚在理則爲和。」恐亦不必用「倚」字，子思言發而皆中節謂之和，似無以尚之矣。

解師冕見，云孔子以堂堂之軀，待一瞽者尚詳委如此，聖人氣象可知。愚謂此豈所以論聖人哉？

謂韓文公上宰相書，略不知耻。愚謂韓文公平生大節，何可當也？豈無耻求進之人哉？孟子固嘗言孔子三月無君則弔矣。後世徉退爲高，終敗名節者則可責耳，而責文公真情求自見於當世者乎！

謂孔子卻萊人，戮侏儒，比之大禹、周公，盛矣哉！愚恐孔子之盛不在此。

謂孟子歷論養浩，宜當時謂迂闊。愚恐見謂迂闊者，以其言王道，非謂言養浩也。

謂兼弱攻昧，取亂侮亡，爲仲虺戒湯。以兼人者必自弱，攻人者必自昧，取人者必自亂，侮人者必自亡。愚謂此添外字而改經文，恐非仲虺寬釋成湯有慙德之本旨。

謂與小人處，初甚苦之，久則安之，安之而熟，則吾爲君子矣。愚意此横浦動心忍性自得之驗也，然不可以訓使他人與小人處，又安之而熟，恐亦化而爲小人不自知矣。

載尹彦明從伊川，聞見日新。謝顯道謂之曰：「公既有所聞，如服烏頭，無以制之，則藥發而患生矣。」愚謂恐多聞非毒藥之比。

載陳烈弔蔡君謨，匍匐而入，怪僻如此。愚謂此非怪僻，乃不曉經義耳！匍匐乃聞鄰人之喪，倉忙即往之意，豈以身伏地而行？故爲赤子匍匐之狀哉！

謂《家語》載父子交訟，孔子不加刑，乃同狴而囚之。三月之後，父求止訟而釋之，謂聖人感移人心之妙。愚恐孔子之感人心不如此，而《家語》未可盡信也。

謂夫子「吾無隱乎爾」之一言，夫子平日機用盡於此而決。恐亦未然，不知機用何等語？

謂孔子唯酒無量不及亂，云衆人過量則亂，惟聖人不拘於量多寡，皆不及亂。是以盃行無算爲聖人歟！

謂「惠迪吉」，爲「惠即吉」，非順道之外復有吉。又謂張思叔言「人而不仁，疾之已甚，亂也」，爲方寸内之亂。愚恐皆是於本意上求加一等。

謂讀《論語》如對孔門聖賢，讀《孟子》如對孟子，讀杜詩、蘇文則又凝神静慮，如目擊二公。愚謂如果師古人，孔、孟、杜、蘇恐不若是其班，而於杜、蘇尤加重焉，不知何説。且凝神如見，不過佛氏繫心西方佛之説，縱能恍惚如見，於學亦未見益處。

謂人有此心，識之者少。私智消亡，此心見矣。此心見，則入孔子絶四之境矣。近世楊慈湖之説，蓋出於此。愚恐此釋氏識心蕩空之説，借孔子絶四之説以文之。絶四者，門人之言，謂孔子戒慎勿爲之目。非空也，非高也。

謂顔延年《贈蔡篤》詩，大有變風之思。嵇叔夜《送秀才入軍》詩，有古詩人之風。劉公幹《贈從弟》詩，有《國風》餘法。皆未必然，恐特一時誦詠而喜之耳。

論史皆晉、隋小事。謂唐高祖取天下，賴有世民。謂唐太宗納元吉妻，爲唐無家法始，此凡皆不待言者。惟言元吉勸建成除秦王，乃欲自爲計，欲去世民乃所以去建成，此足以誅其心。右多可疑處。

予家舊蓄犀帶一胯，文理縝密，中有一月影，過望則見。蓋犀牛望月之久，故感其影於角。

横浦先生憂深懇切，堅苦特立，近世傑然之士也。惟交游杲老，浸淫佛學，於孔門正學未必無似是之非。學者雖尊其人，而不可不審其説。因録其説之有益後學及其可疑者，分列如右。又有所謂《傳心録》者，首載杲老以「天命之謂性」爲清淨法身，「率性之謂道」爲圓滿報身，「修道之謂教」爲千百億化身。影傍虛喝，聞者驚喜。至《語》、《孟》等説，世亦多以其文雖説經而喜談樂道之。晦庵嘗謂洪适刊此書於會稽，其患烈於洪水、夷狄、猛獸，豈非講學之要毫氂必察？其人既賢則其書易行【一】，其書易行則其害未已，故不得不甚言之以警世哉！蓋上蔡言禪，明自言禪，尚爲直情徑行。杲老教横浦改頭换面，借儒談禪，而不復自認爲禪，是爲以僞易真，鮮不惑矣。

陸象山文集

《與邵叔誼書》，謂君子之道，夫婦之愚不肖可以與知能行。唐周之時，康衢擊壤之民，中林施罝之夫，亦帝堯、文王所不能逃【二】。今謂之學思問辨者，依憑空言傅著意見，增疣益贅，助勝崇私，重其狷忿，長其負恃，蒙蔽至理，扞格至言，自以爲是，没世不復。此其爲罪，浮於自暴自棄之人。

《與曾宅之書》，謂古之所謂小人儒者，亦不過依據末節細行以自律，未至如今人浮論虛説繆悠無根之甚，終日簸弄經語以自傅益，真所謂侮聖言。

《與劉淳叟書》，向時繆妄工夫，其勇往如彼，今乃未肯遽捨繆妄之習，遷延苟免。如寇盜已在囹圄，不肯伏罪。

【一】其人既賢則其書易行 「人」原作「又」，據文淵閣本改。

【二】亦帝堯文王所不能逃 「逃」文淵閣本作「强」。

《與胡達材書》，承示所進，深見嗜學。但達材所進乃害心之大者，所謂若有神明在上、在左右，乃是妄見。

《與戴少望書》，戕賊陷溺之未免，則亦安得不課其進？

《與徐子宜書》，謂端卿、蕃叟、成之、淳叟諸人自相切磋，皆自謂有益。某觀之，甚不謂然，其説均爲邪説，其行均爲詖行，最大害是名爲講學，實乃物欲之大者。近來講學大率病此。

《與傅子淵書》，來書集義之説已似有少眩惑。集義乃積善耳。近來腐儒所謂集義者，乃是邪説誣民，充塞仁義者也。又書云，建昌問學者雖多，亦多繆妄。嘗謂一等無知庸人，難於鐫鑿，此等固不足道。

《與傅聖謨書》，大抵學者且當論志，不必遽論所到。近來學者多有謬見虚説，凡所傳習，祇成惑亂。

《與包詳道書》，一溺於流俗，再眩於怪説，狼狽可憐之狀，遂至於此。狂妄迷惑之人多，則其相與推激，而至於風波荆棘之地者必衆。今但能退而論於智愚、清濁之間，是惑庶幾乎解。道術之是非邪正，徐而論之未晚也。

《與包敏道書》，謂吾力之所不能及而强進焉，徒取折傷困吝而已。

《與林叔虎書》，謂胡季随乃五峰之幼子，師事張南軒，又講學於晦翁之門【三】，學不

【三】又講學於晦翁之門　文淵閣本作「又學於晦翁之門」。

得其方，大困而不知反。世固有徒黨傳習日不暇給，又其書汗牛充棟而迷惑浸溺、沉痼纏綿，有甚於甘心爲小人者，豈不重可憐哉？

《與陳君舉書》，世習靡敝，固無可言。以學自命者，又復封於私見，蔽於私説，却鍼拒砭，厚自黨與，假先訓形似以自附益。

《與胡無相書》，惠書憂憫俗學，傷悼邪見，深中時病。

《與董元錫書》，今流俗不學之人，方憑其私意，自以爲善。此則是俗人，不得謂之士，不得謂之儒。平日所惜於元錫者，爲其氣質偶不得其重厚者，故不能自拔於市井之習。元錫誠欲求知己，當今之世，捨我其誰哉？

《與邵叔誼書》，後世學者之病，多好事無益之言，以重其繆妄之意。兹得來示，方知窒塞如初，類皆虚見空言，徒增繆妄。某得元晦書，其蔽殊未解，然其辭氣窘束，或恐可療也。

《與趙然道書》，當今之世，所謂講學者，遂爲空言，以滋僞習。

《與趙詠道書》，兄謂諸公傷於著書，彼惟不自知其學不至道，不自以爲蔽，故敢於著書耳。又書云：拘儒瞽生，又安可以硜硜之必爲，而傲知學之士哉？

《與倪九成書》，謂其俗見膠固習俗深重，雖聞正言，未肯頓捨。譬如小兒懶讀書，多説懶方，未肯便入書院耳。

《與張季悦書》，承諭新工，第流俗凡鄙之習，繆妄之説，正可哀憐傷悼。

《與郭邦逸書》，垂示晦翁問答，良所未諭。道也者，不可須臾離也。可離，非道也。是故君子戒慎乎其所不覩，恐懼乎其所不聞。學者必已聞道，然後知其不可須臾離，知其不可須臾離，然後能戒慎不睹，恐懼不聞。元晦好理會文義，是故二字也不曾理會得，皆是胸襟不明，撰得如此意見。

《與鄭溥之書》，元晦講學之差蔽而不解，甚可念也。

《與嚴泰伯書》，平日議論，平日行業，皆同兒戲，不足復置胸臆。

《與胥必先書》，往往乾没於文義間，爲蛆蟲識見以自喜而已。

《與姪孫濬書》，學者之不能知至久矣。非其志，其識能度越千有五百年間名世之士，則《詩》、《書》、《易》、《春秋》、《論》、《孟》、《中庸》、《大學》之篇正爲陸沉。

《與陶贊仲書》，今之言窮理者皆凡庸之人，妄以異端邪説更相欺誑。古人所謂異端者，不專指佛、老。近世言窮理者，亦不到佛、老地位。其言闢佛、老者，亦是妄説。今時即無窮理之人。

《與孫季和書》，學不至道，而日以規規小智穿鑿傅會，如蛆蠹、如蟊賊以自飽適。由君子觀之，正可憐悼耳。石應之迷於異端，至今茅塞。季和尚未能及應之，言論行事皆不能滿人意，謂之茅塞不爲過也。苟以其私偷譽來世，固不難也。但非先哲所望於後學，其所賞不足以當所惜之萬一耳。

《與傅克明書》，去世俗之習，如弃穢惡，如避冦讎。

《與致政兄書》，以銖稱寸量之法繩古聖賢，則皆有不可勝誅之罪，況今人乎？

右皆象山排本朝道學之言也。愚按：孔子指凡非所當習者爲異端，孟子獨指楊、墨爲異端，自唐韓昌黎至本朝濂溪、伊、洛及乾淳諸儒，皆指佛、老爲異端。象山則力辨異端不專指佛、老，而自孟子歿後，以至當世千五百餘年間，凡講學者皆爲異端。且謂心本自虚，理本自明，凡言講學窮理，皆是異端邪説，未知然否。然講學本孔子之事，而窮理又大《易》之言也。謹録如右，以俟明者講焉。

科舉之法，唐楊綰欲變之而不克變。大冬之與大夏，寒暑之相去遠矣，其運未嘗頓異；毫末之與合抱，小大之相去遠矣，而其生未始頓進。病法之未善，而遽然曰必變，幾何而不敗迺事哉！

讀書本不爲作文，作文其末也。有其本必有其末，若本末倒置，則所謂文者亦可知矣。

謂吕伯恭儼然在憂服之中，而户外之屨亦滿，何憚而不幡然改之乎？於此而改之，其所以感發諸生亦不細矣。

讀得文字熟，雖少，亦勝鹵莽而多者。

大抵讀書，詁訓既通之後，但平心讀之，不必强加揣摩，則無非浸灌培益、鞭策磨勵之功。或有未通曉處，姑缺之無害，且以其明白昭晰者日加涵泳，則自然日光月明。向來未曉者，将亦有涣然冰釋者矣。

聖哲之言，布在方册，何所不備？傳注之家汗牛充棟，譬之藥籠方書，搜求儲蓄，殆無遺類。良醫所用，不必奇異，惟足以愈疾而已。

奏當之成，雖皋陶聽之，亦以爲死有餘罪。獄中閃隔，吏卒必陰泄其事。書生貴游，不諳民事，輕於獻計。不知一旦施行，片紙之出，兆姓蒙害。

泉之盛，一甲子而止。動早則及夏淺，動晚則入夏深。泉與雨澤亦相表裏，故動早旱徵，動晚稔徵。今先啓蟄而動則不及夏矣。

字經三寫，烏焉成馬。

金谿陶户大率皆農隙時爲之。農業利薄，其來久矣。當其隙時，藉它業以相補助者，殆不止此。邦君不能補其不足，助其不給，而又征其自補助之業，是奚可哉？

「容心」字不經見，獨《列子》有「吾何容心哉」之言。「平心」字亦不經見，其原出於《莊子》「平者，水停之盛也」。又昌黎與李翺論文，有曰：「平心而察之。」「無心」字亦不經見，人非木石，安得無心？心於五官，最尊最大，心當論邪正，不可無也。

人家之興替，在義理，不在富貴。假令貴爲公相，富等崇、愷，而人無義理，正爲家替。

若簞食瓢飲、肘見纓絶，而人有義理，正爲家興。吾人爲身謀、爲子孫謀、爲親戚謀，皆當如此，然後爲忠。

《祚德廟始末》，初，元豐中皇嗣未育，吴處厚請祠程嬰、公孫杵臼，得其家於絳州太平縣趙村，立祚德廟。徽廟又封韓厥爲義成侯。紹興十三年，建廟於棘寺基。二十二年，徙青蓮寺側。

宇宙内事是己分内事，是分内事是宇宙内事。

科舉取士，久矣，非所以爲君子小人之辨也。使汩没於此而不能自拔，則終日從事者雖曰聖賢之書，而要其志之所鄉，則有與聖賢背而馳者矣。推而上之，則又惟官資崇卑、禄廪厚薄是計，豈能悉心力於國事民隱，以無負於任使之者哉？誠能深思，是身不可使之爲小人之歸，其於利欲之習，怛焉爲之痛心疾首，專志乎義而自勉焉。由是而進於場屋，其文必皆道其平日之學、胸中之藴而不詭於聖人。由是而仕，必皆共其職，勤其事，心乎國，心乎民，而不爲身計。其得不謂之君子乎？此白鹿講義。

陰陽即太極也，五行即陰陽也。水火金木土穀謂之六府，土爰稼穡即土也，以其民命所繫，别自爲六府，總之則五行也。

右皆象山心平氣定時所言，未嘗不與諸儒同也。

《與舒西美書》，今歲都下與朋友講切，自謂尤更直截如前日。

《與路彦彬書》，竊不自揆區區之學，自謂孟子之後至是而始一明也。

《與董元錫書》，當今之世，捨我其誰哉？

《與朱子淵書》，舞雩詠歸，不敢多遜。

《與張德清書》，同來象山頂頭，共談大道。

《與劉淳叟書》，麟之姪，近頗精進，論事儘有根據。

《與蔡公辨書》，吾兒持之造語亦勁健【四】，亦是稍聞老夫平日語，故能然耳。

《與饒壽翁書》，蕃姪閑雅沉靜，深造自得，材力優贍，誠難其輩。而其涵泳儲蓄，不肯輕發，理道精明。

《與豐宅之書》，檁之者，乃梭山兄之子，賦資醇雅，又博通經史，而射御筆札皆絶出等夷。

《與姪孫濬書》，胸襟頓别，辭理明暢，甚爲喜慰。

右皆象山自誦其學，謂於千五百年異端邪説中，超然獨會孔、孟之傳者也。象山兄弟六人，其長總家政，其次掌藥寮，又其次修職。君恩科出官已稱盛德，而象山與梭山、復齋稱三先生，皆稱學者宗師，而子弟之秀出深造又復如前所云。然則千五百年皆陷異端，無一人知道，而象山一門，一時聖賢層見同出乃如此，其盛豈不異哉？

輪對劄子

【四】吾兒持之造語亦勁健　「持」文淵閣本作「符」。

一言事君當用情，以魏徵爲證。凡三百餘字，而未及身之所以用情者，將開其端歟； 二引漢武帝言任大而守重，凡二百餘字，亦未及時事，將有待歟； 三言知人之難，不言堯、舜而以管仲、韓信、陸遜、諸葛孔明見知爲證，亦三百餘字，將待君之知而後言歟； 四言事有當立至者，有當馴致者，亦三百餘字，而終不言其事； 五言人主不言細事，始言陛下之志，豈非好詳之過？至此方切近君身而言，亦言其好詳不過一語云爾。

右象山爲删定官時奏對如此，自此又在朝五六年，再距對班纔數日，忽除將作監丞，爲王給事所繳而不及對矣。未知其所欲對者，何事也。惟其與李成之書云，鄉來面對，粗陳梗槩，欲俟再望清光，輸寫忠藴，然而不遂，則亦天也。王氏之子焉能使予不遇哉。愚意即其言而推其意，若獲再對，必有可觀，當不止如前云云而止。象山之門人傅琴山《與陳習庵書》云： 朱晦庵得象山奏篇，極其賞音，而其終則有曰：「但向上一路未曾撥着。」象山復書云：「某自以爲所學、所藴竭盡於此，而尊兄乃有『向上一路不曾撥着』之疑，何耶？」文公却别無説。愚按： 晦庵、象山集中皆無此書，而琴山言之，要非虚語。但平心而觀，未見所謂竭盡之説，而象山自言亦云粗陳梗槩，又與竭盡之説不同，當諗知者。

記

《王荆公祠堂記》，此記滔滔二千言，其文凡十數轉换，如蛟龍不可捕逐。其始歎唐、虞、三代之道不存而老氏成其私，是貶老子矣。俄乃收之，曰：「子房之師，實維黄石。曹參避堂以舍蓋公，高惠收其成績，波及文、景者，二公之餘也。」豈方貶老子而倏又尊之歟？即復舍之不言，而翻言孔、孟後陵夷千百載，裕陵忽得公，許之似過矣，即轉而譏公學不足以遂其志。既揚而抑可矣，俄轉而歸罪於當世之排公者。方抑公之學不足矣，俄又大稱公掃俗學之凡陋，道術必爲孔、孟，勳績必爲伊、周。既稱之矣，俄又言其小人投機，憸校得志【五】，豈將博之以盡其情歟？繼又援《中庸》「爲政在人」一章，盡總而歸罪於熙寧爭新法之諸賢、與元祐更新法之大老，且謂悼公此學之不講而爲之記。凡文字十數轉換之間，無一相回顧，此其文法之出奇，真如蛟龍不可捕逐，自有載籍之所未見，此固非後學所可窺測。然荆公之行事，人人所知，豈文法之奇所能使之易位哉？熙寧無諸賢之力爭，則坐視民生之荼毒，而噤無容聲，國非其國矣！元祐無大老之力救，則民生不復知我宋之恩，馴致板蕩，民將不復戴宋中興矣！奈何以荆公之罪而罪之？且既謂荆公學不足，又言惜此學之不講，何相反歟？嗚呼！《三經》、《字説》世固猶有存者，苟欲講之何難，顧天下不堪再壞耳？

右《荆公祠堂記》，愚初見莫之曉，以問友朋唐信州。信州答曰：「象山記，初無難看。若論其回護，何異告子之言仁義？此等議論，若不别白言之，他日爲人心之害不小。既以三代之道與半山，乃以佛、老異端之學貶諸老，至以『依違取必』四字

【五】憸校得志　「校」文淵閣本作「狡」。

斷曲直。最其甚者,謂導崇寧之奸,實元祐三館之儲,幾於無是非之心矣!若其執拗相類,尚可諉氣稟之偏,或故爲此回護之論,豈不可怪?」愚得其説,讀之快然,始覺此記果有未安,不可尊其人而不察其言也。再詳録象山文之言記者於下方。唐信州,字景實,有高識,紹興人。

與撫州守錢伯同,云新法之行,當時詆排之人當與荆公共分其罪。此學不明,至今吠聲者日以益衆,是奚足以病荆公哉?比得倅車書,謂執事欲以記文下諉,不覺喜溢支體,蓋兹事湮鬱,深願自是一發舒之。記文尚遲旬日,當成就遺納。錢伯同,南渡初長公主之孫。

與胡季隨,《王文公祠記》乃是斷百餘年未了底大公案。自謂聖人復起,不易吾言。餘子未嘗學問,妄肆指議。此無足多怪,同志之士猶或不能盡察,良可嘅歎。

與林叔虎,《荆公祠堂記》刻併往,此是斷百餘年未了底大公案。聖人復起,不易吾言矣!

與郭邦逸,云《宜章學》、《王文公祠》二記,併録呈,得暇精觀之,亦可見統紀也。

與薛象先,荆公之學未得其正,而才宏志篤,適足以敗天下,祠堂記論之詳矣。自謂聖人復起,不易吾言,當時諸賢蓋未有能及此者。荆公之説行,豈獨荆公之罪哉?

與陶贊仲,《荆公祠堂記》與元晦三書併往,可精觀熟讀。此數文皆明道之文,非止一時辨論之文也。

《雜説》第一篇自注云：「此篇本有感於荆公事而作。」其説大略謂苗民歷堯至舜，又數十載至禹受命徂征而始服；周自后稷積德，而商之頑民乃至三世不化。有善於此，至大至重，宜在所尊，而以其有不善焉？而其善不遂，其事不濟，舉世莫辨而反以爲懲，豈不甚可歎哉？象山此説蓋歎荆公之不終其用也。不知荆公若終其用，我宋當何如？

右又象山自請爲記於郡侯，又自譽其記於友朋間者也。象山自謂斷百餘年未了大公案，姑以斷公案之事而譬之。凡斷公案直則云直，曲則云曲，一下即定可也；或直處如此，曲處如彼，亦兩下明白可也。今觀其記，倏以爲是，倏以爲非，又倏以是非而混言之，十數轉換，卒無定説。如遍歷州縣監司翻訴之案，迭勝迭負，前後反覆。彼州縣監司非出一人之手，所見不同，固無可怪。今此公案斷於象山一人，而自爲矛盾，費辭若此，象山豈曲筆者乎？荆公新法之行，天下騷然，盜賊群起，夷狄禍結，甚至神考因喪師十萬，臨朝大慟，遂及於臣子所不忍言。向非元祐力救，人心幾不再合，我宋何以中興？此熙寧以後昭然之案款也。象山初欲使元祐分罪，卒使元祐獨受其罪，至謂反覆其手，以導崇寧之姦者，實元祐三館之儲。此如縱火者放罪，而焦爛者代罰，誰其受此屈斷乎？凡斷公案，亦須氣平，象山此斷幾於怒筆。蓋自堯、舜之聖爲萬邦之君，猶必舍己從人，稽於衆庶。以孔子之聖爲萬世之師，猶曰：「三人之行，必有我師。」若夫獨稱一己爲是，而盡斥天下爲非，自古未之前聞也。謂天下之言政者皆流俗，其説乃方自荆公始。謂天下之講學者皆流俗，其説又方自象山始。負才之高，自信之篤，疾視一世而神交荆公，方其通書錢伯同求爲祠堂記，已有吠聲日衆，願一發舒之語。以此之心，斷此之案，雖欲平得乎？一旦其諸書力誇荆公。荆公之事，天下固已久有定論，所不待言。若其所與薛象先書謂荆公之學未得其正而材宏志篤，適足以敗天下。以愚觀之，亦恐尚有遺論也。世豈有材宏而反敗天下者耶？管仲、張子房、諸葛孔明諸人，較之聖門，學亦未得爲正也。固嘗以其材而拯天下矣，若其反敗天下，又安得而謂之才？而荆公之爲荆公，恐又不止於學之不正而已也。少年偏交韓、吕，以求延譽者，其心果何在？卑官力辭其所不必辭，既顯宜辭而不復辭者，其心又何在？莘野之伊，南陽之葛，泊然與世相忘者，恐不如是其區區也。仁宗，不世出之聖主也，食餌至盡之詐，一爲所窺而不見用，則忍於謗訕無上；韓魏公，不世出之王佐也，下僚清苦之容，一爲勢隔而不見省，則忍於怨詈終身。安意俟命者，恐不若是。君或致疑，謝病求去。君爲責躬，始復視事。薦人一不行，悻然下堂便去。謀國既敗事，相戒勿容上知。以道事君者，恐不如此。迹其平生，未達則以詐僞鈎致名位，既達則以狠愎劫持君父。心之不正如此，何暇復議其功利之學？

程文

天地之性人爲貴論。

按：此篇呂東萊識其爲江西陸子静之文，而特取之者也。徐子宜見其文，而指示楊慈湖，使之從象山爲師者也。自今觀之，東萊識其爲子静之文甚易，而徐、楊因此文宗師之，則亦意見之偶合爾。夫此論，程文也。此題夫子言孝，惟當發明經旨，非可罵題之體也。象山此篇不言經旨，而姑借以罵天下之學者，其破題曰：「聖人所以曉天下者，甚至天下所以聽聖人者甚藐。」按：《孝經》乃天下萬世之所敬誦，未聞有不聽其言者。又聽我藐藐，藐藐者，不聽之貌，如巍巍、蕩蕩、申申、夭夭之類，兩字連用方有義，一字單用不成文，而今又加爲甚藐之辭，蓋象山恃才憤世，無言不疾。除象山一人之見如此，合場決無第二卷也。論之講肚云告子湍水之謂君子所必辨；荀卿性惡之説，君子之所甚疾。然告子之不動心，實先於孟子，而荀卿之論甚美，非有篤敬之心，有踐履之實者，未易至乎此也。今拾孟子性善之遺説，與夫近世先達之緒言，以盜名干澤者，豈可與二子同日語哉？凡皆講肚之全文如此。夫告子、荀子之言，衆所共斥，而象山獨取之；伊、洛諸儒之言性，衆所共宗，而象山獨斥之。且程文試論法不及本朝，而此言近世先達。題言「天地之性人爲貴」，而此説取性猶湍水，取性惡曰湍、曰惡，正與貴之義相反。除象山一人之見如此，合場亦決無第二卷也。東萊以議論之異也而易認【六】，徐、楊以意見之同也而易合。若以三儒者主之，

【六】東萊以議論之異也而易認　「認」文淵閣本作「識」。

而因以爲確論，則恐夫子之經旨不如此，論家之法度不如此，謂諸儒之言性者皆爲盜名干澤，恐亦不如此。象山自赴省試，自談性理，而謂平居暇日，講明性理爲盜名干澤，疑亦未安。

象山之學，雖謂此心自靈，此理自明，不必他求，空爲言議。然亦未嘗不讀書，未嘗不講授，未嘗不援經析理。凡其所業，未嘗不與諸儒同。至其於諸儒之讀書、之講授、之援經析理，則指爲戕賊，爲陷溺，爲繆妄，爲欺誑，爲異端邪説，甚至襲取閭閻賤婦人穢駡語，斥之爲蛆蟲。得非恃才之高，信己之篤，疾人之已甚，必欲以明道自任而然耶？吾夫子生於春秋大亂之世，斯道之不明亦甚矣，而循循然善誘人，未嘗有忿嫉之心。甚至宰我欲行朞月之喪，不過曰：「汝安則爲之。」闕黨童子將命，亦必明言其與先生並行，與先生並坐，爲欲速成，未聞不言其所以然，徒望而斥之也。孟子生於戰國，斯道之不明尤甚。孟子之與楊、墨辨，與告子、許行、墨者夷之辨，皆一一引之而盡其情，然後徐而折其非。至今去之千載之下，人人昭然如見此斯道之所以復明，亦未嘗望而斥之，不究其所言之爲是爲非也。我朝聖世也，亦異於春秋戰國之世矣。諸儒之所講者，理學也，亦異於春秋戰國處士横議之紛紛矣。所讀皆孔、孟之書，所講皆孔、孟之學，前後諸儒彬彬輩出，豈無一言之幾乎道者？使其所趣尚雖正而講明有差，則宜明言其所差者果何説；講明雖是而躬行或背，則宜明指其所背者果何事，庶乎孔子之所以教人，孟子之所以明道者矣。今略不一言其故而槩以讀書講學者，自孟子既没千五百餘年間，凡名世之士，皆爲戕賊，爲陷溺，爲繆妄，爲欺誑，爲異端邪説，則後學其將安考？此象山之言，雖甚憤激，今未百年，其説已泯然無聞，而諸儒之説，家藏而人誦者皆自若，終無以易之也，此亦無以議爲矣。獨惜其身自講學而乃以當世之凡講學者爲僞習。未幾，韓侂胄、何澹諸人竟就爲僞學之目以禍諸儒，一時之善類幾殲焉。嗚呼！家必自毁而後人毁之，悲夫！

陸象山語録

首章載堯命羲和，後世委之星翁、曆官及曆差事。愚按：此不待言。

次章云看經書須看注疏及先儒解釋，不然，執己見議論恐自是。愚按：此象山平心之言，與諸儒未嘗不同，然象山平日以此等爲陷溺，而今日之言乃如此，乃知天下常理終不可逃。如釋氏謂不當生産作業，而釋氏未嘗不着衣喫飯也。

讀書固不可不曉文義，然須看意旨所在。愚按：諸儒教人皆然。

學者不長進，只是好己勝，出一言做一事，便道全是。愚按：此説善矣！聖如孔子，亦未嘗敢以爲是。然象山雖賢，乃謂千五百年間講學者，皆異端邪説，到吾方一清，此則孔子所不敢也。

編《論語》者亦有病。愚按：此語未易輕發，惟象山自兒童時已惡見《論語》第二章，此不可曉。

伊、洛諸公得千載不傳之學，但草創未爲光明。今日若不大段光明，更幹當甚事？按：象山平日説謂伊、洛之説不然，若據此説，特伊、洛之説未精耳。二説亦不同。象山自謂得不傳之學，是伊、洛未嘗得也。今謂伊、洛得不傳之學，是此學未嘗不傳也。二説之本旨亦不同，豈記者誤歟？

福如何錫得？只是此理充塞宇宙。愚按：會民于極，即是錫之以福。此理自是充塞宇宙，但不必以此破錫福之義。桀、紂之世，此理何嘗不充塞，而民之罹於咎者，何耶？

須是信得及方可。愚按：古人此語謂信道篤、謂信命得及，皆是不爲貧賤患難所變。若自以爲是，不爲人言所變，却恐不可。荆公之誤，正在此。

有所忿懥，則不足以服人。愚按：此論甚正，然則又可忿懥而求以服人乎？

須是下及物工夫，則随大随小有濟。愚按：此語足覘象山講明皆有用之學，但古之學者爲己，用之則行，及物自在其中。明道言士自一命以上，存心愛物，此言出仕事也。

右周清叟、廉夫所録。

朱季繹云，近日異端邪説如禪家之學，人皆以爲不可無。象山云：「今之所以害道者，却是這閑言語。」曹立之因讀書用心成疾，亦是有許多閑言語。某與之滌蕩，病亦随滅，迨不聞人言語，又復昏蔽。適有告之以某乃釋氏之學，渠平生惡釋、老如仇讎，於是盡叛某之説，却湊合得朱元晦説話。後不相見，以至於死。然則曹立之若終聽象山之説，命尚可活也。

今之攻異端者，但以其名攻之，初不知自家自被他點檢，在他下面，如何得他服？愚不知吾儒何者在他下面，豈以其即心是佛，其説甚徑歟！此等任其説高，既無此理，非吾儒所病也。

某平日未嘗爲流俗所攻，攻者却是讀語録精義者。

某讀書只是看古註，聖人之言自明白。愚按：亦自有當講明者，如明白者却不必衍文，熟讀自見。象山此言，不可不察。

一人力抵當流俗不去，必也豪傑之士。因舉晦翁語云豪傑而不聖人者有之，未有聖人而不豪傑者也。先生云是。愚恐豪傑非斥衆人爲流俗之謂也。

問作文法，云讀漢史，韓、柳、歐、蘇，尹師魯、李淇水文，不誤後生。

謂伯敏被異端壞了，異端非佛、老之謂，異乎此理，如季繹之徒便是異端。孔門惟顔、曾傳道，他未有聞。蓋顔、曾從裏面出來，他人外面入去。今所傳者，乃子夏、子張之徒外入之學。曾子所傳，至孟子不復傳矣。愚按：古無傳道之説，孔子之學，惟曾子弘毅，足以任道。子思、孟子皆然，至今所講明者，皆其説也。子夏、子張未見其有傳於今也。韓文公闢佛、老，故言中國之所以治者，自堯、舜、禹、湯、文、武、周公、孔、孟次第相承，具有自來，故以傳言以闢佛氏之説。自夷狄晚入中國，於中國之治並無相干，皆平空杜撰，故他日又曰：「果孰爲而孰傳之耶？」韓文公之言傳道者，意蓋如此。不幸釋氏以衣鉢爲傳，其説浸淫，遂使吾儒亦謂若有一物親相授受者，謂之傳道。此積習之誤，聖門初無是事。今日所講正曾子、子思、孟子之學，其於子張、子夏初何預耶？

今之學者讀書只是解字，更不求血脉，且情性、心材只是一般物事，言偶不同耳。

愚按：天下讀書未有不求血脉之人，而象山讀書亦未嘗不解字，如云「看經書，須看注疏及先儒解釋」，斯言何爲耶？右李伯敏敏求所録。

楊敬仲不可説他有禪，只是尚有氣習未盡。

平生所説，未嘗有一説。

大人不做，却要做小兒態，可惜。

某不識一个字，亦須還我堂堂地做个人。

上是天，下是地，人在中間，須是做个人，方不枉。

要當軒昂奮發，莫恁地沈埋在卑陋凡下處。

自得，自成，自道，不倚師友載籍。

初教董元息自立，不得閑説話，漸漸好。後被教授教解《論語》，却又壞了。

收拾精神，自作主宰，有何欠缺？

我不説一，楊敬仲説一，嘗與敬仲説箴他。

大人凝然不動，不如此小家相。

嘗誤解了《書》，「人心，人僞也【七】；道心，天理也」，非是。人心只是説大凡人之心，惟微是精微，纔粗便不精微。謂人欲、天理非是。人亦有善有惡，天亦有善有惡，豈可以善皆歸之天，惡皆歸之人？此説出於《樂記》，此説不是聖人之言。

某平生有一節過人。他人要會，某不會；他人要做，某不做。愚觀以上所記，皆自信甚篤，獨立不懼之言，可以作人懦氣【八】。然以聖人自處，則未知果如何。陸象山之言學，陳同甫之言治，皆欲等天立地做一个人，他非所恤，亦可謂豪也已。

某從來勤理會，長兄每四更一點起時，只見某在看書，或檢或默坐，常説與子姪以爲勤。愚按：象山常以讀書爲陷溺，而其勤讀書乃如此。右包楊顯道所録。

嘗問先生之學亦有所受乎？曰：「因讀《孟子》而自得之。」右詹阜民子南録。

謂伊川解「艮其背」，説得鶻突。「艮其背，不獲其身」，無我；「行其庭，不見其人」，無物。

《論語》中多有無頭柄底説話，如「知及之，仁不能守之」之類，不知所守、所及者何事？如「學而時習之」，不知時習者何事？學苟知本，六經皆我注脚。

【七】人僞也　「僞」文淵閣本作「欲」。

【八】可以作人懦氣　「懦」原作「儒」，據文淵閣本改。

天理、人欲之言，亦自不是至論，若天是理，人是欲，則是天人不同矣。

居象山，多告學者云汝耳自聰，目自明。事父自能孝，事兄自能弟。本無欠缺，不必它求，在乎自立而已。

「可與適道」云云，是説階級。「夫何遠之有」，是掃上面階級。右傅子雲季魯所録。

一夕步月，歎朱元晦泰山喬岳，可惜學未見道，枉費精神，遂自擔閣。包敏道曰：「勢既如此，莫若各自著書，以待天下後世之自擇。」忽正色厲聲曰：「敏道！敏道！恁地没長進，乃作這般見解。且道天地間有个朱元晦、陸子静，便添得些子，無了後便減得些子。」愚謂若於天地間無關損益，又何必歎，又何必厲聲？

天下之言性也，則故而已矣。據某所見，當以莊子去故與智解之。其言性者，大抵據陳迹言之。右惟出殿博所録。

象山讀書修己，本未嘗不與人同，而其《語録》謂《論語》多有無頭柄説話，謂編《論語》者亦有病。謂《論語》第一章「學而時習」不知時習者何事，謂第二章「言孝弟」爲支離。又謂六經皆我注脚。謂天理人欲之言不是至論。謂異端不是佛、老，而今之講學者皆是異端。甚至家書《與姪孫濬》云：非其志，其見度越千有五百餘年名世之士，則《詩》、《書》、《易》、《春秋》、《論語》、《孟子》、《中庸》、《大學》之篇正爲陸沉。《與致政兄》云：以銖秤寸量之法繩古聖賢，皆有不可勝誅之罪。蓋其爲學謂此心自靈，此理自明，耳自聰，目自明，自能孝，自能弟，但收拾精神，自爲主宰，則上是天，下是地，中間還我堂堂做人，更不必他求，一有他求，皆爲陷溺。故於自昔聖賢經書所載，自然皆見其非。其勢則然，非待有心於詆斥也，然猶一則曰孔子，二則曰孔子。譬之江東孫氏，名雖戴漢，自立宗廟社稷矣。

陸復齋文集

書

《與張敬夫》，謂聲氣容色，應對進退，乃致知力行之原。不若是而從事於箋注訓詁之間、言語議論之末，無乃與古之講學者異歟？

《答傅子淵》，近來學者多自私欲速之病，又惑於釋氏一超直入之説，往往棄日用而論心，遺倫理而語道。適見聖謨與舍弟書，又有即身是道，不假擬度之説，此又將墮於無底之壑矣。

《與沈叔晦》，有終日談虚空、語性命，而不知踐履之實，欣然自以爲有得，而卒歸於無所用。此惑於異端者也。

《與李德遠》，古之君子，往往多出於羇艱困厄愁憂之中，而其學益進。某獨日以汩没，觸事接物，習情客氣時起於其間。

《與汪德占》，某日與兄弟講習，往往及於不傳之旨，天下所未嘗講者。

《與章彦節》，荀卿、揚雄、韓愈皆不世出，至言性則戾。近世巨儒性理之論，猶或不安。某乃稽百氏異同之論，出入於釋、老，反復乎孔子、子思、孟子之言，潛思而獨究之，焕然有明焉。窮天地，亘萬世，無易乎此也。然世無是學，難以諭人。又書云：「離形色而言性，離視聽言動而言仁，非知性者也。」

《與趙景明》，朱元晦《論語集解》已脱藁，此言必傳於世。若《詩集傳》、《中庸》、《大學》章句則殊有未安，恐終不能傳遠耳。

《答王漢臣》，身體心驗，使吾身心與聖賢之言相應，擇其最切己者勤而行之。

《與王順伯》，治人必先治己，自治莫大治氣。氣之不平，其病不一，而忿懥之害爲尤大。又云竊不自揆，使天「欲平治天下，當今之世捨我其誰」？苟不用於今，則成就人才，傳之學者。又云釋氏之門亦有散律禪之異，禪門一宗亦有五家宗派，何況儒、釋二教，安得强比而同之乎？又云釋氏大抵以理爲障，與吾儒之學天地懸絶。

《與王申伯》，人生之迷，千種萬類，不可名狀，而大要皆是利欲。李赤入厠，天下之樂於是乎在，而不知其死於糞穢也。

《與陳德甫》，須磊磊落落作大丈夫，淨掃平生紕繆意見。

《與柴必勝》，貧者士之常。吾友能安之，則尊幼無不安者。吾心微有不可安，則過自此起矣。天命固不可損益，但自失其本心耳。

《與舒元賓璘》，放過少許便是自棄。

《與劉淳叟》，不知命，無以爲君子。此意不可不先講習。習到臨利害得失無憂懼心，平時胸中泰然無計較心，則真知命矣。

《與汪漕》，言租賦利害甚詳。内買絹一項，謂吏廉則民之輸帛易，而帛亦不至甚惡。吏貪而受常例，則雖甚踈惡者亦不得而不受。於是有浮巧之民，能爲甚薄之帛，而加之藥如甚厚者。攬子厚取其直於民，而薄其價買之，以輸於公。揀子不敢言受領，官不敢退。若必使民户自輸而書人户與揀子之名於帛端，而毋得使攬子者輸焉，則公私兩利而其弊革矣。

《與金谿宰》，言團結禦寇，須覈何人可用？何兵可戰？如何分布營寨？如何置備粮食？聽誰統轄？如何防托把截？若泛牒前往界首，爲害未易悉數。

策問

射，所以觀德也，然后羿善射爲亂臣，逢蒙善射亦殺師，養由基善射而奪國，李廣善射而數奇。崔浩不能彎弓，杜預射不穿札，而皆有成功，何耶？

銅壺爲漏，浮箭爲刻，天池以注之，平水以平之，受水以納之，而壺之制盡矣。匏以載之，蓮以出之，華表以正之，而箭之體定矣。日有十二辰而八千四維間焉，歲有十二月而二十四氣分焉。以土圭測日景,以磁針辨方位,而二十四位於是乎正矣。日行有南北,晝夜有長短,而二十有一箭於是乎立矣。宜無地之殊也,而嶽臺以南凡三徙之,而箭之不用者六；嶽臺以北凡三徙之,而箭之增者亦六,何也?于維之間於辰,或以屬爲前,或以屬爲後,或分之而兩屬焉。磁針之辨方位,或以爲指午,或以爲午之三分、丙之七分,或以爲丙午之間。

立政致意於常伯、常任、準人,求於周官,漫不知何職。瑣瑣如攜僕、綴衣、牧尹,亦缺焉。

論

道者,古今之正權；權者,道之用也。權之所在,即道之所在,又焉有不正者哉?

復齋陸氏,名九齡,字子壽,蓋名九淵,字子靜,號象山之兄也。其學大抵與象山相上下,象山之學務以自己之精神爲主宰,復齋之學就於天賦之形色爲躬行,皆以講不傳之學爲己任,皆謂當今之世捨我其誰。掀動一時,聽者多靡。所不同者,象山多怒罵,復齋覺和平爾。象山之詳已疏於其文集、語録之下矣,復齋之文尤多精語,亦足警後學,而自譽其所得則在性學,至謂「窮天地,亘萬古無以易,而世無其學,難以語人」。視孔子之言性,澹然一語而止者,幾張皇矣。夫既不語,世莫得聞,他日謂「外形色言天性,外視聽言動言仁,皆非知性者」。復齋所明性學,倘在於是乎。然形色固天性也，而生色睟然見於面、盎於背，亦必有其所以然者矣。視聽言動之以禮，固所以爲仁也，而勿視、勿聽、勿言、勿動亦必有主宰乎其中矣。復齋之言，視孔、孟似頗直截也。東萊誌其墓，謂勇於求道，有不由階序者，殆確論云。初，復齋自太學登第，嘗分教興國軍，纔九閲月，弟子員纔十五人，有才志而不獲少見於世。寶慶二年，同沈焕字叔晦，加贈典，沈謚端獻，陸謚文達，遂與象山號「二陸」。復齋又有兄名九韶，字子美，號梭山，堅苦力學，亦有文集、小帙，言治家不問貧富，皆當取九年熟必有三年蓄之法，常以其所入留十之二三備水旱、喪葬不測，雖忍飢而毋變。宗族鄉黨有吉凶事，苟財不足以助之，惟助以力，如先衆人而往，後衆人而歸，有勞爲之服之，毋毁所蓄，以變定規。如此力行，家不至廢，而身不至有非理之求。其説具有條理，殆可推之治國者也。江西并子美又號「三陸」。

象山於門人，最稱許傅子淵，而言論風旨無所考。有傅琴山者，名子雲，字季魯，亦金谿人，以屢舉推恩，嘗爲西甌縣主簿。其徒貴溪葉夢得知撫州日，嘗刻其文於郡齋，然世未有傳其書者也。琴山稱象山赴荆門軍，付以講席。又嘗作《易》、《詩》、《論語解》、《孟子指義》、《中庸》、《大學解》、《河圖洛書釋義》、《離騷經解》、《揲蓍説》，自謂其學益明，見於文字，大抵昭著。且欲剖判象山及朱晦翁之説，其自許亦果矣。嘗觀其文，戒楊慈湖闢清心正心之説及力勸其勿著書。排《大學》似無已甚之偏，而乃謂《論語》成於曾子門人之手，未必接聞於夫子。「學而時習之」，不知所學所時習者何事，時習而悦、朋來而樂，不知所悦所樂者何由，「人不知而不愠」，不知所以能不愠者何説。既茫然於指歸之所存，則是失珠玩櫝，講究雖勤而真實益遠。又謂近世學失其傳，勞心役智於道問學之間，顛本末之序而終至於本末俱失。若程門附會下學而上達之説而不明其旨。此其於聖賢之學，入室操戈，一至於此，亦可謂無忌憚者矣。若其斥張子房辭三萬户之封爲工於私而昧於理，譏董仲舒正誼不謀利之言爲未足以表襮孟氏之旨，駮龔遂使民賣劍買牛非臣力之對爲竊美名、美行以欺君媚世；　詆韓文公《原人》之作爲未究三才之終始，而分裂以論。彼於《論語》尚加呵詆，則凡皆所不足怪者矣。其人雖博學多聞，好爲議論而辭繁理寡，終無發明。雖呶呶數萬言攻排佛學，以解外人謂其師談禪之譏，亦不過襲不耕不蚕等陳言，以雜置汎濫浮辭中爾。惟斷其師人心道心之辨，謂人心惟危，道心惟微，猶言櫱水惟危，清水惟微，勿撓勿濁，乃燭鬚眉。其説頗異。姑録存之，以俟知者。然乃燭鬚眉之意與允執厥中之誼又殊矣。傅琴山之外，學象山而名世者，是爲慈湖楊先生。

校勘記

卷四十三

讀本朝諸儒書十一上

延平李先生師弟子答問

承喻涵養用力處，但常存此心，勿爲他事所勝，即欲惡非僻之念自不作矣。

「父母惟其疾之憂」，舊説孝子不妄爲非，惟疾病然後使父母憂。熹恐言父母慈愛其子，無所不至。疾病，人所不免，猶恐其有之以爲憂，則餘可知也。爲人子者知此，而以父母之心爲心，則奉承遺體，求免於虧辱者，豈一端而已？此曾子戰戰兢兢啓手足而後知免焉者也。不遠遊，遊必有方，不登高，不臨深，皆是此意。先生曰：「所説得之。」

「至於犬馬皆能有養，不敬何以別乎」？熹謂犬馬不能自食，待人而食，故蓄犬馬者必有以養之，但不敬爾。然則養其親而敬有所不至，不幾於以犬馬視其親乎？敬者，尊敬而不敢忽怠之謂，非特恭謹而已也。人雖至愚，孰忍以犬馬視其親者，然幾微之間，尊敬之心一有不至，則是所以視其親者實無以異於犬馬而不自知也。聖人之言，警乎人子未有若是之切者。然諸家之説多不出此。先生曰：「此恐當時只以能養爲孝。」故夫子警切以告之，使反諸心也。苟推測至此，孝敬之心一不存焉，即陷於犬馬之養矣。孟子又有養口體、養志之説，似亦説破學者之未察處。

問「子張學干禄」，先生曰：「古人干禄之意，非後世之干禄也。蓋胸中有所藴，亦欲發泄而見諸事爾。此爲己之學也，然求之有道。苟未見所以求之之道，一萌意焉則外馳矣。故夫子以『多聞見而闕疑殆』告之，又使之『慎其餘』，則反求諸己也切矣。」

問「亦足以發」之義，先生曰：「顔子深潛淳粹，聞夫子之言即默識心融，觸處洞然，自有條理，故終日言，但見其不違如愚而已。退省其私則於語默【一】、日用、動容之間，皆足以發明夫子之道，坦然由之而無疑也。」

問：「子曰：參乎！吾道一以貫之。」曾子曰：「唯。」子出，門人問曰：「何謂也？」曾子曰：「夫子之道，忠恕而已矣。」蓋夫子之道，不離乎日用之間。自其盡己而言則謂之忠，自其及物而言則謂之恕。莫非大道之全體，雖變化萬殊，於事爲之末而所以貫之者，未嘗不一也。然則夫子所以告曾子，曾子所以告其門人，豈有異旨哉？而或者以爲忠恕未足以盡一貫之道。曾子姑以違道不遠者告其門人，使知入道之端，恐未曾盡曾子之意也。先生曰：「伊川先生有言，維天之命，於穆不已，忠也。乾道變化，各正性命，恕也。體會於一人之身，不過只是盡己及物之心而已。曾子於日用處，夫子自有以見之，

【一】其私則於語默　「語」原作「浯」，據文淵閣本改。

恐其未必覺此亦是一貫之理，故率然問曰：『參乎！吾道一以貫之。』曾子於是領會而有得焉，輒應之曰：『唯。』忘其所以言也。至於答門人之問，止是發其心爾，豈有二耶？若以謂聖人一以貫之之道甚精微，非門人之問所可告，姑以忠恕答之，恐聖人之心不如是之支也。如孟子稱堯、舜之道，孝弟而已，人皆足以知之，但合内外之道，使之體用一源，顯微無間，精粗不二，究同盡是此理【二】，則非聖人不能是也。《中庸》曰：『忠恕，違道不遠【三】。』提起此以示人相近處。然不能貫之，則忠恕自是一忠恕爾。」

大凡人，理義之心何嘗無？唯持守之即在爾。若於旦晝間不至梏亡，則夜氣存矣。夜氣存則平旦之氣未與物接之時，湛然虚明，氣象自可見。此孟子發此夜氣之説，於學者極有力。

大率吾輩立志已定，若看文字，心慮一澄然之時，略綽一見，與心會處便是正理，若更生疑即恐滯礙。

某曩時從羅先生學問，終日相對靜坐，只説文字，未嘗及一雜語。先生極好靜坐，某時未有知退，入室中亦只靜坐而已。先生令靜中看喜怒哀樂未發之謂中，未發時作何氣象？此意不唯於進學有力，兼亦足養心之要。

嘗愛黄魯直作《濂溪詩序》云：「春陵周茂叔，人品甚高，胸中洒落，如光風霽月。」此句形容有道者氣象絶佳，胸中洒落即作爲盡洒落矣。

【二】究同盡是此理　「究」文淵閣本作「渾」。

【三】違道不遠　「遠」原作「忘」，據文淵閣本改。

某嘗以謂遇事若能無毫髮固滯，即此心廓然大公，無彼己之偏倚，庶幾於理道一貫。仁即是理，當理而無私心即仁矣。又曰：「仁字極難講説【四】，只看天理統體處，便是。心字亦難指説，唯認取發用處是心。」又曰：「仁者，人也。人之一體便是天理無所不備具。」

吾儕在今日，止可於僻寂處草衣木食，苟度歲月。又曰：「處此時，唯儉德避難，更加韜晦爲得所。」又曰：「當今之時，苟有修飭之士，須大段涵養韜晦始得。」

愚按：程門高第如謝上蔡、楊龜山，末流皆不免略染禪學，惟尹和靖堅守不變【五】，其後龜山幸三傳而得朱文公，始裒萃諸家而辨析之，程門之學因以大明。故愚所讀先儒諸書，始於濂溪，終於文公所傳之勉齋，以究正學之終始焉。次以龜山、上蔡以見其流雖異而源則同焉。又次以和靖以見源雖異而其流有不變者焉。次以横浦、三陸以見其源流之益别焉。然上蔡、龜山雖均爲略染禪學，而龜山傳之羅仲素，羅仲素傳之李延平。延平亦主澄心靜坐，乃反能救文公之幾陷禪學，一轉爲大中至正之歸。致知之學，毫釐之辨，不可不精。蓋如此，故又次延平於此，以明心學雖易流於禪而自有心學之正者焉。此書文公所親集，延平之學，以涵養爲工夫，以常在心目之間爲效驗，以脱然洒落處爲超詣之地。文公之問多本《論語》，多先孝弟，此皆學者所當熟味。序此書者廖德明，載文公之言，謂先生隱居不仕，燕閑體察，默而

【四】仁字極難講説「難」原作「雖」，據文淵閣本改。

【五】惟尹和靖堅守不變「靖」原作「靜」，據文淵閣本改。

成之，非他人能及。若夫經綸天下之大經，措諸事業，時有勞逸之殊遇。故二程因發明敬字、合内外、貫動静，敬附録云。

延平李先生行狀

先生諱侗，字愿中，南劍州劍浦人。曾祖幹，屯田郎中。祖纁，朝散大夫。父涣，朝奉郎。先生聞郡人羅仲素先生得河洛之學於龜山楊文靖公之門，遂往學焉。從容潛玩，有會於心，盡得其所傳之奥。退而屏居山田，結茅水竹之間，謝絶世故餘四十年，簞瓢屢空，怡然自適。既以二子舉進士，試吏旁郡，更請迎養，先生不得已爲一行。會閩帥玉山汪公以書禮、車乘來迎，將講所疑。至之日，疾作，卒于府治之館舍，年七十一，隆興元年十月十有五日也。

初龜山先生唱道東南，士之遊其門者甚衆，然語其潛思力行，任重詣極如羅公，蓋一人而已。先生既從之學，講論之餘兀坐終日，以驗夫喜怒哀樂未發之前氣象爲如何，而求其所謂中者。若是者既久之，而知天下之大本者，端有在乎是也，蓋天下之理，無不由是而出。既得其本，則凡出於此者，雖品節萬殊、曲折萬變，莫不該攝洞貫，以次融釋而各有條理，如川流脉絡而不可亂。大而天地之所以高厚，細而品彙之所以化育，以至經訓之微言，日用之小物，折之於此，無有不得其衷者焉。由是操存益固，涵養益熟，精明純一，觸處洞然，泛應曲酬，發必中節。故其言曰：「學問之道，不在於多言，但默坐澄心，體認天理。若見雖一毫私欲之發，亦退聽矣。」又嘗言曰：「讀書知其所言莫非吾事，而即吾身以求之，則凡聖賢之所至而吾所未至者，皆可勉而進矣。」以故未嘗爲講解文書。沙縣鄧迪語及先生曰：「愿中如冰壺秋月，瑩徹無瑕，非吾曹所及也。」嗚呼！先生之道德純備，學術通明，求之當世，殆絶倫比，然不求知於世，而亦未嘗輕於語人。蓋所謂遯世不見知而不悔者，先生庶幾焉。門人具位朱熹狀。

右録其要也，始文公之父吏部公與延平先生俱事羅先生，故文公於延平爲通家子。文公幼孤，從屏山劉公問學。及壯，以父執事延平而已，至於論學，蓋未之契。而文公每誦其所聞，延平亦莫之許也。文公簿領同安，反復延平之言，若有所得者，於是盡棄其學而師事焉。此嘉定甲戌黄巖趙師夏題卷末之略云。

延平先生語録

羅先生少從審律先生吳國華學，後見龜山，乃知舊學之差，三日驚汗浹背，曰：「幾枉過了一生。」於是謹守龜山之學，數年後方心廣體胖。

以踐履爲聞知。

人之持身，嘗以孔子爲法。孔子相去千餘載，既不可得而親之，所可見者，獨《論語》耳。

右延平語録，羅仲素先生之從孫羅博文所編，本名《欽佩録》。然其所載多高深，間又造語如諸子之立論者，視朱文公所編《答問》似不同。姑録其便初學者一二。

校勘記

卷四十四

讀本朝諸儒書十一下

温公迂書

自序略曰：譬之種木，收愈遠，利愈大。使狹道以求容，利止其身，豈能及後世哉？釋迂。愚恐更當參以不計功之説。

天地不易，日月無變，道何爲獨變哉？厭常而喜新，求愈勤而愈遠。辨庸。

譬之鍾鼓，不扣自鳴，孰不謂怪？言戒。

天雨道濘，蹊狹而高，車不量力，久妨衆進，能無覆乎？飯車。

童子至驩，爭横芥而相傷。天下之利，大於横芥者多矣！恃其驩而不知戒，能無傷乎？拾樵。

去惡而從善，捨非而從是，在我而已，何難？回心。

受恩而不負者，爲子必孝，爲臣必忠。負恩。

莫非自然。無爲贊。

厭其所有，羨其所不可得。羨厭。

治心以正，保躬以静，進退有義，得失有命；守道在己，成功在天，夫復何爲？莫非自然。無爲贊。貽邢和叔。

文勝而道不至，猶朽屋而塗丹雘，眢井而幕綺繢，烏喙而漬飴糖也。斥莊。

果餌刻鏤，是以目食。官失。

温公之書，德人之言也。擇其尤切於後學者著此。

元城語

元城先生劉安世，字器之。大觀間謫亳州，寓永城縣之回車院，年已六十餘。維陽馬永卿赴永城縣主簿，其舅高郵張桐屬使求教。既至，見先生雄偉闓爽，談論踰時，體無欹側，肩背聳直，身不少動，手足亦不移，自是從之學。後二十六年，當紹興五年，追録其語爲《元城語》三卷。

漢大臣於人主前説人短長，各以其實，如匡衡謂朱雲好勇，數犯法亡命，受《易》，頗有師道是也。攻金陵者，謂其爲林甫、盧杞、王莽，故人主不信，此進言者之大戒。

五帝之法尚不同，金陵乃以成周之法行於今。我朝祖宗所以不多爲法令者，正恐官吏緣此擾民也。金陵欲行新法，恐州縣慢易，故擢用新進少年，至於特旨、御前處分、金字牌子、一時指揮之類，紛紛而出，其柄必爲姦臣所竊，天下欲不亂，得乎？

金陵三不足之説，謂天變不足懼，祖宗不足法，人言不足卹。此三句爲萬世禍。

趙清獻欲絶欲，挂父母像於臥床；　王羲之欲不仕，自誓於父母墳前。且士大夫不爲則止耳，何必爾？

温公戒金陵用小人，介甫曰：「法行即逐之。」公曰：「誤矣！小人得路，豈可去也？他日將悔之。」

哲宗初鋭意於學。一日講畢，會茶，上起，折柳一枝，有諫以方春萬物生榮，不可無故摧折。上擲之，色不平。温公聞之不悦，曰：「使人主不欲親近儒生者，正此等人也。」

祖宗以仁慈治天下，至嘉祐末，似乎舒緩不振，故神廟必欲變法。金陵揣知上意，以一身當之，又有虚名實行，强辨堅志不可動，反覆詰難，使人主伏弱乃已。及元豐初，主德已成，天容毅然，正君臣之分，非熙寧初比矣。

明皇即位初，焚錦繡珠玉於前殿，已不好之則不用，何至焚之？焚之必於前殿，此好名也，故有末年之敝。若仁廟則不然，非大臣問疾，則無由見其黄絁被、漆唾壺。

人主之去宰相，必積怒非一日。奸臣必交結佞倖，纔覺怒，必急急收救，故不至積怒而去。李林甫所以作相二十年，正緣得高力士、安禄山、陳希烈等内外贊助。

太祖即位，造薰籠，數日不至而怒，左右對以事下尚書省，尚書省下本部，本部下本局，覆奏得旨，復依方製造。太祖怒曰：「誰做條貫？」曰：「可問宰相。」普至，對曰：「此自來條貫，不爲陛下設，爲陛下子孫設。後代若非理製造奢侈之物【一】，經諸處行遣，必有臺諫理會，此條貫深意也。」上大喜，曰：「此條貫極妙，無薰籠是小事。」其後法壞，自御前直下後苑作，更不經由朝廷，至今爲例。

河東折氏、靈武李氏自五代世守，兩蕃畏之。太祖故令世襲。其後移李氏爲陝西，兩鎮遂失，靈夏至今爲患。

太祖未嘗文談，蓋欲激厲將士之氣。太宗未平晉，已爲平晉詩賦，未平燕山，已爲平燕山詩賦，群臣屬和，將士歆艷，而於武事不競，故有潘美之敗。澶淵之役，渡河橋至半，高瓊曰：「此處好喚丞相吟兩首詩。」蓋平日憾之，有此語。

《左傳》襄十二年，同宗於祖廟，注始封之廟。同族於禰廟，注父廟。然則宗遠而族近也。政和中，大臣不學，以郡主爲宗姬，以縣主爲族姬。又姬，周姓也，自漢初取爲嬪嬙之號，已可笑，今乃以嬪嬙之號名其女，尤可笑。語上

熙寧初，温公諫用兵不留藁，大略以富人與貧人鄰居爲喻。此録中載其語意。

漢藩王入繼，必親信本國之臣。霍光立宣帝，正以其無黨。

國初，錢王入朝。晉王、趙丞相以下皆欲留之。上曰：「我平生不曾欺善怕惡。」

金陵以兩府啗温公，不可。臺諫黨金陵者遂誣之。如霍光事。神宗曰：「司馬某豈有

【一】後代若非理製造奢侈之物　「理」文淵閣本作「禮」。

此事？」元祐遂獲其用，皆神宗保養成就之力。

謂啖助作怪，以左氏非丘明，乃《論語》孔子所引前世人，如老、彭、伯夷等類。然愚按：前世諸儒考究，多與啖助之説同，元城最考古而非之如此，何也？左丘明，姓左丘。

仁宗時，蕃商没官真珠入禁中，張貴妃乞和買得之。一日賞牡丹，貴妃以爲首飾，誇同輩。上以袖掩面，曰：「滿頭白紛紛地，更没些忌諱。」貴妃慚赧，起易之。乃大悦，命人各簪牡丹，自是宫中不戴珠，珠價大減。

公孫雖詐，以卜式輸財助邊非人情，以睚眦殺人郭解不知甚於解知，此弘長處。

曹操遺令，至分香賣履，無不處置，無一語及禪代之事，是實以天下遺子孫而身享漢臣之名。温公偶窺破，有喜色。元城謂操平生事無不如此，夜枕圓枕，啖野葛至尺許，飲酖酒至一盃。

本朝名相惟李公沆，人上利害一切不行，而日奏四方盜賊水旱，在漢惟魏相能然。後之爲相者，則喜變祖宗法度，惡聞天下災異。

温公創獨樂園，自傷不得與衆同也。洛俗，春月放園，園子得茶湯錢，與主人平分。一日，園子吕直納公錢十千，公令持去，再三欲留，公怒，乃持去，回顧曰：「只端明不愛錢。」後十餘日，吕直創一井亭，問之，乃用前日不受十千也。

昔高辛氏遷閼伯於商丘，主辰，今爲應天府，實我宋受命之地。遷實沈於大夏，主參，今爲太原府，實河東劉氏舊地。參商不相能，物莫能兩大，故國初，但謂河東、并州不加府號。本朝初收河東在戊寅年重午日，乃火土旺日。參，水神所忌，故剋之。時宋興已十九年。盛則後服，衰則先陷。靖康元年丙午歲重九日，太原陷，其屬本朝纔一百四十九年。丙午爲天水，故火最大忌，九爲陽數之極，故太原以重九日陷。又淵聖爲第九世，而即位之年正一百六十六年，此《漢書》所謂陽九之厄、百六之會。

卜世卜年，蓋王孫滿當楚問鼎，假天命神告之事以拒之，故《史記》云：「王使王孫滿應設以辭。」

元城初求教，温公曰：「誠。」思之三日，問：「從何而入。」曰：「不妄語。」又韓瓘《譚録》載此事，云：「力行七年而後成，自此言行一致，表裏相應，遇事坦然。」又瓘乞言，元城曰：「惟在力行。」古人云：「説得一丈不如行得一尺，説得一尺不如行得一寸。」故以行爲貴。

漢四家《詩》各有長短。

《酷吏傳》班氏不入杜、張，蓋張湯之後至後漢猶盛，故班氏以張純之固不入《酷吏傳》而並貸杜用【二】，此子産立公孫洩之義。

漢武用兵，勝負皆以實聞，不爲左右欺罔。

子産相鄭，晉悼已薨，楚亦衰。子産又能得晉、楚大夫之心，許其更相朝晉、楚，亦值

【二】故班氏以張純之固不入酷吏傳而並貸杜用　「固」、「用」文淵閣本作「故」、「周」。

其時也。

繒，慈陵切，與錫相近而不同音。語中

漢元封五年，初置刺史部十三州，秋分行郡國，秩六百石，而縣令萬户以上，秩反千石至六百石。然刺史權極重。按察六條，一謂强宗豪右，五條皆謂二千石不法。秩卑則其人激昂，權重則能行志。至成帝綏和元年，更名牧，秩二千石。其法隳矣。唐制，諸道帥司兼觀察之權，故藩鎮擅權，無人糾舉。本朝官制多循唐舊，獨前宰執、侍從爲帥，監司得糾之，故不敢爲非。

原乃天子之邑，不欲屬晉，文公伐原乃不美之事，而左氏反稱之，蓋宗周鎬京地方八百里，八八六十四，爲方百里者六十四；雒邑成周地方六百里，六六三十六，爲方百里者三十六。合二都言之，是爲邦畿千里。至幽王時，宗周滅，方八百里者失之。平王東遷，僅六百里爾。襄王以河内賜文侯，又爲諸侯所侵，故其地至小矣。

熙寧殿試改用策，謂比詩賦有用，不知士人計較得失，豈敢極言時政，自取黜落？是初入仕已教之諂也。況登科之初，未見人材，及後仕宦則材智聲名、君子小人、貴賤分矣。不必須殿試策以别人才【三】，人主燕閑時，於其等輩廣訪備問，然後博記而審察之，天下無遺材矣。

魯襄三年，晉祁奚請老而舉解狐、祁午。襄二十一年，叔向見囚，曰：「救我者，必祁

【三】不必須殿試策以别人才 「才」文淵閣本作「材」。

大夫。」於是祁奚老矣，聞之，見宣子而免之。不若《史記·晉世家》止載舉解狐、祁午。《左氏》載請老，非也。愚按：襄二十一年，既曰：「於是祁奚老矣」，則是請老在前，恐無可疑。

《新唐書》好簡略，事多鬱而不明。其進表云其事則增於前，其文則省於舊，其病正在此，反以爲工，何哉？

漢所傳六經與今不同，如今《尚書》云：「無教逸欲有邦。」王嘉奏封事云：「亡敖佚欲有國。」恐「敖」字轉寫作「教」字。

蕭望之傅元帝八九年，當深知元帝爲人。及帝即位，乃欲逐恭、顯，爲其譖下獄。帝至不省其爲下獄，不知八九年間輔之者何事。

太宗嘗飛白題翰林學士院，曰「玉堂之廬」，此四字出《李尋傳》。玉堂者，殿名也，而待詔者有直廬在其側。李尋時待詔黄門，故曰「久汙玉堂之廬」，至英廟嗣位，乃撤去。及元豐中，有學士上言，乞摘去二字，使榜院門以爲光寵，詔可。是以殿名名其院也，不遜甚矣。師古曰：玉堂在未央宫。又翼奉言文帝恭儉，未央宫無高門武臺、麒麟、鳳皇、玉堂、金華之殿，獨有前殿、曲臺、漸臺、宣室、承明耳，則玉堂殿乃武帝所造。

蕭何治未央宫，高帝都長安之心方定，何之意深矣！

後生未可遽立議論以褒貶古今，蓋見聞未廣，涉世淺也。孔子年六十三歲，乃始删

《詩》，定《書》，繫《周易》，作《春秋》。《文言》未必皆孔子之作，孔子生於襄二十二年，而襄三年穆姜言「元，體之長也」，至「正固足以幹事【四】」，時孔子未生。又《左氏》以解《隨卦》，《周易》以解《乾卦》。

東坡下御史獄，張安道上書遣子恕救之，恕愚懦不敢投。後東坡見之，吐舌色動，蓋安道書云「其實天下之奇材也」，豈不激人主之怒？元城曰：「但當言本朝未嘗殺士大夫。」

富鄭公使虜，説以用兵則國家受其害，人臣享其利。老蘇謂二子曰：「古人有此意否？」東坡對曰：「嚴安亦有此意，但不如此明白。」老蘇笑以爲然，蓋取嚴安諫用兵曰：「此人臣之利，非天下之長策也。」前輩讀書必見於用，鄭公之言，其源出此。

秦用顓帝曆，十月爲歲首，遇閏即謂之後九月，蓋取《左氏》歸餘於終之意。漢初，因而不改，秦二世二年後九月應建酉，漢二年後九月建巳，五年九月建寅，高后八年閏月己酉，代王即皇帝位。元年十月辛亥，皇帝見高廟。己酉、辛亥相去三月，是閏月，亦後九月也。愚按：徐廣注建酉、建巳止合云閏八月、四月，不當言酉言巳。蓋閏月無建斗指兩辰之間。

魏徵言【五】，停昬仆碑，其家衰矣！鄭公之德，何賴於碑？而停叔玉婚，乃天以佑魏氏也。房玄齡之子尚主，始敗其家法，終滅其族。鄭公四子，叔玉、叔瑜、叔琬、叔珪，而

【四】正固足以幹事　《易·文言》「正」作「貞」，宋人避仁宗諱改。

【五】魏徵言　「言」文淵閣本作「卒」。

叔瑜生華【六】，華生商，商生明，明生馮，馮生營，其家再振。

楊綰爲相，纔一百八日，故名望如此。

絳縣老人云，四百有四十五甲子矣，其季於今三之一也。史趙曰：「亥有二首六身，下二如身，是其日數。」士文伯曰：「然則二萬六千六百有六旬也。亥字二畫在上，其下六畫，如筭子，三箇六數也。如者，往也。移下亥上二畫往亥時，身仄則當如移寫。其左竪二畫乃二萬也。其右六畫乃三箇筭子六數，則六千六百六旬也，季，末也。今，今日也。已得四百四十四全甲子。其末一甲子六十日，今纔得二十日，故曰其季於今三之一也」。

《易》取諸益，取諸睽之類，非謂當時已有此卦也。伏羲造書契，取《夬》之義也。今《繫辭》，漢名《大傳》，見《司馬遷傳》。爻謂《繫辭》，以繫於一卦之下。《易》曰：《繫辭》焉以斷吉凶，故謂之爻。吉凶生大業，蓋謂有興有廢，湯、武、秦、漢之事是也。歐公非《繫辭》，韓魏公與同政府甚久，無事不言，獨不與言《繫辭》。語中。

元城譚録

具茨韓瓘官二浙，往來必維舟河梁，侍元城譚誨，録其繫邪正得失者二十一條，名《劉先生譚録》。元城先翁與温公同年，故遣元城從温公學。

元城終身未嘗草字，書尺未嘗使人代。

【六】而叔瑜生華　「華」原作「芉」，據文淵閣本改。

元城作待制，道遇丞相吕微仲，去蓆帽、涼衫，斂馬於浚溝廟下。微仲問法吏，無兩制避丞相之法，然終不樂。范相由元城章疏而出，已而復拜。微仲遂擬元城真定。宣仁曰「如此正人，且宜留朝廷」。

韓魏公鎮北門，朝城令決守把兵士，不伏，以解府。公問：「汝駡長官，信否？」曰：「實有。」曰：「汝爲禁兵，既差在彼，便有階級。」判市曹處斬，略不變色。潞公鎮北門，有外鎮解一卒如前者，公震怒，問之，亦判處斬而擲筆。潞公氣禀雄傑而非傲物，魏公和平，略無崖岸，遇事迎刃而解，至疑慮難處者，研墨運思，從容之間已了於胸中，便下筆。天資明敏，絶人遠甚。

元豐末，京東劇寇欲取掊剋吏吴居厚投鑄冶中，居厚覺，蚤遁去。

劉道原之子羲仲，每有書謂，數四不能曉。

王鞏定國多識前言往行，乃服林靈素丹藥，暴得疾，苦楚死。

王介甫求去，潞公謂：「後人如何可爲？」元城對曰：「相公當之，去所害，興所利，反掌間耳。」

元城曰：「陳瑩中，某嘗薦自代而未嘗識面。瑩中多失之過，如《尊堯集》先評荆公爲伊、吕聖人之耦，而後納諸僭叛不軌之域。此學術不粹也。」

王安石薦李定，時陳襄彈之未行，已擢監察御史裏行。宋次道封還詞頭，辭職，罷之。

次直李大臨再封還之。最後付蘇子容，又封還之。更奏復下至于七八。子容與大臨俱落職奉朝請，名譽赫然。此乃祖宗德澤百餘年間養成風俗，與齊太史見殺三人而執筆如初者，何異？其後攝官修起居注，章衡行之，賢不肖於此可見。

元城竄嶺南。一日所厚士類泣告以聞朝廷遣使入郡，將不利於公，請早自裁。公從容留飯，卒不爲動，而使者乃過旁郡。

元城道護録

《道護録》者，珵所集，不著姓氏。珵以宣和六年春介楊龜山書，謁元城於南都而録其説。

元城初除諫官，以母老辭，母勉使爲之，乃供職。論胡宗愈二十四章，又論章子厚十九章。子厚欲殺之。春、循、梅、新、高、竇、雷、化八州，歷其七。

元祐黨人只七十八人，後來附益者不是。

龜山有除命，聞是蔡攸所引，不知肯來否？李光好官員，可惜爲蔡攸所引。此人撥着便省，後來罷去。

若象數可廢，則無《易》矣。若不説義理，又非通論，兩者兼通始得。

學者所守要道，只一勤字。勤則邪僻無自而生。纔有間斷，便不可謂勤。

獄貴初情，每一行若干人，即時分牢異處，親往遍問，私置一簿，隨所語記之。其後結正，無能出初語者。

致曲者，至誠之道，無處不在，着一事上便是曲。致曲以通之也。

元城劉先生初事司馬温公，五年而後教之以誠，思之三日，不知所從入。而後教之以不妄語，力行七年，而後言行相應，故能不動如山。當宣和、大觀間，巋然獨爲善類宗主。至今誦其遺言，無不篤實重厚，使人鄙吝之心爲消。嗚呼！豈不誠大丈夫哉？獨因篤信之深，而佛氏之説先入爲主，至謂儒釋道神，其心皆一。又謂《法華經》臨刑刀壞之説爲説性，而證以《楞嚴經》云使衆生六根銷復，臨刑刀如割水。且併以其師温公詆佛爲非。若自程門講明聖人之學觀之，雖温公之詆佛，猶未免於譽虜，而元城併以爲未然，何哉？或者「知終終之」之勇卓冠一世，而「知至至之」之智尚差毫釐耶？此《中庸》之言誠必貴於「自明而誠」也。雖然先生他日亦言釋、老之道皆未免入邪，則其本心固未嘗不明也。學者宜審焉。

校勘記

卷四十五

讀諸儒書十二

石徂徠文集

頌

《宋頌九首序》，略云奮爲宏休，摛爲英聲。昭爲烈光，暐暐曄曄。如日之華，鏗鏗訇訇。如雷之行，暢於無窮。揚於無上，江浸海流。天高地厚，不有窮盡。若我太祖，一駕而下潞，再矢而定揚，三揖而納荆、潭，四指而收蜀、廣，五征而平江南。太宗南致淮海數十州之地，北縛并元四十五年之寇。真宗暫臨澶淵，匈奴喪威墮膽，迨今四十年不敢箠馬而南。今皇帝明道之初，獨臨軒墀，神謀睿斷，如雷之動，六合莫不震焉。發施號令，如風之行，萬民莫不見焉。登任哲乂，翦鋤姦惡，天清地明，日燭月霽，乃作爲《宋頌》九篇。皇祖，太祖殺李筠、滅李重進也。湯湯，取孟昶也。莫醜，取廣州也。金陵，取李煜也。聖文，吴越歸也。六合雷聲，太宗取劉繼元也。聖武，戎犯澶淵，真宗親臨六師也。明道，今皇帝獨臨軒墀,聖政赫然日新也。

《慶曆聖德頌序》,略云古者一雲氣之祥、一草木之異、一蹄角之怪、一羽毛之瑞,當時群臣猶且濃墨大字、金頭鈿軸以稱述頌美時君功德,以爲無前之休,丕天之績。如仲淹、弼實爲不世出之賢,求之于古,堯則夔、龍,舜則稷、契,周則閎、散,漢則蕭、曹,唐則房、魏。陛下有之,諸臣亦皆今天下之人望,爲宰相、諫官者,陛下盡用之。此比雲氣、草木、蹄角、羽毛之異,萬萬不侔,豈可黜無歌詩雅頌以播吾君之休聲烈光、神功聖德,刻于琬琰,流于金石,告於天地【一】,奏于宗廟,存于千萬年而無窮盡哉!《頌》略云:大聲渢渢,震摇六合,如乾之動、如雷之發。惟仲淹、弼,一夔一契。衆賢之進,如茅斯拔,大姦之去,如距斯脱。皇帝一舉,群臣懾焉,諸侯畏焉,四夷服焉。臣願陛下壽萬千年。

古詩

《嘉陵江泛舟》,孤棹已夷猶,數峰更清尚。危影倒波底,凝嵐浮水上。遠與城市絶,深將泉石向。水鳥忽東西,溪雲時下上。

《三豪詩》,以曼卿、永叔期杜默師雄。師雄二十二,筆距獰如鷹。才格自天來,詞華非學能。

《贈張績禹功》,先叙唐文人,云卒能霸斯文,昌黎韓夫以下有闕文。民所瞻仰也。山林、川谷、丘陵,民所取財用也。非此族也,不在祀典,而老觀佛寺徧滿天下,可怪也。

【一】告於天地 「告」原作「苦」,據文淵閣本改。

《怪説中》，略云楊億窮妍極態，綴風月，弄花草，淫巧侈麗，浮華纂組，刓鎪聖人之經，破碎聖人之言，離析聖人之意，蠹傷聖人之道，其爲怪大矣！《怪説下》，略云堯、舜、禹、湯、文王、武王、周、孔之道，萬世常行，不可易之道也。佛、老以妖妄怪誕之教壞亂之，楊億以淫巧浮僞之言破碎之。

愚按：徂徠先生學正識卓，闢邪説，衛正道，上繼韓子，以達於孟子，真百世之師也！楊億不過文詞浮靡，其害本不至與佛、老等，而亦闢之峻如此，蓋宋興八十年，浮靡之習方開，闢所怪也，怪所乍也【二】。使先生生乎今之世，見託儒者之名售佛、老之説者，闢之又當如何哉？

《亂原》，謂夷王下堂，亂是以作；宣公税畝，亂是以作；秦開阡陌，亂是以作；秦襄王太后臨軒，亂是以作；秦始皇罷封建、置郡縣，亂是以作；秦、漢美人之號凡四十等，亂是以作；漢武帝數宴後宮，奏請多以宦官主之，亂是以作。不反其始，其亂不止。

《明禁》，謂國家之禁，疏密不得中。山澤江海皆有禁，鹽以下闕。

董史筆，在漢武朝爲東方朔戟，在成帝朝爲朱雲劍，在東漢爲張綱輪，在唐爲韓愈《論佛骨表》、《逐鱷魚文》，爲段太尉擊朱泚笏，今爲公擊蛇笏。噫！天地鍾純剛至正之氣，在公之笏，豈徒斃一蛇而已？軒陛之下，有罔上欺民，先意順旨者，曰公以此笏指

【二】怪所乍也　「乍」文淵閣本作「作」。

之; 廟堂之上,有蔽賢蒙惡、違法亂紀者,曰公以此笏麾之; 朝廷之内,有諛容佞色、附邪背正者,曰公以此笏擊之。則笏之功也,豈止在一蛇?

《畫箴貽君豫》,略云吾家君豫,才敏而少學爲丹青,形物微妙。吁!與其丹青木草,豈若丹青乃身,爗有文藻?與其丹青馬牛,豈若丹青爾德,倬爲騫、由?汝聽吾言,馨如芝蘭,擲膠折筆,無污輕紈。

《尊韓》,略云孔子爲聖人之至,吏部爲賢人之卓。孔子之《易》、《春秋》,自聖人來未有也。吏部《原道》、《原仁》、《原毁》、《行難》、《禹問》、《佛骨表》、《諫臣論》,自諸子以來未有也。嗚呼!至矣!

《蠹書魚辭》,蠹書魚曰: 夫書,豈吾之蠹耶云云。聲律對偶之言,斯文其蠹也。愚意此亦爲楊億發。

歸魯名張生,宗儒名孟生,二生皆脱道士服,故名。

《貴謀》,云喪身、敗家、亡國、傾天下,由聖賢之謀不用。

《救説》,謂道大壞,由一人存之; 天下國家大亂,由一人扶之。古言:「大厦將顛,非一木所支。」是弃道而忘天下、國家也。顛而不支,坐而視其顛,斯亦爲不智者矣。曰「見可而進,量力而動」,其全身苟生者歟!

《責素飱》,狗當吾户,猫捕吾鼠,雞知天時,有功於人,食人之食可矣!彼素飱尸禄,將狗、猫、雞之不若乎？

《辨惑》，天地間必然無者有三，無神仙、無黄金術、無佛。大凡窮天下而奉之者，一人也，莫貴於一人，天地兩間苟所有者，索之莫不獲也。秦始皇求爲仙，漢武帝求爲黄金，蕭武帝求爲佛，勤亦至矣，而秦始皇遠遊死，蕭武帝餓死，漢武帝鑄黄金不成。吾知必無神仙也，必無佛也，必無黄金術也。

《明隱》，謂孫明復先生四舉進士不得，乃退居泰山，聚徒著書，蓋有待也。古之賢人有隱者，皆避亂世而隱者也。彼所謂隱者，有匹夫之志，守硜硜之節者之所爲也，聖人之所不與也。先生非隱者也。

《賢李》，謂李相國迪能妻孫先生以女。

《兵制》，謂國家之制，失在兵驕。自太祖、太宗亟用兵，故賞賚厚。天下既平，兵革不用，或老臥京師，或飽食塞上，或逸處郡邑，或散居亭鄣，未嘗荷一戈也，而賞賚不削於太祖、太宗亟用兵時，且有加焉，於是日益驕而不可少下。兹非兵之罪也，失在謀國家者也。

《記永康軍老人説》，劉公隨，祥符中爲永康軍判官，奪還先聖廟侵地，止灌口祠淫祀，導山泉入永康城，闢西山峻路數事。

《趙延嗣傳》，趙延嗣者，趙鄰幾舍人僕也。舍人死，遺三孤女、一老乳母，無一區宅、一廛田。延嗣爲營衣食之資，身爲負擔，不避寒暑，數十年如一日。三孤女自幼至長，延嗣終不識其面。既長，延嗣西走京師，見宋翰林白，楊侍郎徽之，發聲哭。哭止，具道趙氏之孤，且言長將嫁。二公驚媿，爲迎入京師，相與求良士爲婿。三女皆歸，延嗣始去趙氏門。延嗣可謂僕名而儒行者矣！吁，僕名儒行見之延嗣，夫儒名而僕行者或有其人，焉得不愧於延嗣哉？

《漢論》三篇，論漢不能盡循周之道，皆曹參、陸賈、叔孫通之罪。

《中國論》，闢佛、老也，云有巨人名曰佛，自西來入我中國。有厖眉，名曰耼【三】，自胡來入我中國。然愚按：自西方來者，佛之徒，非佛之身爲巨人者也。佛亦人耳，曰巨人者，其徒之誕，非果巨人也。老氏於傳則自中國西入胡，今云自胡入中國，亦未知何據也。其治之之法，欲四夷近四夷，中國處中國，亦未知其可行否也。

《季札論》，以季札比伯夷，恐太過。

《伊呂論》，謂伊、呂功同，其心則異。伊有存夏之心，呂無存商之心。

《憂勤非損壽論》，辨鄭康成注《文王世子》，云文王以憂勤損壽之説非，且文王享年九十有七，豈爲損壽乎？夫憂勤天下者，聖人之心也。安樂一身者，匹夫之情也。後世人君，皆耽於逸樂，壽命不長，康成之罪也。

《牛僧孺論》，謂唐文宗問天下何由太平，僧孺自謂小康。面欺其君，且怨其責成。旬日三上章求退，其悖亦甚。

【三】名曰耼　「耼」原作「躭」，據文淵閣本改。

《王爵論》，謂三代天子稱王，自周衰，諸侯稱王，漢因封子弟爲王，於是僭奪之心生。《陰德論》略云天地之治曰禍福，君之治曰刑賞，皆隨其善惡而散布之。夫人不達天地君之治，硜硜焉守小慈、蹈小仁，不肯去一奸人、刑一有罪，皆曰存陰德【四】，其大旨謂不殺一人、不傷一物，則天地神明之所佑也。且天地能覆載而不能明示禍福於人，樹之以君，攸其刑賞，人君能刑賞而不能親行黜陟於下，任之以臣，攸其威權【五】。違天地君而曰存陰德，禍斯及矣。

《水旱責三公論》，謂責三公則君怠，責君則相怠。若時水旱，君則罪己，三公則免。

書

《上范中丞書》，慶仁宗用賢，勉其與丞相李公，謁王佐之才【六】，罄忠臣之節。

《上趙先生書》，謂昌黎述作有三代制度、兩漢遺風。今之爲文不過句讀妍巧、對偶的當而已。非今之人盡不賢於唐之人，盡不能爲唐之文也，蓋其弊自於朝廷敦好，時俗習尚，漬染積漸【七】，非一朝一夕也。

《上蔡副樞書》，薦鄆州鄉貢進士士建中之文，言文之所自始，甚宏闊可觀。

《上孔中丞書》，云有某官，爲某官時，忠鯁讜直，聳動朝野，不四五年取顯仕。今爲某官，位彌高身彌貴，朝廷有闕政不復言，則向之忠鯁讜直，乃沽名以爲速進之媒乎？愚謂向非沽名，後淫於富貴耳。人苦不自覺，此情於將軍黄金横帶事可驗。此士大夫得志

【四】皆曰存陰德　「存」字原缺，據文淵閣本補。

【五】攸其威權　「攸」文淵閣本作「收」。

【六】謁王佐之才　「謁」文淵閣本作「竭」。

【七】漬染積漸　「染」原作「梁」，據文淵閣本改。

於當世者，常常當痛省。

《上范思遠書》，亦盛揚士建中，謂天下之賢。

《上劉工部書》，斥其以佛爲聖人。

《上杜副樞書》，薦泰山孫先生。

《上李雜端書》，謂日月天之目，御史天子之目。

《與士建中書》，謂方今淫文繁聲放於天下，佛、老妖怪誕妄之教肆行於天地間，周公、孔子之道危若綴旒之幾絶。先生不救，吾徒豈得而安居乎？

《與張洞進士書》，謂明遠纔三十二歲，已能斬稂莠而搴菁英，出紅塵而磨蒼蒼。

《上王沂公書》，責其避嫌不用鄉人趙師民。略云：合天下之公也，雖其親昵，人不謂之私。用一人之私也，雖其疏遠，人不謂之公。師民五十歲矣，有萬卷書腐於腹中，若非相公洪鑪鉅鎚，莫能成就。

《上王狀元書》，乞助改葬石氏七十喪，云昔郭代公爲太學生，家信至，寄錢四十萬爲學粮。有縗服叫門云，五代未葬。代公即命以車一時載去，略無留者，亦不問姓氏。代公其年，絶粮不能成舉。柳河東布衣時，坐酒肆中，有書生在其側，言貧無以葬，柳即搜於其家，得白金百餘兩、錢數萬遺之。故代公富貴功業光隆於唐，河東文章聲名照映本朝。

《上孫少傅書》，云生幸而值如孔子、孟軻者同其時，居幸而遭如孔子、孟軻者同其里，則是坐遇孔、孟，親見聖賢，不隔數千百年得其人而師之，不走萬數千里獲其師而學之也。凡皆歸慕孫公之説如此。

《答歐陽永叔書》，略云書中且曰頻見僕所爲文，僕文字實不足動人，然僕之心能專正道，不敢跬步叛去聖人，其文則無悖理害教者，斯亦鄙夫硜硜然有一節之長也。書中又言僕書字怪且異，古亦無，今亦無，爲天下非之。此誠僕之病也，此爲之不能也。然永叔謂我特異於人，似不知我也。僕誠亦有自異於衆者，則非永叔之所謂也。今天下爲佛、老，其徒囂囂乎聲附合響應，僕獨挺然自持吾聖人之道。今天下爲楊億，其衆嘵嘵乎口一倡百和，僕獨確然自守吾聖人之經。茲是僕有異乎衆者，然亦非特爲取高於人，道適當然也。苟必欲取高於人，古之聖人，莫如周公、孔子；古之大儒，莫如孟軻、揚雄；古之賢聖，莫如臯陶、伊尹；天下之所尊，莫如德；天下之所貴者，莫如行。今不學乎周公、孔子、孟軻、揚雄、臯陶、伊尹，不修乎德與行，特屑屑然致意於數寸枯竹，半握禿毫間，將以取高乎？又何其淺也。且夫書乃六藝之一耳，善如鍾、王，妙如虞、柳，在人君左右供奉圖寫而已，近乎執伎以事上者。與夫臯陶前而伯禹後，周公左而召公右，謨明弼諧、坐而論道者，豈不遠哉？愚按：歐陽公乃徂徠同年進士，後誌其墓，蓋知徂徠之深者。

《上范青州書》，爲其父赴脂胸縣令而作，又《上徐州張刑部書》【八】，及《上徐州扈諫議書》亦皆爲其父作縣而發。若今世公茈書者，子爲父謀，言詞切至，亦工於求人

【八】又上徐州張刑部書　「上」原作「筭」，據文淵閣本改。

者矣【九】。

《與祖擇之書》，薦孫明復也，云自周以上觀之，聖人之窮者，唯孔子。自周以下觀之，贤人之窮者，惟泰山明復先生。

《與狀元君貺書》，囑其救文弊。

《上孫先生書》，云辱惠長歌，褒借過實，且曰：「攘臂欲操萬丈戈刀，與熙道攻浮譌。」此得介之心。

《與范奉禮書》，闢其天自天，人自人，無感應之説。

《上韓經略書》，謂有非常之事，然後有非常之人，有非常之人，然後有非常之功。今元昊猖狂，亦非常也，求非常之人立非常之功莫若閤下。然建大廈者非一木，維泰山者非一繩。因薦泰山布衣孫明復、沛縣布衣梁遘、太平布衣姜潛、任城布衣張洞，皆有文武材，可膺大任。

《與董秀才書》，謂其豐於財，又富於義，勸其助孫先生先君先夫人之葬。

《與張秀才書》，論爲文之道，如日行有道，月行有次，星行有躔，水出於源而歸於海。

《與士熙道書》，謂天以剛正直烈授於我，而不納吾於中，蓋所得偏爾。熙道以中配我剛正直烈之氣，我其全乎【一〇】？天不能全我也，而熙道全我，熙道於我，不啻于於天也。其後有《上潁州蔡侍郎書》亦云納我於中。

【九】亦工於求人者矣　「工」原作「攻」，據文淵閣本改。

【一〇】我其全乎　按，自「其全乎」以下至下文「此言蓋言渡舟之害人」七百餘字原脱，據文淵閣本補。

《與裴員外書》云：《咸》、《章》、《韶》、《夏》，至樂也，不奏於夔、牙之府而奏於鄙俚，惡能審其聲而知其音也？飛兔、騕褭，逸馭也，不馳于王、樂之前而鬻於市人，惡能審其駿而知其良也？又云：今天下大道榛塞，吾常思得韓、孟大賢人出，爲芟去其荆棘，逐去其狐狸，道大闢而無荒磧。往年官在汶上，始得士熙道；今春來南郡，又逢孫明復。韓、孟兹遂生矣。

曼卿之詩，又特震奇秀發，警時鼓衆，未嘗徒設。

《送祖擇之序》，天子、宰相曰是，擇之曰是，天子、宰相曰非，擇之曰非，擇之官日進而寵日深矣；天子、宰相曰是，擇之曰非，天子、宰相曰非，擇之曰是，擇之前有鼎鑊而後有鈇鉞矣。古之君子辭官職而違寵禄，趨鼎鑊而就鈇鉞，非以官職寵榮爲諱而鼎鑊鈇鉞爲榮也，道適當然也。愚按：徂徠之言動烈矣！然此秦、漢以後之事也。我朝待士大夫寬厚，有官職寵禄而無鼎鑊鈇鉞，士大夫知有利而不知而義，此爲尤可罪。

記

《祥符詔書記》，祥符二年，翰林學士楊億、知制誥錢惟演、秘閣校理劉筠唱和宣曲，詩辭多浮豔。真宗聞之，下詔戒今後屬文之士，有辭涉浮華、玷於名教者，必加朝典。其古今之文集雕印者，委轉運使選部内文士看詳。又天章閣待制劉公隨言楊以性識浮近，不能古道自立，古文之雄有柳仲塗、王黄州、孫漢公，度已終莫能出其右，乃斥古文而不爲，遠襲唐李義山之體，作爲新制。時執政馮文懿竊病之。又黄州、漢公皆已死，乃召胡旦知制誥以拉楊之虎牙。旦退，直舍曰：「胡旦老矣，豈能重入此小兒隊？」且以此得通判襄州，遂爲文章宗主二十年。故斯文之弊，至于今矣。

《泰山書院記》，謂泰山先生非窮，作《易説》、《春秋發微》，作《堯權》，作《舜制》，作《正名解》，作《四皓論》，是亦爲泰。

《去二畫本記》，書庫有三教畫本，所謂老與佛二者，吾今悉去之。

《宣化軍新橋記》，河初不通，故爲之舟，則人利舟也。及其弊也，舟反害人。河不復通，故爲之橋，救舟弊也。此記蓋言渡舟之害人。《祭堂記》，徂徠法未應有家廟，作堂三楹，薦新及於考夫人而已【一一】，時祭則請王考妣，王考妣咸至【一二】。緣古禮而出新意也，推神道而本人情也。

《釋掃堂記》，爲堂三楹，一以覆墓表石，一以陳祭。

啓表

《謝益州張密學啓》，謝其飲食倡和，云飲食雖禮之末，禮非飲食不將。又云是何蕢桴土鼓之踈，輒邀咸池大寧之作。

《謝益州轉運明學士啓》，謝其餽餉，云有閔餓窮而爲之者施之細也，有取其道德而爲之者施之大也。有闕文。入者，娶仇而貶也。書「夫人氏之喪，至自齊」者，殺子而貶也。

【一一】夫人 「夫人」原作「天人」，據文淵閣本、《徂徠集》卷十九《祭堂紀》改。

【一二】咸至 「咸至」文淵閣本、《徂徠集》卷十九《祭堂紀》作「咸坐」。

書「逆婦姜于齊者」，夫人之位不明也。書「遂以夫人婦姜氏至自齊」者，譏喪娶也。書「僑以夫人婦姜氏至自齊」者，刺不親迎也。

《謹政》，謂以諸侯而主天下盟會之政，由莊十三年北杏之會始，以大夫而主盟會之政，由文七年扈之盟始。

後序云：其於褒爲仁、爲惠、爲澤，於天時爲春；其於貶爲義、爲誅、爲戮，於天時爲秋。故謂之春秋。

賢惠録

羈游四方，録婦人、女子，賢取其介潔，惠取其聰敏。

徐鉉母貧，無宿儲。中庭地陷，見金銀一缶，遽令覆之，祝曰：「天其或者閔我之貧，願二子有位，請俸給養，不願金銀也。」二子鉉、鍇後皆至達官。

郭氏，酸棗人，割股肉愈姑之疾。君子曰：「割股之孝，非聖人之説。」李唐明州俚人陳藏器撰《本草拾遺》，言人肉可治羸疾，是後孝子多行之。郭氏能行於姑，難矣哉。

趙定母，金陵人，多通《詩》、《書》，常聚生徒數十人，張帷講説。儒碩登門質疑，必引與之坐，開發奥義，咸出意表。景德二年，子定登第，授海陵從事，訓曰：「無飾虚以沽名，無事佞以奉上。處内在盡禮，居外在活民。」定遵奉無失。

李氏，楊州人，夫以貿易爲事，常戒其夫曰：「無易良雜苦，取不義之富，快一時之意！」撫其子曰：「宜以此爲心，無令流餘殃也。」

劉工部妻陳氏，世居袁州新淦，嫁劉式，俸薄家貧。陳氏曰：「但奉清白，吾自執爨，毋爲身累也。」夫死，聚書千餘卷，示諸子曰：「此汝父嘗謂此爲墨莊，今貽汝曹爲植學之具。」不數年，立言、立之、立德、立禮相繼登進士科。

岑幁母盧氏，江寧人，酷好篇什。教子幁以《詩》、《書》，淳化三年，登進士第。

曹修古女，建安人。修古博學，以直氣聞。明道初言事觸罪，自御史知雜降工部員外郎，知興化軍。卒，妻孥窮空無以歸。吏民思之，醉錢三十萬，拜酹堂下。家人未及言，女哭曰：「我先君處朝爲聞人，以清節自立，不幸天不與年，終于貶所。今臨財苟得，尚何面目哭泣幃中？幸持歸，無爲先君累也。」吏民聞之，慚罷。

孝行録【一三】

余爲旅人者三十年，聞孝子之事必録之，蓋倣歐陽詹《南陽孝子傳》之類也。上助史官採摭，下勸遠近風俗。

易延慶，筠州上高人。父喪棄官，廬墓。旦出守墳，暮歸侍母。開寶四年二月丙子，墓西北産紫芝一本。至九年春三月丁亥，復有玉芝十八莖生墓側。延慶後以慶恩出知端

【一三】自「孝行録」至下兩頁之「在我者修之禀於」數百字原脱，據明本、文淵閣本補。

州，子綸，大中祥符元年及第。

陳宗道，江陰軍崇村人，以孝悌聞。買物不酬價，隨言予之。人未嘗多取之，服其德也。

郭琮，台州黄巖人，絕飲酒茹葷者三十年，以祈母之壽。母年一百四歲，旌表門閭。

顧忻，泰州泰興縣人，以母多病，葷辛不入口者十載。鷄初鳴，具冠帶，率妻子問所欲。如此五十年，未嘗一日或改。

朱虎殘，湖州武康縣人，家貧事母孝。一日入山，虎負之去。因厲聲曰：「虎爲暴食我，所恨母無託爾，天道可無祐乎？」虎忽棄之於地而走，如有疾驅之者。

許愈，宣城人，家世儒學。父養高不仕。愈事父以孝謹聞，供給甘旨，晝夜不怠。父之所欲，雖千里必致之，或隨計偕安輿扶侍。與妻子共食麤糲，晨夕事父，必盡珍異。父年垂八十，謂曰：「視汝登科足矣。」祥符七年果登進士第。

成象，渠州流江縣人。母疾，割股肉食之。母卒，廬墓。一日三時培土，虎豹環其廬而臥，象無懼色。

商人張氏，居越州郭内。余與同過姑蘇，盤有鮦羹，不食。吴人謂之黑鯉魚。問之，曰：「適禹祠，逢事鬼者言食鮦與鼈，當祭之日祖先不能享，懼其厭氣也。」聆其言遂絕口，妻子亦不許食之。

王礪，南京人。策名起家，歷典八郡。爲性至孝，五子登科。二十孫自狀元堯臣而下，及第務學者相繼。

論語説

無友不如己者。友者，輔仁之任，不可以非其人。故仲尼嘗曰：「吾死，商也日進，賜也日退。」商好與勝己者處，賜好與不如己者處也。

子路惟恐有聞。非止聞夫子之道，凡聞人之善言善行皆如是。命者稟之於天，性者命之在我，在我者修之，稟於天者順之。魯愚辟喭【一四】，皆道其所短而使修之者也。

臧文仲竊位。公叔文子與大夫僎同升諸公，孔子曰：「可以爲文。」臧文仲知柳下惠之賢而不舉，孔子謂之竊位。由此觀之，君子以薦賢爲己任。

子貢言夫子不可及。子貢之言甚而言之也。孔子固學於人而後爲孔子。愚按：子貢闢毀孔子者，故極言之。安定恐後學待孔子太高而自絶於不可學，故又爲之説如此。

孔子稱冉求可使爲宰，又鄙爲小子。冉求有爲政之材，故曰：「可使爲宰。」及其聚斂不合正道，故曰：「小子鳴鼓而攻之可也。」如美管仲之功，則曰：「如其仁，如其仁。」至於鄙管仲之僭，則曰：「管氏而知禮，孰不知禮？」

【一四】魯愚辟喭　文淵閣本作「愚魯辟喭」。

有德必有言【一五】，有言者不必有德。古之取人以德，不取其有言，言與德兩得之。今之人兩失之。孔子見互鄉童子，取以一時之能，而不責以平生之行。

墓誌

石待舉字寶臣，新昌人。曾祖、祖皆仕錢氏。父渥，有賢行。君幼而奇俊灑落。天聖五年，登進士第。慶曆四年，通判保州。有武臣韋貴者，本侯家奴，以主恩得官，至保州管雲翼軍，激變，石君死之。子衍之世禄，延之、東之皆進士。

將仕郎、湖州長史李君諱軻，四預鄉舉。慶曆六年，釋褐授湖州長史，銘歎其仕晚位卑。

先生胡氏，名瑗，字翼之，泰州人，累舉不第。景祐中以白衣召論樂，仕至太子中允，爲天章閣侍講。嘉祐元年，卒，年六十七，葬湖州何山。先生寶元初始以一命主學東南，訓誨諸生過於父兄之訓子弟。諸生有善，若己有之；諸生有過，若己蹈之。東南之人知以經行爲先，道德爲本，寔先生始之也。皇祐初，來主太學，四方之士趨之唯恐其後。其説謂古者先王養而後任，後世任而不養。况自孔、孟殁，師道不振，故憤然獨立，不顧毁譽，勤勞三十年，以教育天下之才爲己任。其學以體用爲先，在湖學有經義齋、治事齋。治事者，人各治一事，如邊防、水利之類。其在太學，有好尚

【一五】有德必有言　文淵閣本作「有德者必有言」。

經術者，好談兵戰者，好文藝者，好節義者，使各以類群居講習。其從游前後二千人，其高第則錢藻之、孫覺、范純仁、錢公輔、顧臨、吴孜、徐積、滕甫。其著書則有《易》、《書》、《中庸義》、《洪範義》、《景祐樂議》。紹興九年，錢塘關注又録先生言行二帙。

師道之廢，正學之不明久矣。宋興八十年，安定胡先生、泰山孫先生、徂徠石先生始以其學教授，而安定之徒最盛，繼而伊、洛之學興矣。故本朝理學，雖至伊洛而精，實自三先生而始，故晦庵有「伊川不敢忘三先生」之語。震既讀伊、洛書，抄其要，繼及其流之或同或異，而終之以徂徠、安定篤實之學，以推發源之自，以示歸根復命之意，使爲吾子孫毋蹈或者末流談虚之失，而反之篤行之實。泰山書世少其傳，其略見徂徠作《泰山書院記》云。

卷四十六

讀史一

史記

五帝紀

遷之紀五帝，自謂擇言之尤雅者著于篇，其存古之意厚矣。然黄帝殺蚩尤與以雲紀官，纔一二事。若封禪事已不經，至顓頊、帝嚳，《紀》皆稱頌語，非有行事可考。唐、虞事雖頗詳，皆不過二《典》所已載。然則孔子定《書》斷自唐、虞，至矣，何來加爲。

夏紀

《夏紀》多隱括《禹謨》、《禹貢》之書，少康中興，《書》所缺者亦缺。自仲康、帝相、少康直以世次相承，若守文無事者。意者少康之事，遷時已無所考歟！若禹後於舜者也，謂皆黄帝子孫，舜去帝七世而禹反四世，又舜帝族也。而側微至此，皆事之不可曉者。

殷紀

《殷紀》亦依彷《書》爲之，具載興衰相秉者數四，未嘗不本於賢者之用舍，而載紂取亡之事尤詳，真可爲萬世戒。惟《湯誥》與《書》本文無一語類。及《盤庚》話民三篇謂爲小辛世，殷衰，百姓思盤庚而後作。難考耳。

周紀

公劉遷豳，據《紀》，謂其子慶節之事。載武王伐紂事，其跡頗膠。視所謂湯既勝夏，諸侯必服，乃踐天子位，難易輕重不侔矣【一】。祭公謀父諫穆王征犬戎，《書》甚悉。芮良夫諫厲王好利，召穆公諫監謗，皆盡言無隱，三代之直猶有存者歟！宣王爲太子時，流彘之難，穆公匿之家，以子代其死，忠勞難於丙吉之護宣帝矣。幽王溺褒氏，周之存亡遂決，東遷以後無復足云。

秦紀

愚觀秦事，不忍言矣。然穆公以善用人而始興，二世以信讒諛而遂亡。雖以無道劫天下，而國之興亡係乎人，亦斷斷乎不可易也。太史公援賈誼言，責子嬰不能守全秦，余始讀之疑焉。及觀班固永平之對，果闢其爲誤。然固謂始皇得聖人之威，恐亦身不免於誤耳。始皇果得聖人之威，則何全秦之難守哉！

【一】難易輕重不侔矣 「侔」原作「侯」，據文淵閣本改。

遷以羽嘗宰制天下，而紀之秦、漢之間，疑已過矣。然既君之而又字之，抑揚之義豈有在歟！

項羽紀再見《漢抄》。

世謂羽與漢爭天下，非也。羽曷嘗有爭天下之志哉！羽見秦滅諸侯而兼有之，故欲滅秦，復立諸侯如曩時，而身爲盟主爾。故既分王，即都彭城，既和漢，即東歸。羽皆以爲按甲休兵，爲天下盟主之時，不知漢之心不盡得天下不止也。身死東城，不過欲以善戰白於世，略無功業不就之悲，而漢之心，羽終其身不知。羽曷嘗有爭天下之志哉！

世罪項羽不用范增，而謂增人傑。增豈人傑也哉！增勸項氏第一事，惟立楚懷王孫心，而冒懷王舊號稱懷王耳【二】，然不知此項之所以滅也。陳涉當秦方全盛、莖草不驚時，以適戍亡命一時，倉皇舉事，慮無以號召人心，謂秦欺懷王而滅之，人心所共不平，故不得已託楚自名。若梁、籍時豪傑已蝟起，要惟有道者是從；萬民爭起而救其命，要惟不嗜殺者是歸。豈必楚也哉。而乃舉牧羊之豎，繆謂已死可悲之主，設虛僞以愚天下，不惟天下不待此而後從項，而項氏之滅反由此始矣。何則？項，世楚將也，懷王立則項當終其身爲驅馳，增謂梁與羽能堪之否乎？必不能堪，則將置懷王何地乎！利於今而不便於後，智者猶將徐審而不敢爲，況於今本無賴而於後無以處者乎！使增當是時稍知仁義之説，隨宜正救，以殺項氏嗜殺之勢，則一時畏慴已服之心必將轉而爲悦服之心。豪傑

【二】而冒懷王舊號稱懷王耳　「而」字原脱，據文淵閣本補。

必不以次引去，何以置楚爲？今乃不然，無故以弁髦視楚心，而無故遣項氏以弑逆之機，使高帝定三秦，則曰如懷王之約。三秦既定，東鄉百戰爭天下，以至垓下之圍，則皆曰爲義帝復讎。漢之滅項，終始以懷王爲説，是增之僞立懷王者，不足爲楚地，適足爲漢地。蓋懷王立則羽不能不弑逆，羽弑逆則羽不容不滅，自增此謀，雖有智者不能爲羽計矣。至若明知天命在漢，而猶日夜勸羽殺漢王，則尤愚夫、婦人之見，尚足與之圖大事乎！且增終始項王之側，不聞嘗直諫一語，而項王嘗違之。羽欲坑外黄，因十三歲兒一語即止。羽豈不可諫者？增不諫其殺而反勸之殺【三】，曾外黄小兒不若，而謂羽人傑，可乎！然世謂增人傑者，蓋由高帝自謂能用三傑，而謂羽有一范增不能用【四】，故因亦以人傑歸羽。愚謂高帝此言，特指鴻門逃虎口一事，增豈人傑也哉！

湯、武身致大業，自餘小小成立，未有不由己出而可受成於人者。身不能有爲，而他人借之以立名，身之見殺必矣。嬰母之止嬰，豈獨以世未嘗貴，以非出於嬰之身致也。楚懷之孫曰心者，一日安受義帝之名，曾婦人之見不若。遣沛公入關，以諸老將之言而得之。擢宋義爲卿子冠軍，以高陵君顯之言而失之。隨聲遷就，何足論懷王賢否。

枝梧枝者，小柱，梧者，邪柱。轅門：古者行軍以車爲營，兩轅相向爲門。鯫生之鯫，上聲，據注當是姓。擠音濟。未傅之傅，音附。古者二十三歲附籍，五十六歲爲老。「老弱未傅【五】」者，指不應徭役之人。

【三】增不諫其殺　「其」原作「增」，據文淵閣本改。

【四】而謂羽有一范增不能用　「羽」原作「增」，據文津閣本、文淵閣本改。

【五】老弱未傅　「老」原作「考」，據文津閣本及《史記·項羽本紀》改。

高祖紀

高祖初以寬大得遺入關，然攻戰始猶齟齬。自宛之舍人陳恢説以約降不殺，遂引兵而西，無不下者。及遥定三秦，已如懷王約，無辭可以復東，用董公仁義説，爲義帝發喪復讎，卒併天下。

隆準之準音拙。紿音殆。休告之告音皞。求盗者，亭卒之稱。白帝子注謂指秦時【六】，葉碧菴先生以爲西楚。跳於滎陽之跳音逃。建瓴之瓴，盛水瓶也。濞音帔。

呂后紀

惠帝立七年，名惠帝子者踐阼，復二人。史遷皆係之呂后，意者示女后專制之變也。然呂氏盡殺高帝子孫在内者，欲奪天下而歸之呂。大逆無道，漢之賊也。豈止專制而已，而可紀之哉！遷爲漢臣子，特微辭見意爾。

呂后欲王諸呂，王陵力爭，可謂社稷臣矣。平、勃阿意王之。勃雖卒誅諸呂，安劉氏，然已功不贖罪。若平又何以贖之，而反受賞邑三千户、金二千斤耶！平平生教帝詐，無益成敗之數，天下既定，誤帝僞遊，叛者九起，卒死於兵。今復負帝於身後如此。平真漢之罪人哉！

留侯子張辟彊，年十五，揣知呂后意，勸丞相拜諸呂，將南北軍，入宫，居中用事。雖曰早慧，實留侯不肖子。使非漢方興未艾，賣漢天下者爾。

【六】白帝子注謂指秦時　「時」原作「昨」，據文淵閣本及《史記·高祖本紀》裴駰《集解》改。

漢氏已絶而復續，分王子弟力也。不然而盡聚之京師，殲於吕氏婦人之手，無噍類矣。吕后殺其子孫而欲帝母家，使母家無少長皆斬，而身亦死於祟禍。史遷備著之，爲萬世女后戒。

後九月，閏九月也。掊兵之掊音仆。

文帝紀、景帝紀、武帝紀

《文紀》所載皆恭儉愛民之事。一制詔必具，以其皆由惻怛之言也。《景帝》特載其政事之常，災異之變，制詔不録之矣。至《武帝》，則始終備具，著方士之欺謾，他不及焉。《武紀》皆取《封禪書》爲之，或褚先生所補。

文帝遺詔短喪，議禮者譏焉。然觀文帝惻怛爲民，惟恐妨之，至死彌篤，在帝不失其爲厚。爲景帝者所宜如禮，不可苟徇其言，自流於薄爾。後世不以爲譏，而反譏文帝。何哉！

封禪書

封禪之書起於求神仙狂侈之心。遷作《封禪書》，反覆纖悉，皆以著求神仙之妄。善矣！而猶牽合郊祀、巡狩古帝王行事之常以證封禪。何耶！

方士之説，惟以黄帝乘龍上天爲誇，武帝巡行，親行黄帝冢而祭之。方士尚何辭？而從者復遁其説，爲葬衣冠。主暗臣諛，一至此甚。悲夫！若衣冠不必葬，葬衣冠無此理，則《論衡》嘗有辨。

河渠書

河決瓠子而南，田蚡食邑鄃居河北，利之，進説其君，不復事塞者二十年。其後天子親臨，群臣從官自將軍以下皆負薪寘之，而水復禹迹，無後災。近臣之蔽君，與君臣之率作興事，成敗之相反，類如此，豈獨水利哉！

平準書

平準者，桑弘羊籠天下貨，官自爲商賈，買賣於京師之名也。蓋漢更文、景恭儉，至武帝初，公私之富極矣。自開西南夷，滅朝鮮，至置初郡；自設謀馬邑，挑匈奴，至大將軍、驃騎將軍連年出塞，大農耗竭，猶不足以奉戰士。乃賣爵，乃更錢幣，乃算舟車，而事益煩，財益屈，宜天下無可枝梧之術矣。未幾，孔僅、東郭咸陽乘傳行天下鹽鐵，楊可告緡徧天下，得民財物以億計，而縣官之用反以饒，而宫室之修於是日麗，鑿無爲有，逢君之惡，小人之術何怪也。然漢自是連兵三歲，費皆仰給大農，宜無復可繼之術矣。又未幾，桑弘羊領大農置平準，於是天子北至朔方，東至太山，巡海上并北邊以歸，用帛百餘萬疋，錢金以巨萬計，皆取足大農。又一歲之中，太倉、甘泉倉皆滿，而邊餘穀。其始愈取而愈不足於用，今愈用而反有餘。小人之術輾轉無窮，又何怪之甚也。嗚呼！武帝五十年間因兵革而財耗，因財用而刑法酷，沸四海而爲鼎，生民無所措手足，迨至末年，平準之置，則海内蕭然，户口減半，陰奪於民之禍於斯爲極。遷備著始終相應之變，特以平準爲名書，而終之曰「烹弘羊，天乃雨」。嗚呼旨哉！

齊民者，無貴賤之稱。樂卿，買爵至貴者，爲從九卿【七】，加「樂」，明其與正卿異。牢盆：牢者與之廪食；盆者，與之煑鹽器。故曰官與牢盆。釱左趾之釱音徒計反。鐵爲之着左趾，代刖也。外繇，戍邊也。赤側，錢名，以赤銅爲郭。赤金，銅也。

故居三等金之末。

吴太伯世家

太伯逃吴，弟仲雍繼立，十九世至壽夢始大，通中國。幼子季札賢，欲立之，不可。長諸樊立，讓之，又不可。以次傳餘祭、餘昧，必欲致國季札，終不可。餘昧之子僚乃立，諸樊子闔廬以其非當立也，弑僚自立，而吴之禍始萌。其後闔廬與越戰，死，其子夫差報越，越又報之，卒滅吴，皆始於札之終讓也。嗚呼！太伯以三讓而周興，季札以三讓而吴亡。讓，一也，可與權之義亦難哉！

伍子胥以父見誅於楚而奔吴，知闔廬之將弑僚也，進專諸成其事，以俟闔廬得政。既，乃自滅其宗國之楚，而鞭所事平王之尸。是既弑吴之君，復弑楚之君於身後，報父之讎者如是乎？天下豈有無君而有父者哉！古人不共戴天之義，恐非所施於所天之君父也。且胥所當怨者，費無忌也。然楚誅之矣。夫何甚！

【七】「之名也」至「爲從九」此段文字原脱，據明本補。

越敗吴於檇李，今嘉興也。吴敗越於夫椒，今太湖中椒山也。皆云越地，然則越之境至浙水以西歟。

姑蘇臺，闔廬所築，三年聚材，五年乃成。高見三百里。虎丘，闔廬所葬，卒十餘萬人治之，下池廣六十步，深一丈五尺。葬之三日，白虎居其上，故號虎丘。在吴縣閶門外。太伯冢在吴縣北梅里聚，去城十里，皆注云。

齊世家

太公之始封，桓公之霸諸侯，天下莫强焉。田氏卒奪而有之，悲夫！慶封、崔杼之禍，晏子仰天不肯盟【八】，可謂疾風勁草者矣。齊太史書崔杼弑莊公，兄死弟繼者三，至今凛凛生氣，猶足以寒亂臣賊子之膽。

魯世家

史載周公作《鴟鴞》於東土既定、已作《嘉禾》之後。載成王泣反周公事，以謂人或譖周公，周公奔楚。成王發府，見周公揃蚤禱成王病之策而然。且謂啓金縢書，又周公卒後之事。皆與《詩》、《書》不合。

魯弊於三桓，三桓皆桓公子、莊公弟也。長曰慶父，次曰叔牙，次曰季友。莊公無嗣，欲立庶子班。叔牙欲立慶父。季友鴆叔牙而立班。慶父殺班立閔公，既，又弑之。季友殺慶父，立僖公而相之。故三桓季氏尤强。文公薨，襄仲又殺適惡及視。立庶倭。是爲宣

【八】晏子仰天不肯盟　「不」原作「下」，據明本、文津閣本改。

公。魯君由此失國政,歷文至襄。而三桓分魯爲三軍,昭公見逐,卒于乾侯。孔子相定公,嘗毁三桓城,收其甲兵,及季桓子受齊女樂,孔子去魯。其後哀公立,復見逐,悼公而後益卑,九世至傾公,卒爲楚所滅。

季文子相三君宣、成、襄。家無衣帛之妾,厩無食粟之馬。君子謂其廉、忠。然私室日强,公室日卑自若也。愚謂行父能自毁城郭,去兵甲,退安臣子之分,如孔子之所以謀魯。則身爲卿相,雖妾衣帛,馬食粟,未害也。

洙泗之間斷斷相讓,夫子嘆魯道之衰。蓋非安行自然之俗,則人心漓矣。

燕世家

文公、易王之世,蘇秦謀燕,蘇代誤子噲讓國子之而燕亂。昭王用樂毅中興,艱難極矣。惠王忌賢,不念厥紹。王喜方自救不暇,反用栗腹敗趙,以自敗其從。豈必丹、軻之謀而後燕滅哉?

管蔡世家

管叔誅死無後。蔡叔之子仲率德改行而復封,且爲周卿士。然其子孫微甚,哀侯不敬息夫人而死於楚。繆侯嫁已嫁齊桓之女弟而虜於齊。靈公弑君自立而滅於楚,國不競亦凌矣,猶未甚害也。昭侯耀美裘於楚,取禍子常【九】,自是讎楚而附吴,遷於州來,臣下不附【一〇】,閲四世,楚滅之矣。

【九】取禍子常　「常」原作「裳」,據《史記·管蔡世家》改。

【一〇】臣下不附　「臣」原作「巨」,據明本、文津閣本改。

曹叔鐸之後共公、成公虜於晉，悼公囚於宋，隱、靖二公更弒，迎立已，無以爲國矣。伯陽復好獵，用公孫彊背于宋，而宋滅之。使國人之夢遂符，叔鐸無所致力於冥冥中矣。悲夫！

陳杞世家

陳，舜後也。國微甚。然敬仲奔齊，子孫卒代齊有國，强於天下，果符周太史之占，而晉太史趙亦謂其盛德之後必百世祀。豈不異哉！近世朱文公則謂太史之占陳氏子孫，設爲之辭以欺世，蓋符命之類也。

杞，微小不足稱述。史遷以禹之後特録之。又言楚惠王滅杞，而越王句踐興，蓋越亦禹之苗裔。

衛康叔世家

衛獻公亡在外十二年而入，稱後元年。出公亡在外四年復入，亦稱後元年。漢文之稱後元，其殆昉於此歟。

衛君多亂，文公處國家覆亡之後，獨能輕賦平罪，身自勞，與百姓同苦，卒以治。稱一國以一人興，信夫！

衛靈公之生，其母夢其爲康叔。

秦置東郡，徙衛野王縣。二世始廢君角爲庶人，而衛祀絶。然則衛雖微，其亡獨後於諸國，且子孫保首領，愈於戮辱者多矣。

宋世家

世家之首併叙三仁，明微子歸周之本心者，善矣。宣公舍子與夷而立弟穆公，穆公不敢忘德，將死復立與夷爲殤公，殤公立，十年十一戰，而宋始亂。是穆賢而殤不肖甚明。宣之讓賢也甚公，亂不始於宣之讓也。史譏宣公廢太子而立弟，國以不寧者十世。春秋之世無寧國，豈皆讓使之然歟！其後襄公讓弟目夷，不果，襄公卒以不用目夷之言而敗。向使目夷爲之君，宋未可量也。讓豈階亂之舉哉！當是時，人君溺私愛，廢嫡立庶，或以弟弑兄而攘其國，子孫干戈相尋者總總也。史不之譏而譏宋宣之謀，何也？且襄公初欲讓國目夷，不果，則相之，知其賢於己也，而卒不用。知賢而不能用，襄蓋妄人耳。史反多其禮讓又何歟。熒惑守心，景公憂之。司星子韋勸其移於相，不可；移於民，不可；移於歲，又不可。子韋稱天高聽卑，君有君人之言三，熒惑宜有動，候之，果徙三度，感應之機何速耶！王充《論衡》嘗斥其妄，殆正論也。

太史公稱襄公修仁行義，其大夫正考父美之，追道契、湯、高宗，殷所以興，作《商頌》。注謂《韓詩·商頌》亦美襄公，殆有據之言歟。然與今《詩序》不合，而《詩序》作於衛宏，在太史公後，蓋毛、韓之《傳》不同爾。

史載宋昭公四年，敗長翟緣斯於長丘。而《魯世家》稱當宋武公之世。武公實爲昭公九世祖，是史自爲矛盾也。今考《魯世家》文公十一年獲長翟喬如，而追載宋武獲長翟緣斯之事。緣斯者，喬如之祖也。宋昭公之四年，正當魯文公之十一年，是獲喬如之歲，非獲緣斯之歲也。緣斯於喬如爲祖，則獲緣斯者爲宋武公非宋昭公也。二事參考，則《魯世家》所載近是，《宋世家》所載非是也。注者以爲未詳，或者世次尚差，當缺疑歟。其長翟之國名鄋瞞，喬如敗於魯，棼如敗於晉，榮如敗於齊，簡如敗於衛，鄋瞞由是遂亡。其敗於齊，當惠公二年，《穀梁》稱長翟身横九畝，斷其首而載之，眉見於軾云。

《箕子操》注。蓋琴音多以寫幽困之懷也。

國名，疑即西伯戡黎之黎也。琴操之操，蓋取處幽困不改其操之義，見阢音耆。

晉世家

穆侯名太子曰仇、少子曰成師。仇爲文侯，傳子昭侯。封成師於曲沃，沃强大亂晉，六世而卒併之，爲武公，生獻公，嬖驪姬，復亂三世。而文公入晉，始霸。襄公有殽之師，靈公無道，趙氏弑之，歷成至景，作六卿。厲公見弑，悼公復興，昭公以後政歸六卿矣。

晉文侯當周東遷有功，平王錫文侯，有《文侯之命》，此一時也。其後晉文公入周襄王及獻楚俘。天子使王子虎命晉侯爲伯，賜大路、弓、矢、秬鬯，此又一時也。史遷乃取《文侯命》屬之文公之下。義和者，文侯字也。注者又云能以義和我諸侯。誤益誤矣。漢時恐此書未出。

黄池之會，吴、晉爭長。而史於《吴世家》曰「長晉」，於《晉世家》曰「長吴」，自相矛盾，未知孰是。《趙世家》亦曰長吴。

獻公嬖驪姬，殺適立庶，而荀息乃以身徇之。長君之惡以成其亂，陷奚齊、卓子於死地，皆息之罪也。史乃許息不負其言。息固不負其言矣，如負國何？夫等死耳，使息能以死諫君，豈不忠且偉歟！

悼公十四歲得國，一旦轉危爲安，功業赫然。漢昭帝流亞也。太史公例言悼公以後日衰，語焉不詳，悼公稱屈九原矣。

楚世家

楚之先出自顓頊，有鬻熊者事周文王，成王封其後熊繹於楚。至熊通自稱武王，子文王自丹陽徙都郢，國始强，傳成王，益彊【一二】，子商臣弒之，商臣自立爲穆王。及莊王立，淫樂，三年不聽政，且曰：「諫者死。」伍舉、蘇從冒死以諫，幡然而改，凛凛如太阿出匣，所嚮莫敵，而能折節服義。嘗問鼎，以王孫滿之對而歸；嘗縣陳，以申叔時之言而復之。鄭伯祖以逆，則退師；華元告以情，則釋宋。較之荆楚諸君，此善於彼多矣。共王敗於晉，射中目。康王没，公子圍弒郟敖自立，曰靈王，盟諸侯於慶封，就章華臺，而國人怨叛，卒餓死申亥之家。平王以詐弒初王，竟續楚祀，而乃信費無忌之讒，亡太子，殺伍奢。昭王之世，奢子胥挾吴入郢，鞭尸以報，國幾亡。自是吴日侵，徙都鄀。至惠王而太子建之

【一二】益彊 「彊」原作「疆」，據文津閣本改。

子白公勝復爲亂，賴葉公，國再安【一二】。然是時吴爲越所滅，楚東廣地至泗上【一三】，歷五世至威王，滅越，地益廣矣。懷王乃甘受張儀之欺，而死於秦，五傳至負芻，秦卒滅之。靈王之族慶封也，以封徇曰：「無效齊慶封弑其君而弱其孤，以盟諸大夫！」封反曰：「莫如楚共王庶子圍弑其兄之子員而代之立！」軍人粲然皆笑。嗚呼！君子無諸己而後非諸人。可不謹歟！

昭王名珍，《越世家》以爲名軫。楚武王墓，注稱秦項、赤眉之時欲發之，輒頹壞，填壓不得發。愚往歲聞蜀人趙同年子發，謂先主、武侯墓不可發。近見《酉陽雜俎》載：唐有人發先主墓者，遇怪不敢。以此證彼皆合，勢或有之歟。

越世家

句踐勤苦踰二十年，一旦沼吴以雪會稽之耻，其志何如哉！范蠡功成身退，徙齊徙楚，復皆顯名於天下，材識卓卓乎春秋戰國之上矣。向使不以致産自見，而退逸山林，豈不誠有道之士耶！

鄭世家

鄭，小國，介於晉、楚，服晉則楚伐，服楚則晉伐。至簡公世，兩親晉、楚。及子産爲卿，國安靜者數十年，賢之有益於人國如此夫。此鄭人哭其死如親戚，而孔子亦泣其爲古之遺愛也。

【一二】國再安　「國」原作「同」，據明本、文津閣本改。

【一三】楚東廣地至泗上　「東」原作「燕」，據文淵閣本及《史記·楚世家》改。

趙世家

蜚廉二子，長曰惡來，其後爲秦；次曰季勝，其後爲趙。造父封趙城，始得氏。叔帶當幽王時，去周如晉。夙事獻公，衰事文公，盾事靈公。至景公世，趙朔益專，晉滅趙氏。孤兒趙武，後復爲正卿，生趙簡子，滅范中行氏。子無恤爲襄子平代地，滅智伯。趙視韓、魏最强，六世至武靈王，變胡服，滅中山，攘地北至燕、代，西至雲中、九原，欲南襲秦，强於天下矣。愛吴娃，立其子何。長子章作亂，餓死沙丘。自是無能君。當孝成王時，秦伐韓上黨，趙受上黨守馮亭之獻，故有長平之禍。趙可禦秦者，惟頗、牧耳。樂乘用而頗亡，郭開讒而牧誅。趙實自趣其滅，於秦何尤？

史載晉滅趙之族，朔妻成公姊有遺腹，匿公宫，生武。公孫杵臼與程嬰以死保脱之。越十五年，因韓厥得復田邑。而《左傳》稱武從姬氏，畜于公宫，以其田與祁奚、韓厥言於晉侯，曰：「成季之勳，衰謚。宣孟之忠，盾謚。而無後，爲善者懼矣。」乃立武而反其田焉。是無程嬰、杵臼之事也。未知孰是。然恐育於公宫者近之，若謂賊搜及公宫，何甚耶？

中山者，西周桓公之子趙獻侯十年初立，魏文侯嘗滅之，後滅於趙。

烈侯好音，欲賜歌者田各萬畝，得牛畜、荀欣、徐越三子而止歌者田。然則中主寧有常好，而賢者之能變化人主氣質，功亦大矣。顧恐戰國之言多誇爾。左師觸龍之説太后，俾入長安君質於齊。其幾諫之類歟。簡子夢至帝所，襄子得霍太山朱書，將興之禎祥也。孝成王夢乘龍上而墜，將亡之妖孽也。恐隣於怪耳。

魏世家

畢萬本周同姓，事晉獻公封魏。魏武子從重耳反國。絳事悼公，九合諸侯，戎狄以和。獻子身爲國政。桓子共滅智伯，文侯尊賢重士，得譽諸侯，秦不敢加兵。武侯之世國尚强。惠王好戰而國危，子孫日弊於强秦。賴公子無忌合從五國，國粗立，然不能盡用其説。無忌卒，國不支，以至於亡。

韓世家

韓亦姬姓，本無大功於晉，厥以鞍之役勝齊，得預六卿。子孫無聞人，惟昭侯相申不害，國以治，諸侯不侵伐【一四】，不害死，秦拔宜陽。旱，作高門，功業不終，其後日弊於秦矣。

田敬仲世家

陳佗之子完奔齊爲田氏。田乞及常皆以大斗予小斗收，愚齊民以結其心。再世弒逆，專其國政，而陰奪之。蓋不待田和遷康公自立，而太公之齊已爲田氏有久矣。然威王烹阿、封即墨，國治强於天下。湣王雖卒破於燕，亦伐宋割楚，侵三晉，泗上諸侯稱臣。襄王破燕復齊。王建四十餘年不受兵。五國既滅，秦方一旦談笑而取之。考論始終，戰國諸君，其强皆無齊比。彼以區區智數，攘竊人國，而子孫之盛若此，何耶？豈有嫣盛德之後宜然耶？周太史之占，齊懿仲之卜，豈或有之耶？抑人衆而勝天者耶？

【一四】諸侯不侵伐　「伐」原作「代」，據明本、文津閣本改。

孔子世家

《史記》，《世家》爲有社稷人民者作也。孔子布衣，史遷以附諸侯王之後，且贊之曰：「天下君王至于賢人衆矣。當時則榮，殁則已焉。」孔子布衣，至今學者宗之。其意尤抑彼而揚此。嗚呼！吾夫子天而人者也。能模寫其盛者，惟子思《中庸》數語，及本朝伊、洛、考亭諸儒。若史遷之贊，蓋世俗之見，猶唐人尊以王爵爾，豈知夫子者哉！然漢世重道家學而輕儒【一五】。遷之家庭授受，本亦知有道家耳，而猶知尊慕之若此，此孔子之所以爲大歟！《世家》載孟釐子期夫子爲達者，而述其先世正考甫之鼎銘，曰：「一命而僂，再命而傴，三命而俯，循墻而走，亦莫敢余侮。饘於是，粥於是，以糊余口。」又載老子送夫子之言，曰：「聰明深察而近於死者，好議之人者也；博辨廣大危其身者，發人之惡者也。」嗚呼！然則士君子之涉世，當如何其自畏耶？

陳勝世家再見《漢抄》。

勝自王六月而亡，然其所置遣侯王將相竟亡秦。

外戚世家

史於吕氏譏以非天命，孰能當之？於薄氏稱仁善，於竇氏稱退讓，至王信好酒，田蚡、勝王后異父弟。貪巧，則武帝母王太后之戚。衛青號大將軍，霍去病衛后姊之子。號驃騎將軍，則武帝妃衛皇后之戚。勸戒昭然，而外戚之斂肆亦係於時君矣。

【一五】然漢世重道家學　「道」原作「首」，據文津閣本、文淵閣本改。

衛青本平陽公主家使令者，青一旦富貴振天下，卒尚公主。然謂非公主失身不可也。爲武帝生子者，其母無不譴死。褚先生贊其爲聖賢事。雖曰有感之言，亦豈人情也哉！

余家素貧厄，少時以外侮告，先人輒令勤學，云：「丈夫當時富貴，百惡滅除，蓋常常而然。」言猶在耳也而不知所出。今閲褚先生《衛皇后贊》，見其語，爲之感愴哽噎云。

楚元王世家再見《漢抄》。

楚王戊、趙王遂皆以不用諫謀反，誅。漢復立劉禮王楚，元王祀趙，以竇太后不許絶。

巨嫂即丘嫂。《漢書》稱丘。羹頡侯母。

荆燕世家

漢分王同姓，惟荆王賈以功封，其後擊黥布死。

田生以畫干營陵侯劉澤，澤予生二百金，生歸齊。明年澤使人謂生曰：「弗與矣。」生乃如長安，不見澤，而以計謁高后之所幸張子卿。使王諸吕以張本，而王劉澤於燕。然則田生所干劉澤之畫，即明年所施於張子卿之計，曰弗與云者，弗與我施行所畫，從之之辭爾。澤劉氏也，而王諸吕，乃出其計，其罪大矣。故太史公之贊曰：「劉澤之王，權激吕氏。」而釋之者弗察，謂畫爲工畫，謂與爲黨與。夫於干劉澤不言其所畫，而於干張子卿言之，文法之相爲先後如此，而釋之者弗能察。故夫史遷之文深遠矣。

齊悼王世家

高帝長庶男劉肥封齊，朱虚侯章誅諸吕者，其次子。齊最大，其後分七國云。吴、楚反時，齊路中大夫既許三國而終達漢天子命。俾齊堅守，與解楊之事同。主父偃求徐甲，欲入其女齊後宫，不遂，則讒齊王殺之，亦卒以此坐誅。偃真小人哉！

蕭相國世家

高帝起布衣，得天下，非有分義，素服人心，故所與同起者，帝無不疑之。至如關中，天下根本，何每留守而帝自將。帝所任者莫如何，所疑者亦莫如何也。方帝距京索間，非用鮑生計，遣子孫詣軍，何幾族。及自將邯鄲，非用召平計，悉家財佐軍，何幾族。其後自將擊黥布，非用説客計，多買田宅自汙，何又幾族。然則何雖相帝定天下，嘗懷救死之不暇，縱何非刀筆吏，又何暇經綸之事乎！其後爲民請苑，稍欲展布而械繫已及。帝之赦何也，言我不過爲桀、紂，而相國爲明相。是正怒其掠主譽以得民心也。嗚呼！其亦異於古人所以推誠共治之道哉。

曹參世家再見《漢抄》，後多類此。

參自高帝起兵，無一戰不預。雖非赫赫功，而未嘗以敗聞。天下既平，猶從擊陳豨、黥布，蓋參與帝終始兵間而不見疑。相齊齊治，相漢漢治，參有大過人者矣。而史論戰功，則謂其當信之滅，論治功則謂其當秦之後，若有抑揚之意焉。愚謂參明哲保身，雖信不能及，而立法易，守法難，參以人豪一遵何約束，除吏皆木訥，而深刻者輒斥去，所以養成漢家寬厚之風，雖何無以尚之，參其可少哉。《書》稱「斷斷猗無他技」，參之謂矣。傳稱惟仁人能好人，能惡人，參庶幾焉。

留侯世家

利啗秦將，旋破嶢關，漢以是先入關。勸還霸上，固要項伯，漢以是脱鴻門。燒絶棧道，激項攻齊，漢以是得還定三秦。敗於彭城，則勸連布、越。將立六國，則借箸銷印。韓信自王，則躡足就封。此漢所以卒取天下。勸封雍齒，銷變未形，勸都關中，垂安後世。勸迎四皓，卒定太子。又所以維持漢室於天下既得之後。凡良一謀一畫，無不繫漢得失安危。良又三傑之冠也哉。然董公仁義正大之説，則良不及之，使以良之智兼董公之識而爲漢謀，伊、周何尚焉。

陳丞相世家

陳平智有餘，信矣。惜皆流於小人之術耳。方楚、漢爭雄時，平惟有反間楚一事。然是時楚勢已促，縱增不去，亦俱死垓下耳。反間何等語，而可汙龍興之漢。使單于閼氏，此張儀愚鄭袖之故智也，何奇之云。使平早計，而帝母窘平城，雖不奇猶奇矣。從攻陳豨、黥布，凡六出奇計，然使豨、布反者，平勸僞遊雲夢之失也。平與太尉勃合謀，卒誅諸呂，然使諸呂逆者，平阿意太后之過也。縱火人之家而隨以撲滅言功，功耶罪耶？代右相勃決獄，錢穀之對，徒以大言勝勃，平無其實也。董晉有言：天下安危，宰相之能與否可見，謀議於上前者不足道。平一時欺君之言，後世猶或稱之，誤矣！始平自以多陰謀，懼多陰禍，以此足覘其本心云。

絳侯世家

周勃從高帝，終始兵間，晚尤多戰功，高后殁，手誅諸呂，迎立文帝，功孰大焉。厚德如文帝，疑謗一聞，微太后幾族。甚矣！功名之盛難居，而嫌隙之微當戒也。亞夫尤重厚守正，平吴、楚有大功，其爭廢太子，爭侯王信，爭侯降匈奴。徐盧等五人又皆宰相職也。反以怏怏疑之，卒置死地，景帝尤少恩哉。

許負相亞夫，以從理入口，果饑死。

梁孝王世家

孝王既僭侈矣，景帝復失言，千秋萬歲後傳於王，入則同輦，出則同車，卒之梁王賊殺袁盎等大臣【一六】，幾至變逆者，景帝之失也。梁王車服擬天子，珠寶踰京師，卒以憂死。五子分王皆國絶，富貴者可以觀矣。

五宗世家

景帝子十三王，惟河間王德被服造次必於儒者，餘皆驕庸。然吴、楚反後，亦皆奪之

【一六】卒之梁王賊殺袁盎等大臣　「盎」原作「益」，據明本、文津閣本改。

權，而國遂貧矣。膠西王瑞賊戾。

三王世家

三王者，武帝子齊王閎，燕王旦，廣陵王胥也。太史公備述群臣奏請，皇帝恭讓，始終啓復之辭以及三王封策之辭，爛然可觀也，而不載其行事。褚先生條釋其後，謂齊王之國，左右維持以禮義，不幸早夭。謂廣陵王果作威福，謀反自殺。謂燕王謀爲叛逆，亦自殺。皆如其策指云。愚按齊王策曰：「允執其中，天禄永終。」永終者，堯戒舜之反辭，云四海困窮，則天絶其禄，不執中者也。今乃用爲期望之辭，屬之執中之下，誤矣。豈亦王早夭國絶之先兆耶？

青社字出齊王策，蓋泰社備五色土，齊東方封以青土，故曰受茲青社。

列傳

伯夷自此後漢抄無之。

太史公疑許由，非夫子所稱不述，而首述伯夷，且悲其餓死，爲舉顔子、盜跖，反覆嗟嘆，卒歸之各從其志。幸伯夷得夫子而名益彰，其趣遠，其文逸，意在言外，詠味無窮。然豈知其心之無怨耶？

堯讓許由，蓋莊周寓言，眇天下爲不足道耳。太史公疑箕山上有許由冢。愚意雖無其事，嘗有其人歟。

載伯夷父死不葬之語，與武王十一年代紂事背馳。然漢人舊説，以武王上繼文王，受命之九年爲十一年，故云爾。

管晏

世之人見賢而稱其賢，見智而稱其智，未足言知人。惟其人方困窮時，其迹有甚於不賢、不智者，而己獨有以察其心，若鮑叔之於管仲，千古一人耳。然愚謂此管仲之爲管仲也。君子固窮，窮視其所不爲，貧視其所不取，何至蒙不賢不智之迹耶？其令論卑而易行，其政善因禍而爲福。太史公此論，固切中其相齊之要領。實則苟於濟事，不暇顧在我之正，守己占於貧賤之時矣。晏平仲功業不及管氏，而相三君，妾不衣帛則廉節過之。越石父稱詘於不知己，而信於知己。蓋名言也，宜晏子之敬待。然景公欲相孔子，嬰實沮之。石父豈賢於孔子哉！

老子韓非

老子與韓非同傳，論者非之。然余觀太史公之旨意，豈苟然哉。於老子曰：「無爲自化。」於莊子曰：「其要本歸於老子之言。」於申不害曰：「本於黄、老而主刑名。」於韓非曰：「喜刑名法術之學，而其歸本於黄、老。」夫無爲自化，去刑名，固霄壤也。然聖人所以納天下於善者，政教也。世非太古矣，無爲安能自化？政教不施，則其弊不得不出於刑名。此太史公自源徂流詳著之，爲後世戒也。

老子、孔子皆布衣也。太史公列孔子《世家》，贊其爲至聖。至老子則傳之管、晏之次，而窮其弊於申、韓。豈不以申、韓刑名之學又在管、晏功利之下，而老子則申、韓之發源歟？班固謂遷論大道，則先黄、老而後六經，或者未之深察也。

司馬穰苴田氏。孫子武。吴起

穰苴之斬莊賈，孫子之斬二姬，蓋號令嚴肅，雖素卑賤者可將，雖素不知兵者可使也。太史公譏孫臏策龐涓明矣。然不能蚤救患於被刑。吴起説武侯以形勢不如德，然行於楚卒以刻暴亡其軀。嗚呼！不仁而善用兵，亦烏有自全者哉！

伍子胥

子胥諫吴伐齊，而勸伐越。吴不用，國遂亡。然諫至再三弗聽矣。讒人太宰嚭在王側，又與之有隙矣。不能去而之他，反私託其子於齊之鮑牧而歸，以取屬鏤之誅。何謀吴之明若是，而乃謀身之暗耶。初子胥鞭平王尸，申包胥責其已甚，答以日暮途遠，故倒行而逆施，君子是以知其不終也。

屬鏤之鏤録于切。鴟夷革者，取馬革爲鴟夷。鴟夷，榼形也。　胥山，張晏注在太湖邊。

仲尼弟子

受業身通者七十七人，有年名見書傳者三十五人，餘四十二人止存名氏。

子貢一出，存魯亂齊，破吴彊晉而霸越，雖曰存魯，不幾已甚歟。其機辨，儀、秦不及也，將史之言，未必盡然歟。結駟連騎，謝原憲於藜藿間，而終身耻其言之過。於是名教之樂爲不可尚已。

公皙哀字季次，子曰：天下無行，多爲家臣仕於都，惟季次未嘗仕。

曾點之點作箴，巫馬期之期作旗。

商君

商君之術能强秦，亦秦之所以亡，能顯其身，亦身之所以滅。然則何益矣。

蘇秦

秦約從六國忠於六國者也。齊、魏首敗，從約代、趙，秦以利害忠告齊、魏，不可而去之，則身名始終矣。乃請使燕以報齊，食齊之禄而反誤之，不忠孰甚焉，又豈約從之初意哉。嗚呼！兹其所以及歟。蘇代私於子之。誤燕已甚，復欲爲燕約諸侯，宜其終不逮秦也。

張儀

蘇秦之説六國，爲六國也。張儀之説六國，非爲六國，爲秦也。欺詐諸侯如侮嬰兒，雖均之捭闔，而儀又秦之罪人矣。然儀之入秦，蘇秦實使之。雖欲止秦兵於一時，而卒以伐從約於異日，智者不爲也。夫儀，秦友也。儀始謁蘇秦，以故人求益也。秦不以情告儀，使共謀六國以緩秦兵，而直以權詭激之入秦，自貽後患何耶？將儀之多詐，不可告以情，抑秦自以不及儀，與之共謀六國，慮軋己耶。夫縱横之士固不可以常情槩之也。

陳軫、公孫衍皆惡於儀。軫奔楚，復從容於秦。儀死而衍入相秦，嘗佩五國相印，爲盟約長，皆權變無窮之士也。

樗里子甘茂

樗里子，秦惠王弟，名疾，滑稽多智，號曰智囊。晁錯之名恐本於此。爲惠王將，多戰功；爲武王相，使周，周敬之。其後爲昭王伐蒲，衛邑。胡衍受蒲金，説之而去。豈智有時而窮歟？然其言曰：「後百歲當有天子宫夾我墓。」至漢興，長樂宫在其東，未央宫在其西。此豈智料之所能及。或者攻數學歟？否則傳者妄也。

甘茂相秦，拔韓之宜陽，其後勸秦予韓武遂，懼向壽、公孫奭之讒，奔齊，使楚，卒於魏。其孫甘羅年十二爲秦使趙，廣河間之地。秦封甘羅爲上卿，復以甘茂田宅賜之。

穰侯

穰侯魏冉者，秦昭王舅也。立昭王，諸昭王兄弟之不善者滅之，威震秦國，握將相之權三十年，歲伐三晉以廣地，天下皆西鄉稽首。其後越三晉以攻齊，范雎譏其非，遂以遠交近攻之策説昭王，奪之位，而穰侯斥矣。

白起王翦

白起以穰侯薦爲秦將，其斬殺之數多，而載於史者凡百萬，不以數載者不預焉。長平之役，秦民年十五以上皆詣之，而死者過半，以此類推，秦之死於兵者，又不可以數計也。蘇代説應侯，間之。起不復爲秦用，而賜之死。自秦而言，雖殺之非其罪。自公理而言，一死何以盡其罪哉！

王翦爲始皇伐楚，面請美田宅，既行，使使請美田者五輩。後有勸蕭何田宅自汙者，其計無乃出於此歟。王翦諸人之輔秦，蓋凶德之參會，古今之極變，不可復以常事論也。太史公譏翦不能輔秦建德，而偷合取容。嗚呼！是何異責虎狼之不仁耶。

孟子荀卿

太史公之傳孟子，首舉不言利之對，嘆息以先之，然後爲之傳。而傳自受業子思之外復無他語，惟詳述一時富國强兵之流，與騶衍迂怪不可究詰，以取重當世之説，形孟子之守道不變，與仲尼菜色陳、蔡者同科。奇哉遷之文！卓哉遷之識歟！蓋傳申、韓於老、莊之後者，所以譏老、莊。而傳淳于髡諸子於孟、荀之間者，所以表孟、荀也。荀卿年五十始自趙學於齊，三爲齊祭酒，後爲楚蘭陵令。春申君死而卿廢，卒死於蘭陵，葬焉。嫉世之濁，而鄙儒小拘如莊周等。又滑稽亂俗，於是著書數萬言，此亦能守道不變者。故太史公進之與孟子等。

堅白異同者，注云：汝南龍淵水可淬劍，故有堅白之論。云：黄，所以爲堅；白，所以爲利。或辨之曰：白，所以爲不堅；黄，所以爲不利。此其爲異同。嗚呼！士論之無稽至此，世道如之何而不壞。

墨翟之智，注稱公輸子將爲攻具，將攻宋。墨子至郢，設拒攻之具，凡九屈之。

孟嘗君

田文謂其父田嬰相齊三王，齊不加廣，而家富累萬金，不見一賢者，徒厚積以遺子孫而不謀齊。文既得政，故招致食客常數千人，宜齊之加廣矣。然卒以此見忌於其君，而不能安其身。乃遺秦穰侯書，以自伐其齊。又相魏，西連秦、趙，與燕合兵，而幾至於滅齊。卒之齊、魏亦共滅文封邑，而子孫遂絶。豈惟不能廣齊且削齊矣？豈惟不以遺子孫亦無子孫之可遺矣？豈惟辱國而亡家？且聚天下任俠姦人六萬家於薛，壞薛之俗，爲暴桀矣。譬之千金之家，銖積寸累而致。一旦有黠慧者出，揮金如土，聚鬬雞走狗、摴博無賴之人以索其家，乃號於人曰：吾好客。其真好客者耶！其不肖者耶！周公一飯三吐哺，一沐三握髮，好客宜無以加之矣。不聞其如孟嘗之好也。然則孟嘗非能好客也，田嬰家不幸生不肖子耳。吁！

平原君好客，僅得一毛遂。孟嘗君好客，僅得一馮驩。而二君者，其始皆不能知之，尚何以好客爲哉！愚謂二君者不足以知二子，而二子歸之者以貧無聊，如禄仕於亂世，免死而已。其後因事而顯，殆非二子初心所期也。二君其亦幸而得此二子歟！

平原君虞卿

去讒而遠色，固尊賢之道也。平原君以賓客稍引去，乃斬笑躄者美人頭。雖曰人情所難，然已甚矣。邯鄲之急，得毛遂以合楚之從，得李同募死士以須楚、魏之救，邯鄲之獲全，固平原君力也。然向使不受上黨之嫁禍，則趙必無長平之敗，亦必無邯鄲之圍，平原之功於是不足贖誤國之罪矣。太史公謂使趙陷長平兵四十餘萬，邯鄲幾亡，非歟？而譙周乃稱長平之陷，易將之咎，何怨平原。吁！何惑也。

秦攻長平，虞卿勸趙附楚、魏以和秦，而後秦可和。趙不聽，故秦卒不和，而趙大敗。其後趙將割六城事秦。虞卿使於齊以謀秦，而秦反和趙。及魏欲與趙約從。則卿亟勸成之。卿無言不效，無謀不忠，大要歸於結和鄰國以自重，而使秦反輕，此至當不易之説也。與一時東西捭闔之士異矣。棄趙卿相，而與故交魏齊俱困大梁，以著《虞氏春秋》。其必有決烈之見，而豈其愚也哉！

爲卿而食采於虞，史不載其姓氏州里。槃散，蹩貌，意即蹣跚。檐簦之簦，有柄之笠。

魏公子

無忌用侯嬴、朱亥之力，竊符矯命以赴平原之急。其後在趙，用毛公【一七】、薛公之

【一七】其後在趙用毛公　「毛」原作「朱」，據明本、文津閣本及《史記·平原君列傳》改。

諫，趣駕歸魏以却强秦之圍。此四人者皆隱於屠沽博徒，無忌獨能察而用之，五國賓從，威振天下。雖非正道，而能爲國家之重，過平原、孟嘗遠矣。然侯生、朱亥之詐力，又非毛公、薛公之正論比也。安釐王受秦反間，用無忌不終，十八歲而魏亡，悲夫！

春申君

説秦昭王不伐楚，而出身脱楚太子於秦，可謂智能之士矣。一策不謹而卒死李園之手，與嫪勞。毐靄。同歸。惜夫，有朱英之謀而不能用，何必珠履其客爲也。

范雎蔡澤

范雎辱於魏齊，賴鄭安平、王稽竊載入秦，離昭王母子兄弟舅甥之親而居相位，以快一己之恩讎，蓋亦勞矣。然卒以任鄭安平、王稽二人敗事而罷。夫爵禄，非酬恩之具也。顧材所堪耳，况竊之君以私所恩耶。范雎以口舌攘穰侯之位，而蔡澤復以口舌攘之雎，所謂螳螂捕蟬，黄雀在後也。然穰侯以君臣骨肉之親，則雎攘之也難。范雎當君臣疑阻之際，則澤攘之也易。雎遠交近攻之策，真有益於秦。澤特羈困之餘，竊富貴耳。澤殆非雎比也。惟雎以離間昭王母子兄弟而得之，澤勸雎功成身退，心雖私而論則正矣。

鬲者，曲脚鼎。夏育，衛人，力舉千鈞，此爲賁育之育。

樂毅

樂毅爲燕報齊，誠師出有名矣。而盡取寶物祭器輸之燕，仁義之師不爲也。徇齊五歲，下七十餘城，而莒、即墨猶未下者。齊王保於莒，有困獸覆車之勢。齊方憤發，而毅之師已老，强弩之末不能穿魯縞，其勢然也。夏侯玄許以湯武之事，何甚耶？然毅以讒去，適趙。趙，父母國也。《報燕惠王書》稱：「忠臣去國【一八】，不絜其名。」不效戰國反覆，復爲趙而讎燕，去就無慊，傳之子樂間亦然。故高帝過趙，復封其孫樂叔者於樂鄉，信義之入於人深矣。然則樂毅非戰國之士也。

汶篁之篁，注云：竹田爲篁。

廉頗藺相如

藺相如庭辱强秦之君，而引車避廉頗。廉頗以勇氣聞諸侯，而肉袒謝相如。先公後私，分棄前憾，皆烈丈夫也【一九】，勇怯各得其所矣。然先之者，相如也。趙奢治賦，不少貸平原君之家，而平原君因薦之王而用之。君子不多奢之行法自近，而多平原君之以公滅私也。括輕易取敗，無足道。括母言父子異心之狀，可謂得觀人之法。李牧養威持重，戰無不勝，與頗齊名，而頗、牧皆廢於讒人郭開之口。趙之亡忽焉，悲夫！

田單

田單守即墨，使妻妾編於行伍間。此李同教平原君之故智也。

轊音衛，車軸頭。畫邑之畫音獲。

【一八】忠臣去國　「臣」原作「巨」，據明本、文津閣本改。

【一九】皆烈丈夫也　「丈」原作「文」，據明本、文津閣本改。

魯仲連鄒陽

魯仲連闢新垣衍帝秦之説，引鄒、魯不肯納齊湣王之事爲證，可謂深切著明矣。然解邯鄲之圍者，平原君力也，非仲連口舌之所能解也。射書聊城，使其將自殺而城見屠，此不過爲田單謀耳。縱富時無仲連書，聊城無救，勢亦必亡，亦非甚有功於田單也。射書何爲哉？使連能説單無屠聊，而射書於城，約其將善降，或説燕無殺其將，而使其將歸燕以救聊城之命，皆可也。連釋此不爲，射書何爲哉！彼不預吾事而預之，是爲出位。惟不以爵賞自累，而輕世肆志焉。故得優游天下，如飛鳥翔空然。然直以爲天下士，則未也。鄒陽自陷縲紲，諄諄求哀，以此得位，不其羞哉！

屈原

張儀既欺楚，原勸殺張儀。秦昭王欲與懷王會，原諫無行。懷王皆不能用，遂至兵挫地削，亡其六郡，客死於秦，爲天下笑。原之忠謀亦白矣。上官大夫、令尹子蘭反讒之楚而遷原江南。原悲憤作《懷沙》之賦，自投汨羅以死。

原稱三閭大夫者，掌王族三姓，曰昭、屈、景。離騷者，猶離憂也。汨羅者，汨水在羅，故名。

賈生年二十餘仕漢，諸律令所更定，及列侯悉就國，其説皆自賈生發之。絳、灌等拒其紛亂，出爲長沙王大傅，意不自得，弔《湘》賦《服》。召見宣室，文帝嘗前席焉。頃之拜梁懷王太傅，數歲，懷王墮馬死，賈生自傷爲傅無狀，哭泣歲餘，亦死，年三十三。

坱軋音若央乙。

吕不韋

初，秦子楚爲質於趙，不當立。吕不韋傾貲説華陽夫人，立之，是爲莊襄王。先嘗獻其姬於子楚，生子政是爲始皇帝，遂得相秦，專其權。而亦卒以此見侵，飲酖死。

刺客

太史公傳曹沫、專諸、豫讓、聶政、荆軻五人，謂介然不欺其志。愚謂惟豫讓爲君報仇之志爲可悲，餘皆狂愚殺身，非人情也。荆軻所交田光、高漸離之流，多慷慨輕生。至今讀《易水之歌》使人悲惋。軻視諸子材氣，殆優焉。雖然，果何哉！其所謂志而足稱道哉。

批逆鱗之批，白結反。出《荆軻傳》注。

李斯

斯以無道殺天下，趙高亦以無道殺斯。此天也。而自謂以忠死，不已愚乎！

觳抵即角抵，兩兩相當，角技角力。指鹿而左右皆曰馬，因給二世齋戒，尋遷之望夷宫，殺之，與《秦紀》所載小異。高引璽上殿，殿欲壞者三，與桓玄地陷之事同。

蒙恬

恬自蒙驁，世爲秦將，殺天下而并之秦。天下既一，恬復暴師十餘年，城塹萬餘里，塹山堙谷以除直道，同惡相濟，凶德參會，死有餘罪矣。臨刑不自悟，乃歸罪於絶地脈。然則凶人吉其凶，彼固安行之，不知罪之莫大於殺也。

張耳陳餘 再見《漢抄》。

耳、餘少爲刎頸交，起從武臣，北略趙地。武臣敗，立趙王歇。秦攻趙，張耳與歇保鉅鹿，陳餘軍其北，不救。後張耳貴，讓陳餘。陳餘解軍印去，張耳將之，同入關。羽封耳常山王，而封陳餘三縣。餘反，楚襲常山。耳歸漢，漢遣耳同韓信下趙【二〇】，斬餘，而耳爲趙王。

魏豹彭越

頭會箕斂者，以人頭數出穀，而以箕斂之。傳音截。以物插之也。泜水之泜音遲。

彭越有大功無反意，既以疑間，掩捕論罪，遷蜀青衣矣。吕氏又詐使人告其反，族之。何忍哉！

黥布

布起麗山之徒，以兵屬項氏，嘗爲軍鋒，得國九江，南面稱孤矣。漢使隨何説之歸漢，遂滅楚垓下，王淮南。及信、越誅而布大恐，幸姬啓釁，竟以反誅。愚謂布非反漢，漢非少恩，勢使然耳。夫越於漢，非蕭、曹素臣服者比也。群起逐鹿，成者帝，敗者族。方雌雄未

【二〇】漢遣耳同韓信下趙　「信」原作「侯」，據文津閣本、文淵閣本改。

決,不得已資之以濟吾事。事濟矣,同起事者猶在,則此心不能一日安,故其勢不盡族之不止也。故夫乘時徼危者,未有不滅其身,惟嬰母之賢,爲不可及也已。

淮陰侯

信虜魏、破代、夏説。平趙、下燕、定齊,南摧楚兵二十萬,殺龍沮而楚隨滅。漢并天下,皆信力也。武涉、蒯通説信背漢,而信終不忍,自以功多,漢終不奪我齊也。不知功之多者,忌之尤。今日破楚,明日襲奪齊王軍。方信爲漢取天下,漢之心已未嘗一日不在取信也。高帝平生親信無過蕭何者矣,而且疑之,況信耶。信有必誅之勢,而無人教之以蕭何避禍之策。張良爲帝謀臣,使其爲之畫善後計,猶庶幾焉。而躡足之諫,召信會兵垓下之策,皆所以甚帝之疑,而置信於死者也。失職怏怏,謀反見誅雖信之罪,而夷三族。嗚呼甚矣!

韓王信盧綰

信以韓王庶孽從漢,復封韓,既,而漢疑之,徙王太原,數被匈奴兵,遣使求和解,漢又責讓之,遂走匈奴。高帝是以有白登之圍,疑之爲患如此。盧綰與帝居同里,生同日,學同師,平生至相得,非有大功而王之燕。帝之於綰厚矣。亦以貳心自成疑懼,而走匈奴,此則綰之罪也。然信稱旦暮乞貸,蠻夷僕之,綰亦爲蠻夷所侵,嘗思復歸。二人者,皆非有大惡,而踈遠取疑,失身至此,不亦悲夫。此信之子頽、當信之孫嬰,與綰之孫他之,皆脱身匈奴而復列侯漢廷也。陳豨慕魏公子之爲人，監趙代邊兵，而賓客餘千乘，卒於見疑，而以反誅。此尤庸妄，可爲戒矣。

觖望據注是二字。觖者決别。而望者，怨望。羽檄者，插羽於檄，取其急如飛鳥也。

田儋

田儋自立爲齊王，秦殺之。而儋之弟田榮逐田假，立田市，怨楚之不殺田假，不從入關，不得王。榮乃并楚所立之王曰田都、田安及田市而自王，兵敗見殺。榮之弟田横又立田廣爲王，爲漢所滅。横走保彭越，越歸漢，横走海島。天下既定，高帝召之，未至三十里自殺。其客二人亦自殺，從留海島者五百人聞之，皆自殺。田氏兄弟之有人及得人如此，異哉！然死傷，勇矣。

樊酈滕灌

樊噲起自屠狗，從高祖，多戰功，諫止秦宫，脱難鴻門，功尤儁焉。然人有惡其黨吕氏，高帝立命斬之軍中。斯亦烈矣。

酈商聚兵四千從高帝於沛，積戰功爲曲周侯。其子酈寄給吕禄，而太尉遂得入北軍，安劉氏，預有力焉。

夏侯嬰脱高祖於亭長時，脱孝惠、魯元於彭城。大敗時間關兵間，已立戰功。自高帝初起，歷孝惠、高后、文帝，常爲太僕終其身。蓋謹信可親之人歟。

灌嬰起自販繒，從高祖騎射，戰功居多，其後不爲諸吕擊齊，而共立文帝，遂致位宰相。蓋武健而有定識云。

張丞相

傳爲張蒼作也。至漢末，位丞相者皆附之。蓋漢初丞相皆功臣，自灌嬰死而張蒼繼，始以文學好律吕，至申屠嘉又自御史大夫叙遷，然能剛毅守正。至景帝之世，丞相備位，僅存名氏，太史公不復爲傳，而褚先生直取韋賢以下繼之。於魏相，稱好武；於邴吉，稱有大智；於黄霸，稱以禮義爲治。其後韋元成父子相繼，匡衡十年至丞相【二一】，皆歸之命。有慨嘆不滿之意矣。

物故，注云：物，無也。故，事也。言無復所能於事。然則士馬物故者，亦以死則無能於事，故以爲死之稱。而此傳稱冀幸丞相物故者，以御史大夫望丞相之死而遞遷，言非以材德選也。

酈生陸賈

酈生爲高帝下陳留，高帝賴其兵食，遂以入關，所繫大矣。然以善其令，而夜半賊殺之，與之善者，不亦難乎！此戰國傾危之餘習，宜其卒窮於辨也。陸賈兩使尉他，使漢、越無兵爭，天下陰受其賜多矣。時時説稱《詩》、《書》，一新高帝馬上之習【二二】，社稷靈

【二一】匡衡十年至丞相　「匡」原作「康」，據《史記》、《漢書》改。

【二二】一新高帝馬上之習　「一」字原闕，據文津閣本、文淵閣本補。

長，終必賴之矣。其後知太后將王諸吕，不可爭，迺病免家居。及諸吕將危劉氏，則出爲陳平畫策，誅之。動静合時措之宜，而功烈泯無形之表，漢初儒生未有賈比也。而太史公屈與酈生同傳【二三】，豈以其辨説歟。朱建以母死，無以爲喪而受辟陽侯金【二四】，所謂行不苟合者安在？嗚呼！此其所以惡也。

傅靳蒯成

傅寬、靳歙從高帝兵間，始終無困辱。蒯成侯周緤軍乍利乍不利，終無離上心。高帝憐其愛我云。

劉敬叔孫通

婁敬脱輓輅胡格切。羊裘見天子，曰：「衣帛，衣帛見；衣褐，衣褐見。」此其質直不徇流俗，已可覘其胷中之所挾持者矣。勸都長安，逆覘虜情，皆磊落出人意表。惟結和親約，雖能寬一時之急，未免遺萬世之弊耳。叔孫通所事且十主，皆面諛取親貴。既起朝儀，得高帝心，然後出直言諫易太子。然向使高帝未老，吕后不强，度如意可攘太子位，又安知其不反其説以阿意耶【二五】？隨時上下，委曲取容，名雖爲儒，非婁敬比矣。

季布欒布

季布庭斥樊噲横行之説，使高后不復事兵。然則孝惠、高后之世，海内無事，衣食滋殖，季布力也。布故勇將，不爲技癢而有老成安静之言，斯可尚矣。欒布挺身就烹，以雪

【二三】屈與酈生同傳　「同」原作「而」，據文津閣本、文淵閣本改。

【二四】辟陽侯　「辟」字原脱，據文津閣本、文淵閣本補。

【二五】又安知其不反其説　「又」原作「文」，據明本、文津閣本改。

彭王之寃，所以警悟高帝，何如哉？嗚呼！非烈丈夫其孰能與於此！

袁盎晁錯

絳侯，元勳也。淮南王，帝親弟也。盎晚出爲郎，皆斥其驕。既而明絳侯無罪，諫止淮南王遷蜀者，亦盎也。盎以故名重朝廷。下趙同之參乘，却夫人之同坐，申屠相稍不爲禮，則折脅之，盎殆以强直自矜者歟。沮梁王之謀，雖以忠見賊，迹其平昔，亦非自全之道矣。晁錯峭刻紛更，與盎素相疾，輕挑六國之禍。盎卒得以計誅之。死，又其分也。袁盎不絶劇孟，云緩急人所有，此言可以處世。

張釋之馮唐

張釋之論長者，及其守法不阿；馮唐之論將，皆質直，有古大臣之風焉。釋之之結韈王生。與張良之納履類也。以素昧，則張良難；以貴重，則釋之難。

主臣，陛下。

萬石張叔

萬石君家謹厚而已，而父子皆致二千石，已過矣。慶備位丞相於孝武多事之世，何哉？衛綰，車戲士，天資偶亦謹厚，而景帝相之，且謂其可輔幼主。夫帝謂亞夫非少主臣，宜綰之見取歟。張叔學刑名而能慈愛，君子蓋取節焉。直不疑償金，已非人情之正，況周文溺袴行詐。彼何爲者？而皆致位通顯。夫萬石家以誠得之，而竊慕者亦僥倖，殆流弊歟。

田叔

叔以死事趙王敖，既仕漢，薦孟舒，案梁王燒其籍，使景帝母子相安，相魯，能格其君之非。叔蓋堅忍有用之才，非如萬石輩徒曰長者而已。褚先生附載田仁、任安事。衛將軍不見知，而趙禹遴選於一臨問之頃，兩人皆立名天下。夫衛青，后戚家徒，以衣裝取士，而以將百萬衆。何哉？

扁鵲倉公

扁鵲姓秦名越人，得長桑君禁方，能洞視五藏，期趙簡子之寤，起虢太子之死，齊桓侯無疾，望而退走，果不可藥。又能隨俗爲變，斯亦奇且巧矣，乃爲李醯所忌而見殺。太倉公淳于意即女子緹縈父也。得乘陽慶禁方。倉公既以緹縈免刑，召問醫治，纖悉如款案。吁！士亦何以術爲。

虢太子事，注云：時虢已滅百二十餘年，其字誤歟？抑傳聞誤歟？

吴王濞

封國不過百里，名山大川不以封。濞王吴五十三城，且擅山海之利，是置之死地也。漢承秦滅六國之後，徒見六國之昔爲諸侯王者，無不地廣民衆，而不知古制不其然也，宜無以善其後歟。

魏其武安侯

魏其侯竇嬰，竇太后從兄子也。方景帝酒酣失言，千秋萬歲後傳梁王。嬰獨引高帝約折之。太后憎嬰，輒病免。傅栗太子而太子廢，數爭不能得復，病免。嘗爲大將賜金千斤，金盡予軍吏，而首進名將賢士之在家者。蓋亦賢於人多矣。卒以失勢怏怏，右使酒不遜之灌夫，以觸負貴好權之田蚡，淪胥以滅，雖死不悔，可不悲哉！與時消息之機，勞謙終吉之義，士大夫不可一日不拳拳服膺也。昨點《漢書》，已抄入第一册，可觀。

朝請注云：律，諸侯春朝天子曰朝，秋曰請。辟倪音與睥睨同。轅下駒者，小馬，隨母俛頭於車轅下。首鼠兩端，首鼠一前一却也。齚舌見《灌夫傳》。

韓長孺再見《漢抄》。

韓安國之仕梁也，言於漢雖爲梁飾非，言於梁亦能爲梁免禍。賂田蚡得仕漢，其進雖不以正，其辨王恢，諫擊匈奴，藥石武帝於尚安，顧不偉甚。越明年，王恢挑禍匈奴，安國默默爲之護軍，雖以不戰歸，而兵端自此大開，安國亦卒困兵間死矣。志在富貴，不知不可則止。惜哉！

李將軍再見《漢抄》。

李廣才氣，天下無雙。死之日天下知與不知皆流涕，亦可想見其人矣。方武帝有事匈奴，諸校尉才能不及中人，以功取侯者數十，獨廣結髮與匈奴大小七十餘戰，卒不得侯，且死非其罪。廣自恨殺降所致，然則豈非爲將者明戒耶！陵降匈奴，隴西之士皆用爲恥，亦可想見其俗之風節矣。

昆邪之昆音魂。大黄者，弩名，色黄而體大。

匈奴

傳之叙匈奴詳矣。大抵以其視中國爲强弱，夏道衰而狄始大。及周之興，惟命之曰荒服。周道衰，戎狄又世世爲患。秦并天下，築長城，頭曼單于遂爲之北徙。既而中國兵爭，冒頓復興，雖高帝不免白登之圍，非其視中國爲强弱哉？然嘗論之，秦、漢之待夷狄，不可復以三代比也。三代以天下爲公，諸侯各自爲守，設不幸有警，方伯連帥，以諸侯兵驅之而已。然不常有也。秦、漢以天下爲私，自京師去匈奴塞上，皆天子所自制。邊塵稍驚，勞民萬里，雖鞭之長不及馬腹，故秦之備胡，不得不出於長城。然此毒民之事，悖謬之舉，適以自斃，不可爲也。故漢之求安，不得不出於結約。雖婁敬遣公主之説不可用，若孝文皇帝賜之書，有曰：「天不頗覆，地不偏載。使兩國之民若一家，下及魚鼈，上及飛鳥，跂行喙息，蠕動之類莫不就安利而辟危殆。」嗚呼，大哉言乎！文帝之心，天地之心也。持之堅，行之久，至孝景世，終無大寇。

武帝即位之初，匈奴信漢，自單于以下往來長城下，無忌矣。乃一旦無故自爲狙詐於匈奴，兵連禍結，使天下生靈肝腦塗地。然匈奴益驕，亦終不我服。回視文、景之世，得失何如哉！我太祖時，不過因李漢超輩使自爲之守，而邊烽之警自不接於廟堂。愚故嘗謂守在四夷，三代公天下之事也。兼愛南北，文帝得處之之道也。内兼制諸夏如漢，而外因疆圉之臣以禦邊，如三代。其待夷狄之得，自有天地以來未有如我太祖者也。不使守封疆者久任世襲，而欲身制萬里如在目睫，天下無是理也。武帝窮追且不能得其要領，夷狄之患如之何不日接於中國耶！

谷蠡音鹿離。匈奴官稱。

衛將軍驃騎再見《漢抄》。

衛青者，奴隸鄭季之遺孽。而霍去病，其甥也。漢武帝以青之姊曰子夫者爲后，因生事夷狄，而官青曰大將軍，官去病曰驃騎將軍。公孫敖嘗脱衛青於難，亦官之至將軍。青之長姊嫁公孫賀，賀爲將軍，且至宰相。其餘侯者，非兩將軍親戚，則其門下人也。它日貳師將軍亦以後宮，故生事大宛而使之貴。帝平生窮兵黷武，使海内蕭然。觀其所由，往往爲榮宫妾地爾。而曰《春秋》大復讎之義，其誰欺？欺天乎！且受圍與嫚書，未可以讎言也。文、景和親，相安已久，否而嚴守備，則置一李將軍，匈奴不敢入塞矣。何紛紛爲？

平津侯主父

平津侯公孫弘見《讀〈漢書〉抄》。

主父偃，姦險無賴小人，其致身青雲，特自速族滅之禍耳，何足污齒頰哉！惟諫伐匈奴一書，不當以人廢言。然它日勸築朔方，俾襲蒙恬故步者，即今日舉秦事以諫伐匈奴之偃也。何耶？其勸分王諸侯，則掇拾賈生之緒餘也。其勸徙豪民實茂陵，則剽竊婁敬之陳言也。何能爲漢庭決一策耶？而取大臣金，取諸侯金，自謂日暮途遠，自分倒行暴施。以生於齊，而劫齊王殺之，以游於燕，而陷燕王殺之。召平日昆弟、賓客，戒其毋入偃門，以一切踈絶之。何哉？偃之爲人也，其自取覆滅也，固宜爲偃之族者可悲耳。

南越尉佗自此《漢抄》無之。

南越稱帝，文帝以德懷之而稱臣。南越既稱臣，武帝以詐召之而輒反。越雖夷狄，人情亦槩可知矣。用樓船十萬師，一旦夷以爲郡，豈不大快。然使五帝三王處此，亦有文帝之懷柔而已。夷狄在萬里外，而必貪之，何哉？

東越

漢初稱越者凡三：南越，今二廣之地，尉他居之；閩越王名無諸，居閩，今爲福建；中越東海王名摇，居東甌，今爲永嘉。則皆越句踐後也。閩越圍東甌，漢救之，徙東甌於江淮間。而閩越遂爲東越，東越以反誅，漢盡徙其民江淮間，而東越之地遂虚。又有繇王者，亦東越苗裔，以斬東越王降漢，封東成侯，萬户。太史公謂禹之餘烈云。

朝鮮

朝鮮王右渠者，其祖名滿，本燕人，出塞居秦故空地，本無預中國事也。涉何爲武帝生事其國，漢卒盛兵以滅之，爲真番、普寒反。臨屯、樂浪、玄菟四郡。漢固貪矣。右渠負固，自取滅亡，亦何愚也。

西南夷

唐蒙食枸醬於南越，知其蜀物，道西北牂柯江而來也。遂使夜郎以爲犍爲郡。而治道指牂柯江，此通南夷也。司馬相如又言西夷邛、筰音昨。可置郡【二六】，自是通西夷道。數歲，道不通，西南夷又數反。上用公孫弘之言，罷西夷，獨置南夷、夜郎兩縣矣。張騫見蜀布、邛竹杖於大夏，知其從東南身毒國來，而邛之西二千里可到也。自是天子注意，誅滅西南夷諸國爲七郡。惟滇王者，楚苗裔也，以首善不誅，與夜郎皆受王印云【二七】。

七郡者，犍爲、牂柯、越嶲、益州、武都、沈犂、汶山。枸醬者，枸，音窶。枸木，似穀樹，其葉如桑葉，用其葉爲醬酢，美。邛竹杖，邛山之竹，節高中實，可爲杖。

司馬相如再見《漢抄》。

相如文人無行，不與吏事，以賦得幸，與倡優等，無足汙簡册者，亦無足多責。惟《封禪書》禍漢天下於身後，且禍後世，罪不勝誅。藺相如信威敵國，名重太山，犬子何人？亦冒其名。嗚呼！禹，聖神也，而有張禹之禹。湯，興王也，而有張湯之湯。藺相如命世

【二六】又言西夷邛筰可置郡　「郡」原作「都」，據文淵閣本改。

【二七】與夜郎皆受王印云　「王」原作「玉」，據明本、文津閣本改。

人豪也，而有司馬相如之相如。故曰人能美名，名不能美人。彼聖賢之名，亦有時不幸而辱於小人也。

相如之賦果何爲者耶？景帝之不好此人，情之正也。而武帝溺焉。嗚呼！於身則求藥長生，於兵則窮威萬里，於宫室則千門萬户，而於文則好相如之賦，飄飄有凌雲之氣，皆類也。於是武帝之志荒矣。

讀《史記》踰月，其文往往暢達，隔千歲如覿面，斯亦奇矣。至《相如傳》、《游獵賦》殆不勝悶悶。蓋文所以載理，安有不關義理而可以言文者哉！往歲嘗過村學堂，見爲之師者授村童書，名《小雜字》，句必四字，皆器物名，而字多隱僻，義理無關。余竊鄙之。然本其所由作，特以識器物之名，於世尚爲有用。今《游獵》所賦草木、禽獸，句亦四字，排比積疊，皆世所希有怪誕不切，世安用此，又不得與《小雜字》比也。世或珍異之，何哉？此傳去手，復讀他傳，如脱荆棘而履康莊，欣快可知。然世之好賦者，烏知不笑余不識古文奇字。顧余之所言者理爾，他非所知。

鱸比目魚也。水玉水精。戾沙染紫草。盧橘，世俗多用以稱枇杷【一八】。今按《游獵賦》云：「盧橘夏熟，黄甘橙榛，枇杷橪而善反。柿。」夫盧橘與枇杷並列，則盧橘非枇杷明矣。郭璞注：蜀中有給客橙，冬夏華實相繼，通歲食之，謂即盧橘也。意者橙橘惟熟於冬，而盧橘夏亦熟，故舉之以爲重歟。后山以爲一物二名。蒲陶俗今作匋。并閭椶也。

【一八】世俗多用以稱枇杷　「杷」原作「梔」，據明本、文津閣本改。

焚扶逼反。屬車，古者諸侯副車九乘，秦滅九國置八十一乘，名屬車。

淮南衡山

淮南厲王母本趙王張敖美人，事高祖有娠而留趙。貫高謀反，美人逮繫，既生厲王，恚即自殺。其後厲王謀反，自殺。厲王子安謀反，自殺。子衡山王賜亦謀反，自殺。恚氣之所鍾如此。然厲王椎辟陽侯殺之，辟陽侯死有餘罪，非過也。晉孫恩以逆死，妖黨謂其爲水仙。淮南王安以逆死，方士謂其爲仙而上外。小人羞諱文飾之言類如此，而淮南雞犬之事，至今爲口實。然則黄帝烏嘷鼎湖之事，又可信耶？自三代選舉之法廢，士無教養，溢出爲縱横之説。戰國四豪，復淵藪之餘風，到漢未泯，而天下爲一，無所復售其姦。往往諸侯之好事者，若陳豨，若梁王，若吴、楚王，若淮南、衡山王，無不以游士敗者，士習之所趨可畏哉！學校既興，科目繼之，士心始有所底。然則爲人上者，其可不以人才爲意，而輕議學校科學，鄙天下士者，蓋未之思也。

循吏

孫叔敖使民自高其車，得誘民之術也。公儀休不受魚，謹律身之常也。石奢以父殺人，李離以過聽殺人，皆自殺，皆難能之節也。

詗空攻反。輿地圖，輿猶盡載之義。見《淮南傳》。

汲鄭再見《漢抄》。

汲黯論帝多欲，勸帝無起兵，諫帝迎渾邪王，切責張湯苛法，而拳拳願出入禁闥，補過拾遺，切直忠蓋，漢庭第一。帝稍聽之，何至下輪臺之詔耶。

鄭莊委曲禮下，雖少鯁諒之風，然内行修潔，没無餘財，與汲黯等。此太史公以之同傳歟。

酷吏自此《漢抄》無之。

太史公於武帝征伐事，先之以文、景和親，匈奴信漢，然後論兩將軍連年出塞，又必隨之以匈奴入塞，殺略若干。於今《酷吏傳》先之以吏治烝烝，民樸畏罪，然後論十酷吏更迭用事，又必隨之以民益犯法，盜賊滋起。然則匈奴盜賊之變，皆帝窮兵酷罰致之，威刑豈徒無益而已哉！至於禱祠百出，則各隨之以若有符應之言。於求仙無方，則各隨之以終不可得之言。遷之微文見意，往往如此。而武帝之無道昭昭矣。若其禍殺民命，不知幾萬萬，桀、紂之罪，遠不至此。蓋與秦皇同歸，惟其輪臺有悔，顧命得人，高、文之澤在：人尚新漢之天下賴以不絶耳。若夫萬世公議，亦終不謂帝無道者，秦滅儒術，武帝興之。天地民生之所恃以立者在是也。然則先立乎其大者，可不務乎！

沈命法，沈者，匿也。命者，亡命也。椎埋者，發冢【二九】。一云椎殺人而埋之。

【二九】椎埋者發冢　「冢」原作「家」，據文津閣本、文淵閣本改。

大宛

甚矣小人逢君之惡，何甚也！漢欲通西南夷，費多道不通，嘗罷之矣。張騫言可通大夏，天子復欣然爲之，是窮兵西南之禍【三〇】，不在漢武而在張騫。然騫從月氏至大夏，竟不得月氏要領，其後復使烏孫，亦不得其要領。間關萬里，困苦終身，騫果何利於此。自是棄骨肉於萬里外，以妻烏孫；自是没士馬於萬里外，以取宛馬。天下騷動，耗費鉅萬萬，騫又果何利於漢？嗚呼！甚矣小人逢君之惡者，不可曉也。

太史公曰：《禹本紀》言河出崑崙，崑崙其高二千五百餘里，日月所相避隱，以爲光明。其上有醴泉、瑶池。今自張騫使大夏，窮河源。惡睹《本紀》所謂崑崙者乎？嗚呼！太史公之論善矣。然後世展轉沿襲之妄，又豈止太史公所闢而已哉！蓋自是有譯西域書爲中國語者，又因崑崙之説附會之爲須彌山。亦謂日月相避隱爲光明，而更加張大，謂周須彌之山爲世界者，凡四日所至爲晝，而去之則爲夜。然天下安有是理哉！若果如崑崙、須彌之説，則日月之避隱常相等齊，安從而有晝夜長短之分。日月之避隱常不相見，安從而有晦望交蝕之異。日常滿月亦當常滿，安從而月有虧盈進退之不同。出沿山之東，入循山之西，其地皆遠，當僅見日輪之隱約，日之方中，居山之腹，其地獨近，當尤見日輪之顯大。今日之出没皆見其紅而大，日之方中，獨見其淡而小，何也？豈近反見其小，而遠反見其大耶？日東循山而天下曉，當以地里之遠近漸次而曉。日西轉山而天

【三〇】是窮兵西南之禍　「兵」明本、文津閣本作「民」。

下昬，當以地里之遠近漸次而昬。營之東，日出以寅，則豳之西，當以午。豳之西日没以酉，則營之東當在晝。今地里不問遠近，出没皆以寅酉，何也？豈避隱不以漸行，或晝夜不係日月耶？夫日月東浮而西沉，日行速而月行遲，朔望有定，寒暑無差。交曾剥蝕，皆可預計。吾儒曆法盡之矣。

《易》曰：「明出地上，《晉》。」又曰：「明入地中，《明夷》。」天體包地，日月出没其間，行黄道、赤道，而有長至、短至。此有目者所共覩，皆可稽而信。故日月之説，無出於吾儒所置曆象之法矣。彼爲崑崙、須彌之説者，何所稽以爲信也。運行之遲速，交蝕之度數【三二】，彼亦可得而言之否耶？彼亦果見日月之隱隱遠從空中來，又隱隱遠從空中滅，而於東海西崦果不相着否耶？蓋異説雖從西域來，實皆譯之者附會中國，非聖之書以張大之，而不復計其事之實也。禹别九州，固非能際天所覆。然天地之中氣所聚，而人物生焉者，大抵亦不出此。過此以往，則天地四垂之偏，荒忽不治，聖人所不言也。騶衍始謬爲大言，九之又九，九之又九，謂禹之九州不過天地間八十一分之一。而譯者十萬億國土之説，緣之興矣。不思周天三百六十三度四分度之一，日月星辰之所經紀皆可討見。陰山之雪以夏，而日南之郡北户，天地間豈無紀極哉！嗚呼！出之譽異端而甘自小者，謂吾儒大過，知造化内事，而彼所言者造化外事也。自今觀之，彼所言造化内且妄矣，況外乎？造化果有外，瞿曇氏當來往空虚中，不假父母陽陰氣以生，又老於寒暑而死矣。然則

【三二】交蝕之度數　「數」原作「安」，據文津閣本、文淵閣本改。

佛亦厭世俗煩苦而求所謂寂滅耳。說本不若是其誕也，說之誕者，譯者附會之過也，皆中國奸人之言也。故因太史公斥崑崙之説而併及之。

游俠

朱家周人之急，家無餘財，而終身不自以爲德。太史公慕焉。郭解折節振人，人爲解殺人，解不知，而公孫弘族解。太史公尤爲之痛惜。愚謂朱家誠賢矣，爲人忘己，墨氏之弊。而解之見殺，則亦其平昔嗜殺所致。孔子有言：「古之學者爲己。」孟子亦謂：「窮則獨善其身。」士亦何必務名譽出於尋常之外也哉。解之甥彊人酒見殺，灌夫亦以彊田蚡酒，忿亂族誅。夫酒者，所以行禮，而其弊至此。世之好彊人飲者，可以監矣。

佞幸

佞幸辱國，旋亦誅僇。

滑稽

三年不蜚不鳴之語，《楚世家》以爲伍舉説莊王。今《滑稽傳》又以爲淳于髡説齊威，果孰是孰非耶？楚莊王時三晉未分，今載優孟諷諫莊王，預有齊、趙陪位，韓、魏翼衛之語。而《扁鵲傳》載扁鵲起虢太子於已死，考其時，虢已亡百二十餘年，又其可信耶？自古可怪可笑，人情樂聞之説，往往轉相附會，未必盡有其實。我朝東坡蘇公，一世人豪，惟其善於笑談，喜納浮屠。故至今謔浪俚談，類必託之東坡、佛印，且曰東坡之見辱於佛印者如此，而本無其實也。嗚呼！其殆此類歟。

西門豹爲鄴令，除河伯娶婦，曲盡其術，蓋愚民久已成俗。若徒論之以理，制之以威，雖暫止必復作，殺人將終不已。故使巫嫗、三老先自赴水問河伯，爲之首者自畏死而不敢爲，後無爲之首，自不待禁而絶。此仁者之術，而智之事也。褚先生以附《滑稽》，何哉？

金馬門者，宦署門，門傍有銅馬，故以爲名。

日者

傳爲楚之卜人司馬季主作也。謂宋忠、賈誼問卜於市，而季主歷詆士大夫之爲，非自陳卜者之爲貴。殆有取其譏世之言而載之歟。然未必皆其實也。果其實，則亦小道致泥，放誕不孫人也。士大夫雖未必皆賢，然必士大夫布列中外，上自朝廷，下達郡縣，上綱下紀，共爲扶植，而後庶民得以生息於其下，所謂代天工者也。若卜之爲伎，不在農工商賈之列，浮浪竊食，又不得與庶民之良者比。顧乃算計利害，自逞得計，反譏士大夫之不肖，何異衣食於祖父而反笑祖父之無聞知，而宋忠、賈誼反屈於其説哉。愚故曰未必皆其實也。而乃傳之者不得志於當世之忿心爾。

龜策

三代之興，各以卜筮決疑。漢興因秦太卜之官，歷孝惠、文、景未嘗講試。武帝延百端之學，太卜大集。然倚以卜兵事，賞賜至或數千萬，而誅滅者不可勝數，則卜非其卜矣，褚先生附載著龜之説頗詳。若宋元王以神龜强國之事，則伎藝之言，非有識之論也。

太史公自序

談生遷，能以文章世其家，揚名後世，亦可謂善繼人之志者矣。然談垂死涕泣之囑，惟以不得從封泰山爲恨。而遷述之，豈遷亦不知封禪之爲非耶？

校勘記

卷四十七

讀史二

漢書

董仲舒

自孟子没後，學聖人之學者惟仲舒。其天資粹美，用意純篤，漢、唐諸儒鮮其比者。使幸而及門於孔氏，親承聖訓，庶幾四科之流亞矣。若其謂正其誼不謀其利，明其道不計其功，如許正論，前無古人，其後能見之發揮者，惟伊、洛諸儒。嘗見之行事者，惟諸葛孔明，所謂漢賊不兩立，成敗利鈍不暇計者也。嗚呼至矣！

賈誼

天資甚高，議論甚偉，惜不聞孔、孟之學，然一時無與比者。其後經畫漢世變故，皆誼遺策。

汲黯

黯以純剛至正之氣卓出漢世之右，自天子以下皆嚴憚之，黯言雖不用，漢鼎之增重亦多矣。子曰：「棖也慾，焉得剛。」黯庶幾無慾者。與後世士大夫一爲利禄所汩，雖飾以仁義，累千萬言，豈復有是痛快，令人心開目明者哉！嗚呼！黯所謂人中龍也。

陸賈

賈以《詩》、《書》説高帝，一時群臣無有也。賈以吕氏欲王諸吕而病免，豈忍一日苟禄於君側。既病免，復傳會將相以誅諸吕。又豈忍一日苟忘其君，此亦一時群臣無有也。嗚呼！賈庶幾以道事君者歟。

史以酈、陸、朱、劉、叔孫同傳，朱建、叔孫通不足道也。食其庶幾知擇君，婁敬庶幾能自奮，然豈賈儔伍哉！

蒯伍江息夫

蒯通口給不在儀、秦下，會真主出興，故無所售其姦。伍被歷歷與淮王辨，初若通於漢者，故史氏謂忠不終而詐讎。然伍被豈能忠者哉？凡傳中所述，皆漢庭對吏之言，歸過於君，以冀免死。被豈能忠者哉？江充以巫蠱危太子，息夫躬以巫蠱危東平，以踈陷親。固之論當矣。愚謂邪説之陷人，皆由乘間而入，故君人者不可不以明理爲務，禍福各以其類，至天下安有巫蠱之理。

萬石衛直周張

石慶、衛綰皆所謂忠信之人，特未學耳。以之爲三老助教，化厲薄俗可也。宰相非其任矣。直不疑之償金，周仁之尿袴，類不近於人情。而仁以密見狎，出入宮禁，殆閹官之靡，又非不疑比也。若張歐雖刑名學，而有仁心，其庶乎。

文三王

三王者梁孝王、代孝王、梁懷王也。大抵漢於諸王不教以禮義，而乃大其封邑，適所以禍之。

袁盎

諫趙談驂乘，正論也，實則恐其害己。戒申屠嘉禮士，善言也，實則媿其輕己。盎平生挾詐，率此類也。

晁錯

孟子所謂盆成括之流。且其言兵事，徙民實塞等議，蔚有文華。至《賢良策》則絕無義理。蓋君子喻於義，小人喻於利。言小小計數，則可奉大對，非所長也。文帝賜民田租，却自入粟一事始，不爲無補於漢。

張釋之

釋之守法識大體，爲漢廷尉第一，于定國非其比也。

馮唐鄭當時

馮唐論將數語，我朝藝祖嘗用之西北諸將，可爲萬世法。鄭莊推轂，本立朝第一事，然四郊置驛，則戰國四豪之餘風，非孔子舉尔所知之意矣。莊事君無所臧否，而所引又皆興利之人，故莊盜名者也，非爲國者也。不足以玷張、馮、汲黯諸賢之後。

竇嬰田蚡灌夫

竇嬰、田蚡、灌夫三人，班贊所謂凶德參會者也。愚按嬰爲將賜金不入門，蚡爲相驕橫占田宅。嬰以景帝欲傳梁王，犯顔力諫。蚡迎淮南王霸上，私納交以成其惡。嬰雖它未見過人者，其賢於蚡則萬萬矣。蚡驕傲以召禍。夫很恣以成釁，嬰不幸與夫交，亦淪胥以敗耳。初，嬰以栗太子之廢，屏居南山下，一聞高遂之説，幡然而改。使嬰失勢之後，早得賢士大夫交，聞知幾遠害之論，其庶乎。

賈山

山以文帝賢君，不免田獵之娱，故勸以親賢講學爲務，所以致君之意極善。傳言不能爲醇儒，蓋謂其不專守一經耳，非以其行己不醇也。

鄒陽枚乘

本未免戰國游士之餘習，能持正論，可嘉。乘諫吴王書尤明切。

路温舒

温舒一疏，切中時弊。蓋自武帝後，法益煩苛，宣帝初即位，温舒冀一掃除之。論者謂其切中宣帝病，則非也。時帝未有施行。

温舒以言尚德緩刑見喜，不責以獄事【一】，而遷爲廣陽私府長，正猶仲舒以言修德更化見喜，不使之立朝，而遠爲江都易王相。敷奏以言，明試以功，循名責實之意，果如是乎。要之，武帝本心實不在修德，宣帝本心實不在尚德，雖曰喜之，非能心誠好之也。二帝終身之所行，已占於此時矣。

建明宣帝之世，王吉之外惟温舒耳。其説皆萬世君臣當服膺者。

王吉所言者大體，温舒所言者一事。王吉儒者，温舒忠信之人。

韓安國

安國長厚好靖，武帝好大喜功，故帝雖器之，而卒困焉。

景十三王

景十三王惟河間王最賢，其學甚正，雖當時士大夫亦鮮及之，餘率驕恣自滅。大率漢之封建，非特城邑過制，亦失雖有周親不如仁人之意，故適足以禍之耳。

李廣

廣之材盡出一時之上，廣之功盡出一時之下。或者謂其有悔，而廣亦自悔其殺降，廣

【一】不責以獄事　「獄」原作「嶽」，據明本、文津閣本改。

之不遇其以是歟。若我朝曹武惠提兵百萬，不妄殺一人，富貴與宋無極。嗚呼盛哉！

廣，邊將材，於守右北平見之。使武帝志在息民，專任李廣足矣。

李陵

武帝區區欲侯一貳師，故借陵以成其功。陵不屑，卒以無救而敗，悲夫！有天下之大者，奈何以人材之良，民命之重，爲追悦嬖妾計哉！

蘇建蘇武

子卿之節，千古一人。

衛青霍去病

衛、霍皆以戚畹用。霍能大言阿意，故尤見寵任。要之武帝之兵，從欲之兵也。則亦何往而非私哉！

二人皆孟子所謂民賊，班氏之傳，每一出兵，即繼以匈奴寇邊，殺略多，以明二人非能禦寇，乃寇之招，非徒無益，而又害之，二人之罪尤著【二】。

看衛霍傳須合李廣看，衛、霍深入二千里，聲震夷夏。今看其傳不直一錢。李廣每戰輒北，困躓終身，今看其傳英風如在。史氏抑揚予奪之妙，豈常手可望哉。

陳勝吴廣

秦之煩勞天下，可監也已。

【二】二人之罪尤著　「著」原作「者」，據文津閣本、文淵閣本改。

項籍

項王非特暴虐，人心不歸，亦從來無統一天下之心。既滅咸陽，而都彭城，既復彭城，而割滎陽，既割鴻溝而東歸，皆是羽按甲稱伯之秋。不知高祖志不在小，天下不歸於一，不止也。

張耳陳餘

耳、餘號刎頸交，其爲交可知矣。後卒如其説云。

魏豹田儋韓王信

以故國之後乍起乍滅，無足多論者。

韓彭英盧吴

班史以此同傳者，謂韓、彭、英以大功，盧以舊恩，皆不克終。惟吴芮傳國五世者，得人心，有道也，垂訓之意深矣。

荆燕吴

賈以燒楚積聚有功封，澤以田生權激吕氏封，濞以近親藉其鎮撫封。濞獨以叛誅者，以有山海之利。班贊謂山海不以封是矣。

楚元王

交以好學禮賢開國【三】，故戊雖以叛誅，而辟彊、德、向皆世濟其美。漢之宗英於斯爲盛。歆不念厥紹，而附賊莽以自覆其宗，豈復有人心也哉！傳中山陵一事，可爲萬世戒。

【三】交以好學　「交」原作「慶」，據文淵閣本、《漢書》卷三六《楚元王傳》改。

季布欒布田叔

季布俠士，欒布、田叔義士，叔尤長者。

高五王

趙隱王以鴆死，趙幽王以幽死，趙共王以憤死，燕王建有子亦見殺，惟齊王肥獻城吕氏之女，幸脱虎口。甚矣！吕氏之不仁也。肥子朱虚侯竟能手誅諸吕，復安社稷。嗚呼！真高皇帝子孫哉。

曹參

曹參天下甫定，遠相侯國，此所以獨不見疑於高帝也。然又安知非帝有心於遠之耶！

張陳王周

良善謀，漢亦善自謀。陳平詐謀，功不補過。王陵守正，周勃則重厚盡之，亞夫重厚而守正，惜景帝之不知也。

樊酈滕灌傅靳周

噲勇士，商亦戰功居多，世謂況賣友，非也。古者大義滅親，況吕氏依憑城社小人耳。無事與之相接，義當去則去之，何友之足云耶？夏侯嬰四朝驂乘，忠信可知。灌嬰爲吕氏將兵，而與絳侯謀，可謂知義。傅寛、靳歙皆戰士，周緤才不逮之，而有忠君愛上之心，以功名自終，宜矣。

張周趙任申屠

張蒼福人，周昌直諒，趙堯以術傾周昌之任，任敖特以舊恩用，申屠所謂好剛不好學者乎！然亦賢於人多矣。

司馬相如

相如素行不謹，立朝專是逢君之惡，或者猶以其文墨取之，不知《大人》等賦，《封禪》等書正其逢君之具也。吁！尚足置齒頰間哉。

公孫弘

言西南夷事，不聽，自是不復廷爭。難以置朔方之便，即謝以不知其便。若是，弘之曲學阿世大率類是。其徙董仲舒膠西，遷汲長孺内史，皆欲置之死地。此後世權姦薦顔真卿使李希烈之陰謀也。凶慘若此，又不止阿世而已。《秦誓》曰：「人之有技，媢嫉以惡之。人之彦聖而違之，俾不通，寔不能容【四】，以不能保我子孫黎民。亦曰殆哉。」《大學》曰：「唯仁人能放流之，迸諸四夷，不與同中國。」嗚呼！非斯人之謂而誰謂歟？

買臣難以置朔方之便，發十策，弘不得一，弘非不能得也，希旨而僞屈耳。弘亦姦哉！

卜式

式輸財以逢君，而富民莫應，於是乎有告緡之令。式願父子死邊以逢君，而諸侯莫

【四】寔不能容　「寔」原作「是」，據文津閣本、文淵閣本改。

應，於是乎坐酎金失侯者百餘人。牧竪無知，禍人乃爾。吁！

兒寬

寬爲内史，勸農桑，緩刑罰，殆循吏也。而曲説傅會以贊封禪之決，卒與相如同科。惜夫！

張湯杜周

張湯、杜周皆以人主意爲獄，而湯子安世匿名迹，遠權勢。周之子延年輔霍光以寬厚，復孝文之舊政，皆能擁昭立宣，功在社稷。子孫世守，與漢無窮。賢者蓋前人之愆，其效乃如此。

張騫

行險僥倖，爲國生事。

李廣利

武帝以聲色故欲侯廣利，以犬馬故欲兵貳師，而廣利爲貳師將軍焉。嗚呼！其失德之參會歟。

司馬遷

遷以邁往不群之氣無辜受辱，激爲文章，雄視千古。嗚呼！亦壯矣，惜乎其未聞道也。蓋吾夫子病紛紛者之誣民也。討論《墳》、《典》，斷自唐、虞以下，訖于周。周衰不足以訓，復約史記以脩《春秋》，百王之大法盡在是矣。今遷之所取，皆吾夫子之所已棄，而遷文足以詔世。遂使里巷不經之説，間亦得爲萬世不刊之信史。斯説也，聞之故師席王宗諭。又貫。

武五子

觀戾太子事，益知教太子不可不謹。

嚴助

守會稽數年不聞問，其才可知。徒以捭闔取寵，亦以捭闔誅。

朱買臣吾丘壽王

皆武帝私人折難大臣者，壽王難禁弓矢，視難築朔方者優焉。然寶鼎非周鼎之説，則俳優取寵爾。

主父偃

反覆傾危之士。

徐樂

土傾瓦解一書，大要可觀，惜其駁處多。

嚴安

嚴安一書言武帝靡敝中國，結怨夷狄，而其後則謂郡守之權非特六卿。豈慮根本既耗，或有乘時而起者耶？

終軍

終軍少年能文章【五】，一不幸，白麟奇木之對；又不幸，言而中。皆所以盛其氣而趣其顛也。嗚呼！安得以《白露》、《蒹葭》之詩而告之。

王褒

帝所幸宫館，褒輒爲歌頌，太子體不安，褒以誦讀虞侍。然則褒以文爲優戲者歟！

賈捐之

罷珠厓一議，豈特有益當時，亦可垂詔萬世。惜其交楊興以躁進，自罹石顯之讒鋒也。然君子不以人廢言。

東方朔

朔固滑稽之雄也，然未嘗有一語導人主於非。至其却董偃，諫起上林，對化民有道三事，忠言讜論如矢斯直。一時文墨議論之士，孰有髣髴其萬一者乎？

公孫賀

賀以戚畹，父子並位公卿，無德而禄，其及固宜。若其悲泣不受宰相印綬，則漢事從可知矣。

【五】終軍少年能文章　「軍」原作「童」，據文淵閣本改。

劉屈氂【六】

戾太子之變，使宰相得人，明太子之無它。察江充之傾危，抗章武帝，身任安危之託，猶庶幾也。而使屈氂當之，悲夫！

車千秋王訢

二人爲相於博陸侯輔幼主之日，尸位而已，無足論者。世率以是議光不選任賢能，而徒取其易制。不知漢自武帝來，宰相之具位久矣。受遺詔者大司馬，則宰相之實蓋在此而不在彼也。張安世、杜延年皆一時之選，而光皆以之自副，光豈棄賢者哉？特其不學，不知宰相爲重，終以其位者充之耳。

楊敞

敞具臣耳。惲有行能，而以自伐取禍，惜乎！

蔡義

王訢之徒也。

陳萬年

萬年以善柔取顯達，其子咸以絞訐取憂患，皆非中道。

鄭弘

弘、昌兄弟皆能吏，而弘爲優。

【六】劉屈氂　「氂」原作「釐」，據《漢書》本傳改。

楊王孫

王孫平生厚自奉養，死遂臝葬，非矯世也，矯過以自文也。何傳爲？

胡建

建小有才，斬御史以立名，自作不靖之一端。圍捕蓋主之廬以取死。非大節所繫，死傷勇矣。

朱雲

雲狂直，未得進退之中道。願斬張禹一語，萬世而下讀元、成史書悶悶者，至此未嘗不心開目明，若執熱之濯清風也。嗚呼！雲亦一時英傑也哉。

梅福

福畎畝不忘君，賊莽僭竊，則一旦飄然遠去，賢於揚子雲諸人遠矣。

云敞

敞奮不顧身以收其師，而爲賊莽用。胡不充其所以事師者事君耶？

霍光金日磾

霍光不學無術，三尺孺子亦習聞其説而忽之。愚觀漢自武帝五十餘年騷動疲極之餘，海内蕭然，幾無所錯手足。光以弘毅開濟之資，託六尺之孤，身四海之寄，訖十三年，百姓充實，四夷賓服，復廢昏立明，舉金甌無缺之天下以畀之。是中興漢室者，非宣帝實霍光也。彼其出入禁闥二十餘年，小心畏謹，未嘗有過，每出入，下殿門，進止不失尺寸，屹然天人也。故成就之大若此。雖曰未學，吾必謂之學矣。豈後世泛泛文墨議論，若私意小智以爲術者能與於此哉？故嘗謂三代以後，身佩安危若博陸侯，若諸葛武侯，若郭汾陽，人品雖各不同，皆百世不可及。若霍氏所少，獨盛滿之戒耳。不然以功論之，雖伊、周亦何以尚茲。

日磾自在左右，目不忤視者數十年。天資篤謹，與博陸侯相上下【七】，而又不敢以夷人先中國，以帝少不敢受遺詔之封，其器識皆遠過於光。使日磾爲光，當其歸政宣帝，謙讓不受時，必能奉身而去之矣。日磾之後世名忠孝，七世内侍亦宜哉。

趙充國

趙充國老成持重，爲國家計，爲民生計，而功名之念不入其心。漢世諸將孰能與比。其謂明主可與忠言，謂老臣不以餘命，壹爲陛下明言，誰當復言之者。篤信力行，不遷就，不回撓，凛然古大臣之風烈。又非特才智而已也。嗚呼！使充國得任天下，當如此兵矣。奈何獨使之參兵謀而已耶？

辛慶忌

慶忌爲吏，所在著名，而居處恭儉，可謂賢矣。王莽秉政，辛氏遂廢，其子孫又皆無負於漢云。

【七】與博陸侯相上下　「博」原作「傅」，據明本、文津閣本改。

傅介子

介子賫金帛，誘樓蘭而刺之，使堂堂大漢無故行盜賊之行於夷狄。惜哉！彼小人兮，又何翅蛛螯之靡而已。

常惠

漢兼制西域，以力不以德，古帝王不爲也。故奉使西域者，類無足道，彼善於此則常惠優焉。蓋其合諸國兵攻龜兹，尚能聲罪致討。王歸罪姑翼，即斬姑翼一人而還，庶幾王師之體，不生事夷狄也。況惠與蘇武使匈奴俱有不降之節耶！

鄭吉

攻破車師，遂護鄯善，以西南道迎日逐王，并護車師以西北道。西域都護之置，自吉始。

甘延壽陳湯

郅支叛漢，斬其使，驕慢而暴。湯發諸國兵，與延壽伐之，未爲生事。但矯制成功，不可以訓。

段會宗

會宗之爲都護，生而西域敬其威信，死而諸國爲之立祠。孰謂夷狄不可化誨懷服也哉？

雋不疑

不疑剛而能斷，其引蒯聵以折戾太子，特一時應卒之機耳，於經義則未合。蓋昭帝親受先帝天下，太子久廢，君臣之分久定，使戾園在，亦不過退就藩邸，奉朝請耳。與衛輒不受命而自立，以子拒父者，非類也。

疏廣

二疏知足乎古清風，不欲以多財益子孫過，尤人當服膺者。

于定國

定國身爲九卿，猶迎師，身執弟子禮，今無是矣。爲廷尉十八歲不遷，今亦無是矣。

薛廣德

廣德見小而沽激。

平當彭宣

當辭封，宣乞骸，皆小廉自矯，非大臣進退之義。

王貢兩龔鮑

四皓，自潔之士。

鄭子真狷介之士，不爲王鳳詘，知人。

嚴君平僻學，其不忘與人爲善之意則美。

王吉事昌邑，甚得輔弼之義。上宣帝一疏，可謂通達世務，不合即歸，不爲禄仕。漢儒學識正大，出處無媿，董生而下子陽一人而已。班孟堅以次逸民之後，未爲知吉、四皓、鄭、嚴誠逸矣，王陽逸乎哉？

貢禹所告元帝，皆太上質素之説，亦萬世人君所當知。但當時政在恭、顯不言而言此，所謂放飯流歠而問無齒決，此其爲腐儒。

龔勝言董賢，忤哀帝意，莽秉政，乞骸骨，莽僭竊，不以一身事二姓，清矣。舍每拜，輒病免，亦知大勢所趨而不辱其身者乎！

哀帝時丁傅並進，董賢貴幸，鮑宣反覆切諫，雖昏如哀帝，亦爲感動，不誠而能若是乎？莽雖以其不附己誅之，宣蓋死有餘榮矣。

郭欽、蔣詡、栗融、禽慶、蘇章、曹竟皆不仕莽世，薛方僅以智免，郇越亦病去官。郇相、紀逡、唐林、唐尊皆仕於莽，大節已虧，清於何有。

韋玄成

玄成失爵，作詩自劾，復爵，作詩自著，蓋知有富貴而已耳。

魏相

奏行便宜，白四方盜賊、水旱等事，皆有益國家。獨其持刑太嚴，復霍氏之怨太過，未可謂其賢相。

丙吉

相有纖怨於霍氏，必報。吉有大恩於宣帝，不言。相以嚴毅稱意，吉以寬大輔政。丙、魏之不可同日而語，明矣。

眭弘

孟言災異，至使漢帝禪天下，其以妖言死，宜矣。

夏侯勝

勝樸直無它腸，若下人謀上之告，亦幸中耳。

京房

宴見元帝，指謂石顯一事，自足傳世，餘説未然。

翼奉李尋

皆夫子所謂小道可觀，君子不爲者也。

趙廣漢

守潁川，郡中震栗，守京兆，發姦如神，非不一時大快人意，而元氣索然矣。況其善用鉤距，率先以詐令相怨咎，告訐成風。若繩以古聖王之法，其在所賞乎，抑在所誅乎？此猶其操切之過耳。光在事光，光死迎伺微指，斬其關。謂非傾危徼利可乎？疑蘇賢訐其客，罪賢；疑榮畜教賢父上書，殺畜。事下丞相案驗，復上書告丞相，謂非姦私縱横可乎？然則殊死之刑，雖漢法太慘，非廣漢自取之而誰哉？

尹翁歸

守東海，東海大治；　守扶風，扶風大治。温良謙退，家無餘財，翁歸其能吏之賢者乎！

韓延壽

延壽爲吏，上禮義，好古教化，所至聘賢以禮待用，廣謀議，納諫爭，表孝弟有行，修治學官，春秋鄉射，陳鍾鼓管絃，盛升降揖讓，煥然三代之遺風。其守馮翊也，傷昆弟之訟田，移病自責，訟者悔謝，轉相勅厲，周徧二十四縣莫敢以辭訟言者。孔子所謂「爲政以德，有耻且格」，非歟？而以僭上不道，竟坐棄市。斯人也而有斯罪也。是耶？非耶？或有之，議賢，議能，議功，猶有可言者，而卒不得免焉。望之傷善忌能之罪，於是大矣！其後望之亦身以無罪誅。君子謂出乎爾者反乎爾。

張敞

敞，能吏也。而以經術自輔，不醇，用刑罰。其守京兆也，惟廣漢與敞爲久任職。班氏稱其治畧循廣漢，而發姦擿伏不如。嗚呼！而愚以爲此其所以勝於廣漢歟。

王尊

尊能吏，所至卓有可觀。

王章

章直臣，雖王鳳所舉而不附鳳。

蓋寬饒

寬饒訐以爲直，不孫以爲勇，無忠言讜論可益人國者。而以不得遷，失意不快，至發爲憤激之論，稱五帝官天下，三王家天下，若四時之運，功成者去。嗚呼！是何言歟？是何言歟？闕下之誅，非不幸也。

諸葛豐

《易》曰：「君子見幾而作，不俟終日。」豐以司隸收許章而去節。豐於是乎可以去矣，何待詔御史之及哉？

劉輔鄭崇

輔以諫立飛燕罪，崇以諫寵董賢誅。漢事去矣。

孫寶

孫寶能吏，大節不撓，當孔光等誣誦賊莽功德時，從容折難。可謂歲寒之松栢。

毋將隆

隆劾董賢，奏傅太后賤買官婢，不附王莽。

何並

並爲吏尚嚴，而清潔無私。

蕭望之

班孟堅稱望之，堂堂折而不撓，近古社稷之臣。愚謂以望之視恭、顯邪正，判然以忠受誅，誠可悲矣。迹其平日，天資忌刻，亦有取禍之道也。丙吉，賢相也，而輕之，得無代之爲御史大夫，而見其寬大勝己乎。不然，吉爲三公，望之何以過之而輕之耶。韓延壽良二千石也，而劾之，得無以其代爲馮翊而見其聲名軋己乎？不然，延壽在東郡時事，已更大赦，於望之何與而劾之耶？論霍氏一姓擅勢，實本於獨不除用之私；沮張敞不可爲三公，實原於入粟爭論之私。古者乘田，委吏爲之，而望之不屑郡國。古者上大夫、下大夫一毫不相越，而望之與宰相鈞禮。古者禄以養廉，周急不繼富，而望之使守史賣買，私所附益凡十萬三千。曾是而可謂社稷臣乎？當宣帝時，吏治雖明，而高帝立國之意已失；恭、顯用事，而元帝蠹壞之萌已形。使望之爲社稷臣，正當愛護善類，同心輔佐，以絶小人之根，否則亦有王子陽之去而已。夫何排賢去智，共爲操切，坐視小人之横而不問；俟其羽翼既成，處優游不斷之世，方與分朋植黨以爭勝負。嗚呼！事勢至此，雖伊、吕末如之何矣，況望之乎？

馮奉世

莎車叛漢，奉世矯制攻之，大率與陳湯事相似，而無其跌蕩之過。

宣元六王

元帝賜東平思王璽書，及賜王太后璽書，義理精純，文辭惻怛，殊有益風教。

匡衡

史高方與望之有隙，而衡爲史高用己，失進身之道矣。及身爲大臣，坐視石顯之横而不敢言，則將焉用彼相哉？

張禹

禹貪污淫黨，賣國爲姦。漢氏之亡於斯決矣！

孔光

光不至如禹之賣國，觀其忤傅太后事，其心亦尚知有是非。鄙夫患失，噤無一語，遂成王氏之羽翼，與張禹同罪。嗚呼！甚矣患失之爲禍慘也。

馬宮

鄙夫。

王商史丹傅喜

王商剛毅，不平王鳳；史丹忠懇，卒全太子。傅喜謙虚有識，不順傅太后，皆戚畹之瑞也。商遭難而納女，丹功成而燕樂，惟喜也守正不阿，至再益堅，不肯一日苟安其富貴。嗚呼！喜其尤賢者乎。

薛宣

宣吏才有餘，而仁恕多愛，可謂賢矣。爲相雖屬吏，譏其無大體，終亦無罪可言。

朱博

博，游俠耳，平生爲吏，所到輒出奇譎以逆折其人，以操持其下，真小人之才也。傅太后非禮，求稱尊號，攬權縱横，傅喜以骨肉之親，猶不肯苟順而去之。博乃投機貢諂，竊取相權，仰藥宜哉！

翟方進

方進爲司直，旬歲而免兩司隸，爲相九歲，中傷尤多，蓋無一而非私意爲之。大抵志於嗜殺者，未有不還以自殺也。方進之死，何必責麗言星而後見哉？

谷永

託儒爲姦，爲王氏羽翼，罪不勝誅。

杜鄴

爲王氏腹心，可罪，言丁、傅於哀帝之世，却是正論。

何武

持心仁厚，立朝正直，賊莽惡其害己而殺之，哀哉！

王嘉

嘉之事哀帝也，剛方不撓，開陳婉切，可謂大臣矣。方帝欲侯董賢，嘉上封事，爲止數月。既而下詔封賢，詔語侵及股肱，嘉於是可以去矣，失此不爲。後數月，因日食又言，其後益封賢二千户又言，彼漢何等法，彼哀帝何等主，而嘉可免乎哉！

武嘉師丹

班氏稱武、嘉區區以一蕢障江河，丹與董宏更受賞罰。愚未敢以爲信然也。武、嘉本以剛正之資居大臣之位，苟得中主而事之，去董賢者流如殺狐兔耳，何江河之足云？而武、嘉豈一蕢之資而已哉！適不幸遇哀帝，武、嘉所當明行藏之幾爾。丹以師傅居三公，官封帝舅，諫封后父，諫傅太后求尊號，又諫傅引經義，開陳婉切，惟不敢言乞骸骨一語，未免失言。彼董宏何人斯？而以之參較勝負，且賞罰又何足計哉！正君子惟論是非耳。

揚雄

雄淡泊而柔弱，富貴既非所好，節義又非所能，故唯欲以文字名世。方其年少氣鋭，識慮未定，歆艷相如之爲文，賦《甘泉》、賦《河東》、賦《校獵》、賦《長楊》，哆然不啻便足及乎！年至慮易，昭若發蒙，幡然自悔前日之爲也。復擬《論語》、擬《易》，竟以預諸儒之列矣。嗚呼！雄於淫辭曼語中，其殆拔足風埃，脱身塵涴者乎？不然西蜀又一相如矣。然儒非徒文之可名也，必道德深醇而後可以言儒，必出處無媿，而後可以言儒。漢世之儒，唯董生，其次王陽可耳。雄《美新》投閣，大節已虧，儒於何有？

按傳中皆雄自序，類多文節之辭，非信史也。

循吏

文翁之在蜀，庶幾爲生民立極之類矣。黄霸之教化，朱邑之慈祥，龔遂、召信臣之感厲，勸率民心服從，捷於影響，非所謂至誠而動者乎？後世從事於一切以御其民，而曰古今異時，教化不可復行於今也。嗚呼，亦弗思甚哉！

酷吏

郅都公廉而敢諫，守北邊，匈奴遠却。爲治雖尚嚴，首惡之外，未嘗濫誅。班氏顧以之首酷吏，何哉？愚嘗反覆之終篇，而後知古人用意之深，未可輕議也。大抵刑法之酷，未必足以禁姦，而適足以激民之姦。漢自高皇帝以寬大立國，其將相大臣又相繼以清淨爲治，涵養休息。至於文、景，其民無不樸畏自重，而都乃獨先之以嚴，行法不避貴戚，其意若曰不畏强禦而已，而斬斬無餘味，風俗遂爲一變。未幾甯成以陰刻之資而效之。自甯成、趙由之後，乘多事之衝而甚之。於是張湯之徒定律令，王温舒、尹齊之屬復以事湯，得志一時，相師皆務於酷，而吏民益輕犯法，盜賊滋起，繡衣直指斷斬，郡國亦且無可奈何。推所自來，誰實昉之？夫貴戚犯法而避之固不可，然天下獨無中道乎？凡治道去泰甚者，且矯枉一過其正，其流弊乃爾。愚故謂郅都非酷吏也，而酷吏實自郅都始也。傳之酷吏之首，庸何辭？古人所謂作俑之戒，於斯信矣。後世有天資剛正而疾惡太甚者，盍亦少思哉！

貨殖

傳首所叙，備極古今之變，可謂本本原原之論矣。讀之令人三歎。所傳自計然以來，固以紀事變之始，而以子贛參其間，則不可之大者也。夫子所稱貨殖云者，若曰富貴在天。有志於道者，所不必問，而賜乃未能忘情焉。則於進學有妨，未至於顔子之庶焉耳。豈若後世生産作業，孜孜於利者哉？且以子贛，孔門高弟而下與區區頫拾卬取者同科？以纖瑕而污拱璧，又豈所以爲賢者諱耶？雖然以贛之賢而微有貨殖之心，已爲班氏所辱如此，爲吾徒者亦可以戒矣。

游俠

此傳議論極正大，可垂訓萬世。

佞幸

此傳立名極佳，謂佞而見幸也。贊稱愛之適足以害之一語，尤切萬世而下幸之與見幸者，皆足以戒矣。

匈奴

五帝三王無富天下之心，己所自治者不過千里，以待諸侯，而又卿大夫食采在焉。自侯服以至要荒，以至要荒之外，皆使各臣其民，各賦其土而已。不過以德爲天下之共主。凡有血氣，莫不尊親，用是道也，何夷狄之足患哉？《書》所稱猾夏云者，謂者苗頑不即功，故思所以治之，使無一夫不被其澤焉耳。自秦去封建而郡縣之，必使尺地寸天悉爲己私，斗粟尺租皆入王府，并吞包舉，無有厭極而已。且自爲夷狄於夷狄，嗚呼！其何以繼此。然則論夷狄於漢世者，豈可復以古人之事爲比。田甫田者莠驕驕，以一人之智力，而欲兼制四海九州之廣。雖使五帝三王復生於封建既壞之後，亦未知所以爲計矣。

愚嘗因是而論漢世綏御之方，竊謂於不得已之中而曲爲之處。惟文帝爲得，而仲舒之論未可謂其迂闊也。蓋漢之於夷狄，非復五帝三王有綏服、要荒漸次，而至風土之遞易、分限之等差也。塞之内皆耕田鑿井，安土重遷之民，塞之外即逐水草而居，遷徙無常之夷狄，時時抄畧，勢所必至。遠在萬里，何以制之。帝初即位，使告諸侯、四夷從代來意，諭盛德焉。且因高、惠之舊，量時度宜，與匈奴復修和親，一切與之相安。雖尉佗自帝，亦温辭以感服之，德至渥矣。匈奴或背約入寇，逐之出塞即止，曲常在彼而不在我。煙火萬里之樂，由此基之。使終漢之世，待夷狄皆如帝，何不可者！

武帝一信聶翁狙詐之説，反以匈奴之擾漢者擾匈奴，尤而效之，罪殆已甚。逮其兵連禍結，海内蕭然，其害烈於匈奴之抄寇，何啻萬萬。董生之論，似過於弱而實足以藥武帝之膏肓。固乃歷歷排闢之峻何歟！不然，文帝之富庶，武帝之虚耗，一和一戰，成效竟何如哉？世或論宣帝以後，款塞入朝，皆武帝窮追所致，不一勞者不永佚，帝之功居多。此又不思之甚也。盛極必衰，理有固然，五單于爭立，癰自内作，不得已而求救，在漢何力之有？而哆然自謂不世之盛烈。且位之諸侯王之上，飢則給之粟，困則佐之兵，勞師費財，賞賜鉅萬，回視文帝不得已之費幾倍焉。是亦不得而已乎？飾虚名而隆美觀，亦何足論是？犂其巢穴，固弊中國，納其内附，亦弊中國。嗚呼誤矣！

西南夷兩粤朝鮮

班氏之論赞善矣。文帝賜尉佗書，惻怛懇到，情見乎辭。有人心者孰不爲之感動乎！

西域

班氏之論贊是也。武帝通西域，其説謂絶匈奴之援。西域諸國，皆小小邑聚，或不滿百户，實不能與匈奴相進退。

外戚

班氏以《外戚》列《匈奴》之後，非以漢世外戚之禍慘於匈奴歟？既復以孝元王后别爲之傳，即繼之以王莽，而漢事終焉。吁！亦可悲矣。

孝元王后

吕氏、則天皆身爲禍首，王后則愚弱，爲賊莽所誑耳。事情雖有不同，要亦同歸於覆其族。吁！可懼哉。

王莽

莽初折節爲恭儉，人未知其僞也。哀帝立，丁、傅用事。莽罷就國，人多寃之。南陽太守以莽貴重，選門下掾孔休爲新都相，莽進其玉具、寶劍爲好。休不受。莽因曰：「誠見君面有瘢，美玉可滅瘢，欲獻其瑑耳。」即解其瑑。休復辭讓。莽曰：「君嫌其賈邪？」遂椎碎之，自裹以進休。休乃受。元壽元年，賢良以日食對策，深頌莽功德。莽徵還京師，欲見休，休稱疾不見。愚謂休可謂見於衆人之所未見者矣，惜班氏不以之冠清節之士也。莽平生影借五帝三王之陳迹，及《六經》孔、孟之言，隨聲遷就，飾詐自欺，一舉一動無非兒戲，至死亦然。可怪也夫！可嘆也夫！

叙傳

班彪《王命論》所以破姦雄覬倖之心，深切著明，猶不見聽，則納履而去之。當天下糜沸之時，從容無媿。可謂賢矣。固之賦《幽通》將以致命遂志也。然氣懾而辭戚，固之不得其死已占於此。《經》曰：「禍福將至，有開必先。」又曰：「善不善必先知之。」其類此夫。雖曰致命，吾不信也。

東漢書

東漢人才類過西漢，西漢如董生、王陽，以道出處者不過一二人，其它類皆才智之士。東漢則忠信篤厚之士十居八九，自光武初興，一時驅馳介胄者，已莫不然。才智者，可與集當世之功。忠信者，可與語古人之道。然東漢卒不古若者，世祖鑒新莽之弊，終東漢之世，士大夫未嘗得一日之權也。以是事歸臺閣，又歸外戚，又歸宦官。而道義之士卒殲於黨錮。嗚呼！悲夫！天子之職在論一相，而可因噎廢食也哉【八】？

【八】因噎　「噎」原作「咽」，據文淵閣本改。

校勘記

卷四十八

讀史三

三國志

漢室既衰，曹氏爲賊，昭烈以宗室之英，信義聞於天下。帝故授之密詔，俾之除之。使昭烈之計行，則漢室之鼎安，操特一狐鼠耳。不幸天不祚漢，昭烈不得已起兵於外。曹既篡漢，昭烈又大不得已，即位于益，昭烈之心何心哉？誠不忍四百年之宗社一旦爲它人竊耳。然昭烈之漢在，則高帝之漢猶未亡。江東孫氏不過以戴漢爲名，而曹氏之篡漢，則罪不容於天地間矣。何物鬼魅竊弄史筆，謂賊爲帝，而謂帝爲賊。《三國志》書蜀入寇。且黜漢之號而蜀其名。嗚呼！不知蜀之名其何所據乎？蜀者地之名，非國名也。昭烈以漢名，未嘗以蜀名也。不特昭烈未嘗以蜀名，雖孫氏之盟亦曰漢、吴。既盟，同討魏賊，是天下未嘗以蜀名之也。彼小人兮，獨何所據而以蜀名之乎？且國之有稱號，猶人之有姓氏也。自古及今未有改人之姓氏而筆之書，則亦未有改人之國號而筆之史者也。謂其偏據歟，劉淵自謂漢人，猶謂之漢；　謂其未能中興歟，元帝纍纍南渡，世亦謂之晉矣，未聞以其居吴而謂之吴也。然則蜀之號，其何所始？毋乃漢、賊不兩立，而盜憎其主人，老瞞氏姑改其所謂漢，而私謂之蜀乎？誠以漢之名尚存，則天下豈容有魏。魏苟明謂漢爲漢，則是以臣而敵君，不特惕焉無以自容，而人亦孰爲之用。故不得不謬以蜀名之，姑以自欺且以欺人也。史氏實録，將以示信萬世，亦從而蜀之何歟？史氏不得其人，無責也。儒生學士至今亦習聞其稱而蜀之，又何歟？故欲觀三國之志載者，它未暇責也，必先正蜀漢之稱而後可。

蓋嘗反覆三國之書，論次三國之事，竊謂漢、吴皆有取天下之勢，而魏未嘗有也。渭濱之屯星不告變，則巾幗婦人之門豈容久閉。中原歸漢，則江東特建武之河西耳。魏，漢賊也。方其不敵吴，猶臣之，曾謂漢室中興，而吴不臣之乎！此漢有恢天下之勢然也。方赤壁之勝，昭烈未有着足之地，而魏則膽落於公瑾矣。公瑾之策曰：毋借劉氏以荆，而亟取劉璋之益，以及張魯之漢中，誠使吴、蜀盡爲孫氏有，則由漢中以出中原，老瞞之成擒必矣。且漢、吴皆名正而言順，地險而兵勇，卒難於取魏者，彼此之勢分也。曾謂以公瑾之才，先昭烈以併荆、益，而魏將焉往乎？此吴有吞天下之勢然也。若魏則身爲盜賊之行，已難於堂堂之陣，況謀臣不過荀彧一二輩，非有正大之見；　勇將不過張遼三數子，非有開濟之資。周瑜出赤壁，則狼狽奔北。關羽在樊城，則日議移避。武侯屯渭濱，則甘受耻辱而不敢出。下至曹丕掃國再出，唯有望長江而浩歎耳，實未嘗有取天下之勢。猶幸漢、吴之相攻，終得鼎足而居尔。

世言昭烈之漢，卒爲魏所滅。愚謂魏豈能滅漢？魏爲晋所滅耳。何則？三國之君賢否雖不同，要皆命世之豪，未可旦夕併也。司馬氏本碌碌無它長，託身曹氏，陰爲螳螂黄雀之勢，徐伺三國之既弱，然後取漢以取魏，取魏以取吴。故司馬氏之取漢者，爲取魏張本也。漢滅而魏隨之矣，魏亦烏能取漢哉！嗚呼！方三國之强也，龍爭虎戰，彼此不能得尺寸土。及其衰也，妄一庸人談笑而盡有之。世運之離合，固亦有時也哉！

晉書

三代之得天下也以仁，故皆享國長久。若漢、若唐、若我本朝，蓋亦其然。余觀晋事，悲矣！豈非其效尤曹操，欺人孤兒寡婦，狐媚以盗天下而然歟！六朝之禍於兹烈矣。而開之者，操也。嗚呼！悲夫！向使渭濱之帥不死，豈至是乎。嗚呼！悲夫！豈天之未欲平治天下乎。嗚呼！悲夫！三綱淪，九法斁，其禍之烈乃爾。儒者之論君臣之大義，其可一日不明於天下乎！

士大夫風俗，自東漢以激烈取禍，一轉而爲虚曠，宅心事外，自謂纖塵不我及矣。然王夷甫諸人卒以此取排墻之難，至於事窮勢極，方惕然悔曰：「向若不祖尚虚無，戮力以正天下，可不至此。」嗚呼！可監也夫。愚是以知天下惟中行之道無弊。苟不得中道而與之，過與不及，其弊則均。若夷甫之愚暗亡身，視東漢之見危授命，又何啻霄壤耶？

孟子稱「尚論古之人，是以論其世也」。若論人於晉世，其當何所取乎？蓋晉有所謂竹林等號，病風喪心人也。而王、謝之賢，亦或漸漬焉。祖士稚之忠勇，於是乎尼其行矣。不然孔、孟之學明，而老、莊之説息。則臣子不共戴天之讎，此步豈容少退，而可掣英雄之肘也哉！善乎卞壼厲色於朝，曰：「悖禮傷教，罪莫斯甚。」中朝傾覆，實由於此。善乎陶侃取参佐酒器蒱博之具投之於江，曰：「衆人當惜分陰，豈可逸遊荒醉。」君子是以知壼也，侃也其迷途之疾呼。善乎范甯之説曰：「王弼、何晏罪浮桀、紂。」善乎虞預之説，曰：「阮籍之裸袒，猶伊川之被髮。」君子是以知甯也、預也。其衆醉之獨醒。彼有昏昏，昏入骨髓，人皆謂其清，我獨陋其濁。

南史

宋

宋武之征伐，宋文之政治，視六朝皆優焉。然急於奪晉，長安既得而復失。檀道濟功大見戮，而用王元謨，元嘉之治衰矣。私心之爲害若是，惜夫！

宋世無王佐才，若劉穆之、檀道濟，亦一時之傑。至齊、梁以下鮮矣。

齊梁

齊人才無足道，梁之韋叡，其臨陣勇，其執事敬，其律己廉，其與人惠，其居官明，功成身退，日課諸兒以學，而力慕萬石、陸賈之爲人。愚謂以叡視賈，進退雖略相當，而功烈過之多矣。若萬石特一謹厚之人，它無寸長，何足以望叡之一二，而叡顧拳拳於慕之者，明哲保身之道，而君子長者之心也。嗚呼！孰謂齊、梁之世而乃有若而人耶？況當是時，武帝方鋭意釋氏，天下從風而化，獨叡不與俗俯仰，所謂中流砥柱，不其然乎。嗚呼！叡亦豪傑之士也哉。

六朝乍起乍滅，生民塗炭，推所自來，實原於三綱淪，九法斁，而君臣上下之義不明也。《南史》分國以傳其臣似矣。然仕於齊者，往往嘗仕於宋，今日之仕於梁者，它日未必不仕於陳也。亦何取於分國也哉？愚觀六朝，唯陶淵明不事二姓，其次則褚炤之議褚彦回，王琳之伐陳霸先，君臣上下之義，章章明甚。其餘紛紛若沈約之流，皆當以歐陽公五代雜臣之法處之可也。至於柳元景之事宋，功成身退，不與百姓爭利。馮道根之在梁，戰勝攻取，口不言功。傅縡、章華之在陳，忠言讜論，死而不悔，皆六朝之景星、鳳皇，可以廉頑立懦，彼有一論建之善，一政事之脩，雖非顯顯，而不處禪代之際，不見嚮背之迹者，則可各以其國附。秦皇淫侈，務誇誕，創爲封禪，遂爲後世治平之禍。兵革甫息，瘡痍甫瘳，則東封西祀之事輒興，民生無復見古昔之盛，皆秦皇之事禍之也。梁有許懋獨能辭而闢之，掃秦、漢之陋習，發萬古之光明，卓卓乎天人也哉！

《南史》文章往往陋弱，至其條畫布置，尤更可笑，若其先《循吏》而後《儒林》，先《文學》而後《孝義》。雖粗有識者不然，況其所謂《循吏》，所謂《文學》者，又皆瑣瑣無足云爾耶。

北史

循吏

蘇瓊誠心愛民，西漢龔、黄之儔，所宜特傳，餘似不必。蓋《西漢書》於此甚不輕予。雖韓延壽亦不以入《循吏》。

烈女

《烈女傳》僅二人，房愛親之妻，鄭善果之母，皆姓崔氏。言論舉動皆合聖賢之道，非《北史》諸男兒可及。讀之三歎。

藝術

萬寶常亦非三代以下樂工。

隋書列傳

高熲之才之美，隋室之巨擘也。然富貴既極，其母常切戒之。文帝時以譖而免，亦幸矣。彼煬帝何如主也，而又事之，其及也宜哉！

蘇威小有才，從叛者屢矣，而獨不從唐太宗，可笑也哉。

牛弘終始無累。

梁毗、柳彧庶幾直諒。

誠節

所載大抵匹夫匹婦之爲諒，若奮死遼東者，又皆長君之惡，病風喪心之爲，唯堯君素當易姓之際，守死一節，其志爲可哀。然射死其妻，亦甚矣，其亦好忠而不學者歟。

循吏

隋史《循吏》類多賢者，非隋文留情吏治而致之歟？夫以漢宣之核，隋文之碎，而吏治彬彬乃率可觀，甚矣守令民之師，師爲人上者，不可不深究其心也。使二君者向能本之以仁義而行之，其效又當如何哉？

儒林

劉炫、劉焯之外，碌碌無足數。雖二劉，亦文墨章句者耳，輕薄無行，何儒之有？

文學

此傳所載，尤皆粃糠可笑，不知所說者何事而可名文學哉？愚謂隋室無儒，二劉可入文學傳耳，餘雖刪之可也。王通在隋，庶幾儒者矣，而史反不録，何歟？世稱魏徵【一】，王通門人，而隋史正魏徵筆也，此尤可疑。

【一】世稱魏徵　「徵」原作「證」，據文津閣本改。

卷四十九

讀史四

唐書

太宗

造唐者，太宗也。天下既定，雖高祖，且當退爲天子之父，奈何又欲授無賴之建成乎？使開創之初，人彝泯絶，終唐之世，亂臣賊子接踵而不可救者。雖太宗慚德居多，在高祖亦有當審處者。

蕭銑

蕭銑之起兵最正，獨天命在唐耳。史臣謂斬銑爲聖，不亦異乎！

温造

温造，勁烈士也。然定興元之亂，斬人八百，淫刑甚矣。

姜確

姜確磨班超碑而自刻其功，有德者不爲也。姜皎殆漢所謂佞幸之流歟。

李嗣真

李嗣真以程嬰、杵臼對武氏之女，可以言社稷功矣。杜伏威一降盜耳，高祖位之元吉之上，何哉？唐之所謂禮法也。

李靖

李靖爲將，材氣遠過衛、霍，而志識則無以異也。其孟子所謂「我能爲君戰必克」者歟？

李勣

陳平王諸吕，李勣册武氏，其罪則均，而陛下家事一語，遂爲後世佞臣之口實。爲庸君肆無忌憚之故智，罪尤不勝誅。嗚呼！太宗平生之治功盡壞於託李勣，李勣平生之戰功盡壞於立武氏。惜哉！

侯君集

侯君集、張亮、薛萬均兄弟，盛彦師、盧祖尚、劉世讓、李君羨皆乘時奮起，無一令終。蓋行軍用兵，而不知有仁義之説以將之，未有不適以自禍者也。

房玄齡

房玄齡，謀臣而守正，死不忘思諫。然所以爲社稷長計者，未聞也。

封倫裴矩

世稱封倫、裴矩，詐足以亡隋，而智足以興唐。愚謂裴矩入唐，粗知革面；倫長惡不悛，於興唐何功？觀其於太宗父子兄弟之間可見矣。向使其言一售，又安知其不又亡唐耶？

李義琰

李義琰既諫高宗以武氏攝國，旋又慕疏廣之爲，當諫而諫之，知其終不可救而去之。非賢智而能之乎？

裴行儉

裴行儉才敏之士，知武氏之立爲憂之始，乃不諫不去，而生事夷狄以爲功，陋矣。

婁師德

婁師德立賊后之朝，而能以功名始終，後世稱其賢。夫子所謂其愚不可及矣。

徐有功

徐有功志士仁人，何施不可。世每以張釋之較優劣，徒見其司刑故耳。

狄仁傑

狄仁傑社稷臣。

裴炎

裴炎受高宗顧命，而以一語之失廢中宗。自李勣至炎，有唐再失託孤之任矣，國欲治，得乎？嗚呼！甚矣。伊、霍、孔明之不世出，而事莫難於託孤也哉。

王慶之

王慶之請立武承嗣爲後，李昭德立笞殺之，凛凛乎古大臣也哉！

張柬之

張柬之言諸葛亮御遠夷，法三代遺意也。

姚崇宋璟盧懷謹

姚崇之才，宋璟之賢，人孰不知其爲有唐之名相，若盧懷謹獨非名相乎？而以伴食稱，此當時奴僕小人論公之語，而史載之，過矣。夫姚崇機智足以應變，而懷謹盛德足以成人，休休有容，不啻己出，而崇之才即懷謹之才矣。此固人情之所甚難，古人之所最貴，大臣之道，莫賢於此，而謂之伴食何哉？夫謂之伴食必其依阿無耻，懷禄苟安則可爾。懷謹身位上相，家無儋石，孜孜體國，至死益堅。屬疾則念明皇倦勤，將有憸人乘間之患，遺言則薦宋璟諸賢，以爲社稷無窮之謀。豈區區材智之士，平日私意雜擾、矜眩目前、功必己出者能爾耶。然則懷謹之爲唐計，真當於古人中求之。而姚崇亦後世之才耳，奈何反譏其伴食哉！

嚴挺之

嚴挺之寧不作相，不見李林甫。崔隱甫寧不作相，不見牛仙客。天理人慾之辨昭然如此，豈不誠大丈夫哉！

裴諝

裴諝不對榷酤之問，懷利以事君者能之乎？

李林甫

唐世宗室相者九人，惟失之林甫耳。劉知幾、吴兢號唐史之巨擘，然後世無述焉。豈文承八代之陋歟？

王忠嗣

王忠嗣名將，然石堡城之不可取，又强勉以助其役。《唐鑑》公論之精矣。史臣謂其拙於謀身，何等法語耶？

宇文融

宇文融以材智之士，而爲聚斂之首。甚矣材智之足以誤身，而擇術之不可以不謹也。

李光弼

李光弼古今名將，而魚朝恩、程元振忌娼之。史臣不恨時君偏聽之過，而亦責其拙於謀身，何哉？

李晟

李晟之收京師，李愬之平淮、蔡，皆兵不血刃而成功。三代仁義之將，寥寥千百載無聞矣。而西平王之父子有焉。嗚呼！是豈特戡定禍難而已哉！其爲唐室祈天永命，固結人心之助，於斯爲大矣！

陸宣公

陸宣公，王佐才也。東坡之説盡之。

李德裕至韓偓傳

德裕以其君中興天下，而鄭肅與之同心輔佐。牛、李之黨，翻覆如輪，而肅又不與焉。以肅視德裕，才雖不逮，而德似過之矣。豈不誠賢宰相哉！鄭綮不特自知之明不敢忝相位，跡其平日守廬州而盜不入境，留緡錢而盜不敢犯，亦自有大過人者，不謂之賢相不可也！

論大臣未觀其事業，先觀其進退，未有進退之跡不明，而可以成事業者也。唐末諸相，率賂權宦以求之。綮之初相，獨驚怪而固辭，其進甚明也。唐末諸相率植黨與以持之，綮之既相，獨致仕而速去，其退甚明也。進退之迹如此，不賢而能之乎？此愚讀史至綮傳，未嘗不遐想而三嘆也！

馬植至王潮傳列傳終。

鄭畋出將有破賊之功，入相有運籌之益。功成身退，始終俊偉。唐末諸相惟畋優焉。

蓋自餘慶以下，鄭氏之相唐者八人。□□□□□□□□□□□□□□□□□□□□□□□□□□□□□□□嗚呼！不其盛歟，我思古人，烏得不爲之三歎！

忠義傳

張睢陽提疲卒數千抗强虜十萬，四百餘戰，無挫衄，天下奇才也。保睢陽以保江淮，保江淮以保四海，有唐藉以中興焉，天下奇功也。一死睢陽餘事耳。不當徒以其死節言。

許敬宗之祖而有許遠之孫，人可以門户論哉。

隱逸傳

唐史以《隱逸》先《循吏》，是何重介僻之士而輕爲民父母者哉？天地生才，國家養士，正爲何事？孔子歷聘，孟子游説，果爲何説，而惑於莊生寓言之許由哉！且隱逸者，獨善其身之名也。唐隱逸惟孫思邈，志行修潔，言論可法，無媿於隱逸之名。其餘不爲清談，則爲沈湎，又否則爲道士異端之學，敗禮傷教，於斯爲甚。使唐之大體不正，又一西晉矣，曾是而謂之獨善可乎？就使其能獨善，是其志不伸於時，澤不加於民，德雖未必與達者異，而功則不得與達者伍。《隱逸》之不先《循吏》亦昭昭矣。况其不能獨善，而可先之乎？不可先而先之，得無傷政教之實，而長行怪之風乎？愚故疑而識之，以諗同志者。

儒學傳元澹至許康佐終焉

排二氏以續孔、孟之絶，約《六經》以起八代之衰，唐之儒學孰有加於文公乎？若訓詁之學，則陸德明、顔師古、孔穎達，用意亦良苦，如漢馬、鄭之流矣。今唐史凡議一制度之沿革，一俎豆之隆殺者，皆謂之儒，甚至修姓氏之學者，亦預焉。嗚呼！是何儒學之褻哉？

文藝傳

論者謂李、杜氣節高偉，其自負不止文辭間，不當與沈、宋諂諛者伍。愚亦謂李翰表上張巡之功狀，使巡大節白於世，邪説不得行，而朝廷之賞當其功。蓋義士也，有關於風教者也。當傳之巡、遠之後，而不當傳之文藝之列。若駱賓王從徐敬業亂，而亦不失文藝之名，或者以其一抔之土未乾，六尺之孤安在？此二語有足以聲賊后之罪歟。

烈女傳房玄齡妻止楊烈婦

楊烈婦厲其夫以死守陳州，而身執爨以享士。士大夫爲王官而佐其長者，當何如也？鄒保英妻奚氏，率家僮女丁乘平州不下賊，然則謂士卒罷脆，不足用者，天下安有此理也？唐史自高叡妻秦氏以下七人，或死不降賊，或嬰城死守，或歃血赴難，磊磊落落，與海岱爭雄，與雪霜爭嚴，與日月爭明。何物女子，迺爾壯健，人生七尺男子軀，盍自激昂哉！

外戚傳宦者傳酷吏傳

按三者之名，雖爲唐之姦則一，然亦無一獲自全者。彼小人兮，何利爲此。

漢世酷吏，往往多黠特之才，足以使盜賊屏息，夷狄畏憚。其後有以慘虐助椎剥，濟武帝之私欲者，蓋流弊耳。若唐之酷吏則不然，一時奴隸小人竟據風憲要地，爲賊后除唐之宗室大臣，以滅唐之宗廟社稷。使天不生張柬之，唐且一絶而不復續。故愚嘗妄論來俊臣之流，當稱「賊臣傳」，不止《酷吏》而已。

李昭德搒殺侯思立，與笞殺王慶之，皆發於一念忠憤。其事之難，其功之大，視漢申屠嘉百倍。

仇士良戒其徒，毋令天子暇，暇則觀書，親儒生。莫若殖財貨，盛鷹馬，日以毬獵聲色蠱其心。嗚呼！是誠何心哉？然愚嘗謂士良陰用其術，雖有損於一時，史臣明記其言，實有益於萬世。使有天下者常書士良傳一通，揭之座隅，朝夕觀省焉，彼挾士良之術者，又安得而售乎？

五代史

一行傳

歐陽公之爲《五代史》，既分國爲之傳，又傳死節，又傳死事，又傳一行，其汲汲於賢人君子，如淘金於沙，搜擇無所不至，其存心亦甚厚，其用意亦甚勤矣。然觀《一行傳》，惟石昂之去就，李自倫之孝友足以當之。若鄭遨、張薦明一道士耳。謂其過於石門、荷蓧，殆未知其所安。程福贇以忠被罪，至死不言，可以爲難矣。今以爲古之義士，則恐其未免陷君於過舉，於義尚有當審處者。

唐六臣傳

著唐臣於五代，以見空國無君子。而後國隨之。欲空人之國者，必先爲朋黨之説，以空其君子也，其垂戒之意深矣。嗚呼！其亦有感之言歟。

義兒傳伶官傳宦者傳

按張承業，大唐之忠臣，非五代臣也。

雜傳

按王師範飾治以儒謀殺朱全忠，雖不遂，其忠於唐可知。至全忠既帝天下而族之，則置酒行禮，少長以次就戮，其與結纓之勇何異？惟其力屈降梁，歐公併亦辱之《雜傳》，惜哉！何不以其死於臨刑者，爲唐守節而死耶？

李愚至趙延義雜傳

按李愚爲相，誠非經濟材，廢帝謂之粥飯僧，亦宜矣。然貧至無屋以居，又欲依古以創理，則其清儉好古，何如哉！後世欺君誤國，惟知土木兼并之是務者滔滔，又皆粥飯僧罪人也。吁！

十國世家

按十國除劉旻爲漢氏子孫，餘多僭亂以有其國。吴趙獨平亂而有之，餘或拒命以有其國，吴越獨奉命而有之。安靜百年以歸真主，三世四王靡聞失德。故方是時，天下皆麋爛於爭戰，惟兩浙不知爲五代，可不謂有大功於民也哉！然則牛斗之祥，夫豈偶然？而歐公於十國乃獨譏吴越之虐。嗚呼！不猶愈於吴、蜀、荆、閩日夜驅民於鋒鏑者乎？